POCHES ODILE JACOB

LA CHAIR ET LE DIABLE

DU MÊME AUTEUR
aux éditions Odile Jacob

Biologie des passions, 1986.
Casanova, la contagion du plaisir (prix Blaise Pascal), 1990.
Celui qui parlait presque, 1993.
La vie est une fable, 1998.
Faust, une histoire naturelle, avec Jean-François Peyret, 2000.

JEAN-DIDIER VINCENT

LA CHAIR ET LE DIABLE

Illustrations de François Durkheim

POCHES
ODILE JACOB

15, rue Soufflot, 75005 Paris

ISBN : 2-7381-0790-7

A Odile Jacob

Envoi

> On reconnaît [...] l'écrivain amateur, à ce qu'il truffe son livre d'exergues, pour faire cultivé.
>
> Bertrand POIROT-DELPECH
> *Le Monde*, 15 février 1995

Asmodée mon ami, prête-moi ton regard. Asmodée, démon de pacotille, qui négliges les âmes pour les bienfaits d'un souper ; qui as introduit dans le monde le luxe, la conversation, l'humour et les jeux de hasard ; qui agites la plume des chroniqueurs et mets en fuite les faiseurs de sermons ; Asmodée, que Lesage a surnommé le « Diable boiteux ».

Comment disserter sur ton maître, ô Asmodée, sans ton aimable protection ? Nul en effet n'est autorisé à écrire sur Satan et sur ses œuvres sans son autorisation, à défaut de bénéficier de son aide. Je t'ai choisi pour intercesseur, Asmodée, car les diables de littérature bénéficient de l'indulgence du Ciel — façon pour moi de jouer sur les deux tableaux. On te dit peu sectaire ; tu préfères un bon mot à la défense des intérêts de l'enfer. Tu es même capable de commettre le bien pour peu qu'il te soit occasion de plaisir. Bon compagnon et prodigue de joyeux propos, tu ne choisis tes proies que parmi les gens sérieux et graves. En deux mots, tu es un bon diable. Mais autant le dire, je ne serai ni ton ami ni ton allié, et encore moins ton esclave. Je prétends écrire sur ce que je sais ou crois savoir, sans abuser de ma condition de savant ni faire doctrine de ce qui n'est trop souvent qu'incertaine spéculation. *Sub specie ironae* : si l'ironie est l'arme favorite du Malin, elle peut aussi parfois servir de bonnes intentions. A peu craindre le diable, on risque de succomber à ses charmes, mais à trop le combattre, on s'expose à ses séduisantes violences. Ma stratégie sera donc celle du double jeu, comme le veut la règle dans le vieux cerveau du serpent où Satan tient ses états *(figure 1)*.

Pour ne pas démentir mon propos diabolique, j'aimerais dénoncer quelques-uns de mes complices, et tout d'abord mon éditrice, Odile Jacob, qui, depuis dix ans, non seulement m'a permis d'accomplir en toute impunité mes forfaits d'écriture, mais encore les a accompagnés de son enthousiasme. Hélène Hryn a apporté sa gentillesse et son efficacité à la mise en forme de mes gribouillages. Jacques Demotes-Mainard, Philippe Vernier et David Vincent ont formé le trio infernal de mes acolytes, et Alain Prochiantz, mon germain épigénétique, a assuré la garde vigilante de ma flamme polémique. Je demande pardon à Maurice Joyeux RPSJ de le compromettre par mes remerciements pour ses commentaires amicaux et théologaux. Si ce livre a quelque mérite, il le devra surtout aux patientes démarches de Christophe Guias pour gommer, rectifier, ordonner un manuscrit arraché aux « processus opposants » de l'auteur. Je n'aurai garde d'oublier le talent sulfureux de François Durkheim, enlumineur inspiré de mes divagations biologiques. Enfin Lucy, ma femme, a tenu le rôle de l'ange pendant cette longue fréquentation du démon ; qu'elle soit assurée de ma tendre reconnaissance.

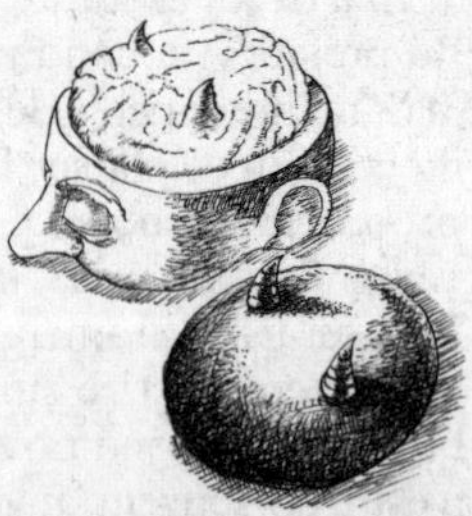

Figure 1 — Le vieux cerveau du serpent.

Introduction

> A cette force j'appartiens qui toujours fait le mal, mais n'advient qu'au bien [...]. Je suis l'esprit qui toujours nie.
>
> GOETHE, *Faust*

A la dame qui l'interroge au sortir d'un bal masqué : « Mais comment peut-on affirmer une chose tout en la niant ? », le diable répond : « C'est la loi de la vie, Madame. Le corps vit parce qu'il se désintègre sans trop se désintégrer. S'il ne se désintégrait pas à chaque seconde, ce serait un minéral. L'âme vit parce qu'elle est perpétuellement tentée, bien qu'elle résiste. Tout ce qui vit s'oppose à quelque chose. Je suis ce à quoi tout s'oppose. Si je n'existais pas, rien n'existerait, car il n'y aurait rien à quoi s'opposer[1]. » Le voici donc, Satan, l'adversaire, celui sans qui la vie ne serait pas. N'en déplaise aux amateurs d'absolu, il n'est qu'un diable de province et cette fabuleuse vie, comparée à l'immensité des cieux, une misère ! Une affaire locale vieille de trois ou quatre milliards d'années. Rien n'indique, d'ailleurs, qu'elle n'existe pas en d'autres lieux de l'univers ; mais à portée d'intellect, vivre reste un phénomène de proximité réduit à la minuscule biosphère — les anges n'ont pas chuté de très haut.

Au commencement, des molécules se reconnaissent et s'unissent en s'opposant entre elles. Une seule ne peut prétendre être vivante ; la présence contradictoire de l'Autre est nécessaire. La vie naît de cette rencontre et de cet affrontement. Elle établit un *lien* fondé sur la confrontation entre des entités singulières. On pourrait presque dire qu'elle est un phénomène religieux, en donnant au mot son étymologie latine[2] *(religare)*. Le décor des origines importe peu : mare tiède, pierre plate chauffée au soleil, orages de feu déchirant le ciel électrique — discret ou flamboyant, le diable est là.

La compagne fidèle, l'*alter ego*, s'appelle la mort. La phrase de Bichat : « la vie est tout ce qui s'oppose à la mort », repose sur une proposition erronée. En s'opposant à la vie, la mort épouse la cause du diable et travaille avec lui à l'expansion de la chair. Mon approche biologique du diable sera donc fondée sur son identité avec la mort[3]. Nul ne songe à nier la réalité de la mort ; pourquoi alors refuser celle du diable ? Il n'est pas nécessaire d'avoir croisé la camarde avec sa faux et sa cape de ténèbres pour reconnaître son emprise sur tout ce qui vit ; pourquoi faudrait-il avoir rencontré au détour d'un cauchemar ou d'un bois un être fourchu et cornu pour être assuré de la présence diabolique ? Mais la mort ne serait pas la mort sans sa *coïncidence diabolique* avec le sexe ; affrontement sublime de deux êtres aussi semblables l'un à l'autre que le jour à la nuit : « larmes d'Eros » répandues sur la vie sacrifiée au triomphe de la mort[4].

Dans la première partie de cet essai, je montrerai comment la triade diabolique — la vie, le sexe et la mort — a permis l'épanouissement des formes animales à la surface de la terre et leur évolution par l'entremise de la sélection naturelle. En attribuant au diable le chantier de la vie, je suis conscient d'encourir l'anathème. Je plaiderai l'innocence. Mon parti sera de laisser Dieu en dehors de cette affaire, le préservant ainsi d'une atteinte à l'un de ses trois attributs : puissance, bonté et compréhensibilité absolues.

Selon H. Jonas, ceux-ci « se trouvent dans un tel rapport que toute union entre deux exclut le troisième[5] ». Un Dieu bon et tout-puissant qui tolère le mal est inintelligible. Un Dieu bon qui laisse aller le mal est impuissant. Un Dieu tout-puissant qui fait le mal ne peut être bon. Il faut choisir : tant qu'à croire en Dieu, il ne nous servirait à rien qu'il soit inintelligible et mauvais. Dès lors, il en va de la sorte qu'il n'est pas tout-puissant. L'Homme est victime de l'incapacité de Dieu à garder ses anges près de lui. Le voilà bien, Satan, celui qui n'obéit plus à Dieu. Si l'on remplace le créationnisme par la sélection naturelle, le dilemme n'est pas pour autant écarté, celle-ci ne retient que ce qui est bon pour elle. Que devient le Mal ? Pourquoi la violence et la souffrance s'épanouissent-elles dans le vivant après des centaines de millions d'années d'une sélection qui ne travaille qu'au bénéfice de la vie ?

La réussite de l'évolution, qui est aussi celle du diable, réside (tout au moins au regard de l'homme) dans la montée en puissance d'un fragment de chair appelé « cerveau ». Celui-ci rassemble dans son fonctionnement les éléments de la triade. Chez les mammifères et surtout chez les primates, il favorise l'emprise du sujet sur le monde tout en assurant son individuation, avec ce paradoxe que plus l'un est différent des autres, plus ceux-ci sont présents et plus la liberté de chacun est soumise aux contraintes du corps social. Le cerveau qui clame l'aspiration de l'être à l'autonomie est, depuis ses origines, sous la domination des contraires : vie/mort, mâle/femelle et, pour couronner l'ensemble, le couple jouissance/souffrance qui s'installe dans le même temps que l'individu devient capable d'exprimer l'état de son corps ému.

L'homme parle et sa parole signale à l'Autre sa douleur et son plaisir. Le langage est directement soumis aux instances du pathétique. C'est lui qui place la triade diabolique au centre de la société des hommes et rend caducs les calculs de probabilité formulés par les tenants de la sociobiologie pour rendre compte des comportements de l'homme. Le monde dans lequel l'individu déploie sa subjectivité est un monde de passions partagées. On ne s'étonnera pas d'y voir s'affronter les contraires : la concorde et la guerre, l'aide humanitaire et les forces d'intervention, l'amour de la nature et les camps d'extermination[6], le grand mur qui s'effondre et les murailles qui jaillissent entre les provinces rivales, les embrassades fraternelles et les épurations ethniques ; sources de négativité toujours jaillissantes, alors que s'avance la mer étale de la paix retrouvée. Cette parole, qui semble libérer l'homme des contraintes du corps, reste avant tout de l'ordre du biologique. Elle est vivante et, comme telle, entachée du même soupçon que toute autre manifestation de la vie. Tout discrédit sur la parole est donc un discrédit sur le vivant. Il ne faut pas diffamer la parole et l'accuser d'être à l'origine du malheur des hommes : elle est l'instrument du mensonge, mais celui-ci possède une fonction vitale au même titre que la certitude. C'est en ce sens de participation à la vie, et seulement en ce sens, que la parole est diabolique.

Dans la mesure du possible, j'éviterai de parler de négation. Celle-ci nous ramène en effet à la notion de Mal. La négativité est pure de toute positivité quand elle s'affirme comme absence. De même, le Mal apparaît comme un *rien* ; il est absence *(apousia)* de bien ; le contraire donc de la plénitude du vivant et de la parole gorgée de passion. Le Bien et le Mal ne s'opposent pas dans l'ordre du substantiel, mais comme l'être au non-être. Le diable, qui est au cœur de la substance, ne peut, je crois, être considéré comme le principe du Mal[7]. A la définition goethéenne, celui qui toujours nie, je préfère la formule de Pessoa, celui qui contrarie et qui s'oppose.

Il me paraît fallacieux de proposer une biologie du Bien et du Mal. Une biologie du diable est en revanche pleinement justifiée : *le diable est la vie.* Sa complicité avec la mort n'est pas dans le partage du néant, mais dans un partenariat efficace pour l'expansion de la chair. Le diable ne peut donc être absence ; il s'active en permanence au cœur de l'être[8].

La première partie du livre s'achèvera sur l'apothéose du cortex cérébral et plus particulièrement de sa partie frontale, dont on a voulu faire le « lobe de la morale ». Une éthique sans religion doit-elle déboucher sur un culte rendu au cortex frontal au nom des réseaux câblés de la raison universelle ? On s'y sent peu encouragé devant le spectacle de milliers de cortex frontaux s'invectivant au volant de leurs automobiles. De l'autre côté, le religieux offre parfois la vision désolante des fanatismes déchaînés. Les contraires ne peuvent plus assurer leur travail de vie et l'horreur minérale pétrifie les hommes. Le diable lui-même est dégoûté : ce n'est plus s'opposer que de réduire l'humain à n'être rien. Ils n'ont pas tort, ces cuisiniers du néant, de dénoncer le « grand Satan ». Il n'est sûrement par leur allié, celui qui attise l'expansion de la vie dont j'ai dit imprudemment qu'elle avait quelque chose de religieux.

La deuxième partie nous ramènera de la vie animale à l'individu au singulier, où le diable tient ses états. J'y montrerai le grand opposant dans l'exercice de ses fonctions : comment le plaisir appelle la douleur, le désir conduit au manque et la récompense au châtiment. Je tracerai dans le cerveau les voies du ciel et de l'enfer qui relient le monde aux territoires où sont inscrites nos raisons d'être, ces *cartes cognitives* qui guident le choix de nos conduites et de nos dires. Je dirai comment elles se forment pendant l'enfance et sont traversées par les rêves, comment, aussi, elles peuvent parfois être déformées et perverties.

Il arrive que les processus oppposants s'emballent ; s'avancent alors les enchaînés de la contrainte par corps, drogués, joueurs, gourmands, tous ceux que les péchés capitaux menacent de l'enfer, à la grande satisfaction des bien-pensants chez qui le diable n'entretient plus qu'un mince filet de vie. Ces derniers ne savent pas ce qu'est l'ennui, le terrible aiguillon qu'agite le démon.

Je dirai quels humeurs, hormones et neurotransmetteurs charrient les voies du désir, celles du plaisir et de la souffrance, mais aussi celles de la haine et de la violence qui conduisent un voyageur de la vie dans l'abîme où nul ne peut le rejoindre. Est-il né pour tuer, celui qu'anime la passion du crime ? Trouvera-t-on un jour les gènes qui décident du destin de chacun ? J'en doute... Le diable aurait trop à perdre. Il y laisserait sa plus belle créature : *l'Homme, unique et libre.*

Une autre opposition que le diable cultive est celle de l'homme et de la femme. On sait qu'il était présent lors de leur première rencontre amoureuse. C'est peut-être la plus ancienne représentation du diable qui nous est offerte par la scène du puits dans la grotte de Lascaux *(planche I)*. L'érection de l'homme au visage d'oiseau, couché devant la bête éviscérée, lance un défi à la mort et affiche sur la paroi brune de la caverne l'énigme du désir portée par la parole première de l'homme, née de son étonnement devant le sexe et la mort. Mais au sein même de son cerveau, le masculin affronte le féminin, tandis que s'élabore dans ses représentations la carte du tendre qui décidera peut-être de son destin amoureux. Cartes truquées ou déformées de ceux qui aiment autrement que la majorité, cartes dévastées des pervers qui ont la charge d'incarner le diable devant les magistrats.

Le voici donc, ce diable qui n'existe qu'en s'opposant : *un vivant !* Biologique, le mystère de Satan est inséparable du mystère de la vie. Dire que le diable existe n'est pas se faire son contempteur ou son suppôt, c'est reconnaître sa part ; la part du diable, faite de cellules, de nerfs et de sang, de « cette force qui toujours fait le mal, mais n'advient qu'au bien » : la vie. Etudier le diable, c'est étudier la vie confondue avec la mort et le sexe. Il ne m'a pas paru scandaleux de proposer une biologie du diable, c'est-à-dire une exploration pleine de doute du monde vivant, et non une

Planche I — *L'Homme à la tête d'oiseau,* détail de la scène du puits dans la caverne de Lascaux.

« biologisation » de la nature, celle de ces spécialistes des comportements — éthologistes animaliers qui font profession de donner aux hommes des conseils tirés d'exemples d'oiseaux ou de singes. Ne sont-ils pas les suppôts de Satan, ces vétérinaires de l'âme qui rêvent de mettre l'Homme dans un zoo bien tempéré, et ces alchimistes égarés qui poursuivent la quête aveugle d'un gène du crime ou de la vertu ? Certaines molécules préparées dans des usines de verre ne sont-elles pas plus terribles que les bûchers de jadis ?

A qui le dernier mot ? « *Che ceffo disperato ! Che gesti da dannato ! Che gridi, che lamenti ! come mi fa terror*[9] ! » Au valet de celui qui a accepté de dîner avec le diable ? *Chi lo sa... ?*

Première partie

LA CHAIR ET LE MONDE

Avec habileté, le Malin utilise la chair et le monde comme ses acolytes les plus fidèles.

SAINT JEAN DE LA CROIX,
Cantique spirituel

CHAPITRE PREMIER

La Triade diabolique

> La nature [...] marche d'un pas rapide à son but, en prouvant chaque jour à ceux qui l'étudient qu'elle ne crée que pour détruire et que la destruction, la première de toutes ses lois, puisqu'elle ne parviendrait à aucune création sans elle, lui plaît bien plus que la propagation, qu'une secte de philosophes grecs appelait avec beaucoup de raison le résultat des meurtres.
>
> SADE, *Justine*

La « chair » désigne la substance animale sous toutes ses formes. Le terme intéresse uniquement les animaux, mais au niveau des origines, il n'y a pas matière à faire de distinction entre les bêtes et les plantes. Dès son installation sur la terre, le vivant est défini par l'affrontement des contraires : croissance et reproduction d'un côté, destruction et mort de l'autre. La sexualité, sans avoir un caractère aussi universel, offre le troisième élément du trépied sur lequel s'appuie l'évolution des espèces : la vie, le sexe et la mort.

Toute forme vivante est plurielle ; elle appelle et reconnaît une autre forme qui s'oppose et s'affirme dans le même mouvement. Dans ce jeu diabolique, la mort est le partenaire indispensable. Claude Bernard, sur la fin de sa vie, affirmait que « toute manifestation d'un phénomène dans l'être vivant est nécessairement liée à une destruction organique[1] ». Peut-être regardait-il alors par sa fenêtre les feuilles mortes de la vigne s'envoler au vent d'automne quand fermentait dans son chai le beaujolais nouveau. Le grand physiologiste n'est pas tombé dans le piège du vitalisme. Pour expliquer la vie, il n'a pas fait appel à une force mystérieuse luttant contre la mort pour faire perdurer autant que possible la structure biologique et son ordre (on dirait aujourd'hui sa *néguentropie*). La vie, pensait-il avec raison, résulte de la destruction elle-même, à chaque instant compensée par une création dont le sexe est pour partie l'auteur.

Je ne m'attarderai pas sur les péripéties du jeu entre la vie, le sexe et la mort[2] — d'Homère à la comtesse de Ségur, la littérature ne parle que de cela ; j'insisterai seulement sur quelques traits biologiques fondamentaux des trois partenaires : une triade diabolique, en quelque sorte.

LA VIE OU LA RECONNAISSANCE PROGRAMMÉE

La compagnie des mystiques m'ennuie et les gloutons métaphysiques qui parlent de Dieu avec des mines gourmandes me soulèvent le cœur ; est-ce une raison pour faire comme si le mystère n'existait pas ? La grandeur de l'homme réside dans son courage devant l'impensable. Si toute chose pensable est à la mesure de l'homme, alors il faut donner au diable figure humaine et aucune apparence ne lui convient mieux que celle de Prométhée enchaîné au rocher des origines : l'éternel déchiré qui renaît de ses plaies.

Il s'est accrédité l'opinion que les origines du vivant ne feraient plus mystère. La soupe primordiale occupe dans l'imagination populaire une place presque équivalente à celle du big-bang cosmique. Bénéficiant de conditions locales favorables, quelques molécules de méthane, d'ammoniac, d'hydrogène empruntées à l'atmosphère primitive et de l'eau y seraient entrées en réaction pour former les premiers acides aminés composant les futures protéines. Ces composés organiques auraient acquis la capacité de se répliquer en laissant des « erreurs » héréditaires se produire, bénéficiant à la suite des générations et propageant ainsi les mutations avantageuses. On sait aujourd'hui qu'un tel scénario n'est qu'une fable de laboratoire et que, malgré l'assurance de quelques savants, la plupart des questions restent ouvertes[3].

Une molécule consiste en un ensemble d'atomes réunis par des liaisons fortes dites covalentes. Cette réunion a pour effet de dégager au sein de la molécule des contraintes internes qui lui imposent une occupation particulière de l'espace. Dans des conditions très exceptionnelles, une forme moléculaire possède la capacité de se répliquer. La répartition de ses atomes ou groupes d'atomes attractifs lui permet d'épouser les reliefs d'une autre molécule. Les forces intermoléculaires, à la différence des liaisons covalentes, sont faibles et instables, mais suffisantes toutefois pour rassembler les éléments dont sera construite la molécule dupliquée. La faiblesse de ces interactions est la condition même des phénomènes du vivant[4]. La variabilité, la diversité, la réversibilité et finalement l'adaptabilité sous la contrainte traduisent cette douce violence de la vie.

Le principe du phénomène de duplication qui serait à l'origine du vivant est expliqué dans la *figure 2*. Considérons une forme concave et une forme convexe complémentaire. Une surface moléculaire concave — délimitée par des atomes appropriés — « reconnaît » et entoure la forme convexe, complémentaire ; elle peut, en outre, servir de moule pour l'assemblage de la molécule convexe à partir des éléments qui la composent. Inversement, la molécule convexe assure le regroupement et la solidarisation des constituants de la molécule concave.

Il est difficile de savoir quelles furent les premières molécules organiques à posséder la capacité de se dupliquer, acides ribonucléiques ou protéines. Ce qui importe, c'est qu'au bout du processus soit apparue la molécule d'ADN, qui est capable de se reproduire par synthèse de sa

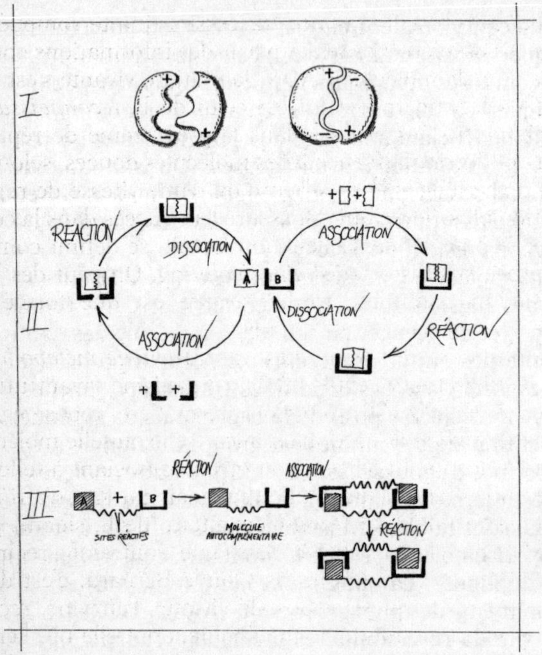

Figure 2 — L'origine du vivant.

En I : Reconnaissance moléculaire entre deux molécules qui s'attirent grâce à des forces électrostatiques (+) et (–) pour former un complexe.
En II : Réplications de type bicycliques faisant intervenir deux éléments complémentaires en forme de contenant B et de contenu A ; à gauche, c'est B qui s'associe sur A servant de matrice ; à droite, c'est A qui s'associe au sein de B servant de moule.
En III : Une réplication a lieu quand deux molécules complémentaires (A et B), plutôt que s'adapter l'une sur l'autre comme en II, s'associent par un site réactif et forment une molécule autocomplémentaire. Celle-ci accumule alors les copies des composés d'origine et les fixe, permettant à nouveau leur association, qui donne une nouvelle copie de la molécule autocomplémentaire et ainsi de suite.
(D'après Rebek J. (1994). « Qu'est-ce que la vie ? », *Pour la science,* 203 : 40-46.)

réplique inversée dans une succession ininterrompue de formes complémentaires. A partir des informations contenues dans la molécule d'ADN, la matière vivante s'est élaborée selon un mode qui est celui de la *reconnaissance programmée*. Des erreurs dans le programme de réplication ont donné naissance à des molécules douées, selon les cas, d'une longévité supérieure ou d'une vitesse de reproduction plus élevée qui ont assuré leur succès dans la compétition pour la vie. Celle-ci, on le voit, se définit comme un processus historique : *une évolution*. On peut dès lors considérer que toute forme vivante est une forme en devenir.

L'autre caractéristique du vivant, l'*activité métabolique,* par laquelle toute cellule et tout organisme vivant utilise l'énergie pour construire sa propre matière, repose également sur un jeu de reconnaissance. Telle ou telle molécule ne peut accomplir sa fonction qu'en s'associant à telle ou telle autre dans laquelle elle reconnaît un site d'affinité, c'est-à-dire une forme complémentaire de la sienne. Les deux formes se stabilisent dans une contrainte réciproque [5]. Comme l'avait compris Claude Bernard, c'est dans cette rencontre que la molécule vivante, l'enzyme, reconnaît la molécule inerte, le métabolite, dont elle tire l'énergie nécessaire au maintien de l'ordre du vivant.

Un autre trait fondamental des biomolécules est leur structure polymérique, c'est-à-dire construite par l'accrochage successif, comme les wagons d'un train, d'éléments moléculaires de même nature. Ce sont des sucres, des acides gras, des bases. Tous ont une forme asymétrique capable de dévier la lumière polarisée vers la droite ou vers la gauche selon qu'il s'agit d'une forme D (pour dextrogyre) ou L (pour lévogyre). Ces deux configurations L et D sont rigoureusement semblables mais non superposables, comme un objet et son image dans le miroir ou les deux mains droite et gauche, d'où le terme de *chiralité,* du grec *kheir,* la main. Dans le monde physique, les molécules sont en général présentes en quantité équivalente sous leurs deux formes L et D. Ce n'est plus le cas dans le monde vivant. Les protéines sont en effet exclusivement composées par l'enchaînement d'acides aminés en forme L et les acides nucléiques ne contiennent que des sucres D. Comme Pasteur est le premier à l'avoir remarqué, « la seule ligne de démarcation bien tranchée que l'on puisse placer entre la chimie de la nature morte et la chimie de la matière vivante » est l'*homochiralité*, c'est-à-dire la présence exclusive d'une seule conformation droite ou gauche dans les constituants du vivant. Une telle disposition n'est pas un caprice de la nature, mais une nécessité qui rend possible le phénomène de reconnaissance. Il suffit par exemple qu'un acide aminé dextrogyre se glisse parmi les éléments lévogyres qui composent la protéine pour que celle-ci ne soit plus superposable à une autre forme vivante, donc reconnaissable. Aucune glace, dit-on, ne renvoie au diable son image. Les formes vivantes semblent aussi avoir perdu leur reflet. Elles sont condamnées à rechercher leur semblable d'un même côté du miroir, dans une quête incessante qui donne son sens à la vie. Le sexe en est l'exemple saisissant. La reconnaissance de l'autre n'est possible que d'un seul côté du miroir ; faute de l'avoir su, Narcisse s'est noyé.

LE SEXE OU LA RENCONTRE PROGRAMMÉE

Aucun scientifique ne peut prétendre en toute bonne foi savoir exactement à quoi sert le sexe et pourquoi il existe. Aussi voudra-t-on bien considérer qu'il ne s'agit pas d'une pose littéraire lorsque j'affirme que de toutes les inventions introduites par la vie, l'une des plus diaboliques est certainement celle du sexe. La reproduction sexuée consiste à fabriquer des « autres » qui restent des « semblables ». En cela, le terme de reproduction est ambigu, puisque le propre du sexe est d'introduire de l'altérité au sein du processus de duplication à l'identique effectuée par l'ADN. « Les individus ne se reproduisent pas, leur mort est programmée et ils disparaîtront à tout jamais ; s'ils produisent des descendants, ces descendants ne seront pas eux, ils seront autres[6]. » Toujours ce thème de « l'Autre » déroulé comme un fil rouge sur les traces du diable.

Dans la reproduction sexuée, on se met à deux pour en produire un troisième ; dans la reproduction non sexuée, un seul suffit pour faire un autre qui est le même. L'avantage immédiat de cette dernière solution est manifeste en termes de coût reproductif ; cependant, plus de 95 % des espèces ont une reproduction sexuée. L'explication classique met en avant le rôle du sexe comme source de variabilité génétique. A chaque fusion de deux cellules sexuelles provenant des parents, il se fait un brassage entre les deux demi-génomes qui augmente la probabilité de pallier les mutations défavorables. Et surtout, dans les compétitions avec les autres, il faut constamment innover et disposer d'un choix important de remèdes à des inconvénients imprévus. Le sexe offre le moyen de cette diversité et retrouve ainsi sa vocation première : la réparation des avaries de l'ADN cellulaire à l'aide d'ADN étranger[7]. Comme le remarque P.-H. Gouyon, « pour se maintenir, chaque espèce doit constamment évoluer, sans quoi elle se trouve étouffée par la pression des facteurs biotiques (les espèces concurrentes). *L'enfer c'est les autres*. C'est ce que L. Van Valen a appelé l'hypothèse de la Reine Rouge par analogie avec la reine rouge de Lewis Carroll, dans *De l'autre côté du miroir,* qui force Alice à courir aussi vite qu'elle le peut afin de pouvoir rester à la même place[8] ».

Ces avantages adaptatifs du sexe ne se manifestent qu'à long terme ; ils constituent des « causes ultimes » qui ne peuvent expliquer l'instauration dans une espèce de la reproduction sexuée à moins de se transformer en « causes finales » et d'attribuer à la sélection naturelle une prescience qui l'inciterait à conserver, *a priori,* une solution désavantageuse dans l'immédiat. Un tel finalisme étant interdit, il faut trouver au sexe des causes proximales qui pourront être très différentes selon les espèces et donneront à celui-ci une causalité tardive, *a posteriori*.

Qu'est-ce que le sexe ? Avant tout, un phénomène très simple qui consiste dans la fusion de deux cellules et le « mélange » de leur génome. Ce phénomène est tellement répandu dans la nature que l'on peut penser qu'il a été plusieurs fois réinventé au cours de l'évolution. On ne connaît qu'un seul ensemble (taxon) d'espèces asexuées chez les plantes et aucun dans le règne animal. L'avantage évident de la reproduction asexuée (parthénogenèse) ne résiste donc pas à l'épreuve du temps. Le sexe n'a pas de but avoué, mais il permet d'introduire dans les formes vivantes une diversité maximale, meilleur moyen d'échapper à l'ennui mortifère qui naît de l'uniformité. Sans le divers, pas de sélection naturelle, et sans sélection naturelle, pas d'évolution et pas de vie. Peu importe alors la cause immédiate qui pousse l'un dans la quête de l'autre. Le plaisir par exemple, loin d'être une retombée accessoire de l'acte reproducteur, est peut-être chez les vertébrés supérieurs (oiseaux et mammifères) la cause proximale qui a fait le succès du sexe et le triomphe évolutif de ces espèces. Chez ces dernières, le mâle porteur de testicules insémine la femelle porteuse d'ovaires. Une paire de chromosomes est responsable de cette organisation. Celle-ci, toutefois, est loin d'être la règle dans toutes les espèces vivantes. Chez certains reptiles, le sexe de l'embryon est déterminé par la température d'incubation de l'œuf. Chez d'autres espèces, notamment le poisson, le sexe dépend de l'environnement social. Certains animaux sont hermaphrodites et possèdent à la fois des testicules et des ovaires : ils seront tantôt mâles, tantôt femelles, mais auront toujours recours à l'autre pour accomplir la fécondation. Ainsi, les femelles du lézard fouette-queue, qui ont réussi à s'affranchir des mâles, continuent de s'accoupler entre elles[9] *(figure 3)*. Même pour les animaux qui ont renoncé à la reproduction sexuée, l'intervention de « l'Autre » demeure nécessaire.

Chacune des cellules de notre corps porte le produit de cette rencontre. Chaque parcelle de notre être se souvient de cet emboîtement du mâle dans la femelle. Le diable n'est pas le ver étranger introduit dans le fruit, il réside dans cette nature duelle du noyau de la cellule. Paradoxalement, la mort transforme cette confrontation intime en jaillissement continu, triomphe du diable au cœur du vivant.

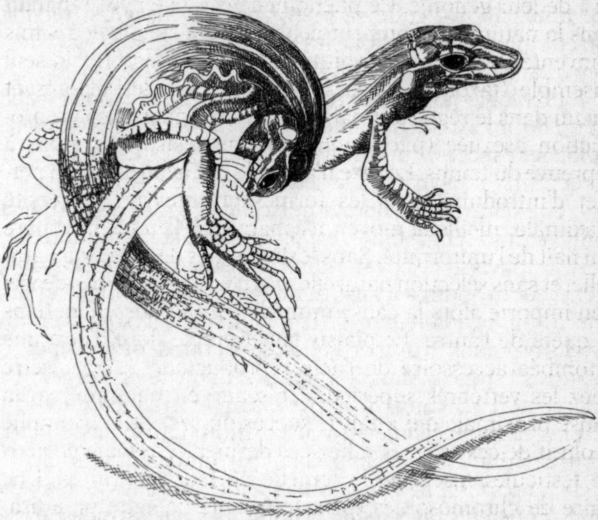

Figure 3 — Exemple de reproduction asexuée.

Les lézards fouette-queues *(Cnemidophorus unipareus)* des déserts semi-arides américains ne comprennent que des femelles. Chacune d'entre elles se reproduit donc sans être fécondée à partir de deux de ses cellules sexuelles. Les femelles s'accouplent de façon comparable à celles d'espèces très proches de lézards sexués sans finalité reproductrice directe.

(D'après Crews D. (1994). « Animal Sexuality ». *Scientific American*, 255 : 96-103.)

LA MORT OU LA FIN PROGRAMMÉE

La célèbre gravure de Dürer, *Le Chevalier, la Mort et le Diable*, nous montre au flanc du cavalier deux créatures tellement répugnantes qu'il nous est difficile de choisir celle qui, de la Mort ou du diable, l'emporte dans l'horreur, au point que nous les confondons dans un même regard dégoûté. Allons, cette mort n'a pas un visage si terrible qu'elle ne joigne parfois les lèvres des amants qu'elle a séparés, dans un tombeau de Vérone !

La biologie nous montre que toute cellule est périssable et qu'il n'en est aucune, malgré des durées de vie variables selon les espèces, qui échappe à la mort. Certes, en limitant la définition du vivant à la seule molécule d'ADN, on pourrait être tenté de considérer que celle-ci, grâce à sa duplicabilité et à sa réparabilité, est en quelque sorte immortelle : seul le phénotype, c'est-à-dire la matière produite par le gène, serait soumis à l'usure du temps, se détruirait et disparaîtrait pendant que l'ADN poursuivrait son aventure évolutive dans d'autres cellules, d'autres organismes et d'autres espèces. Mais il s'agit là d'une vue de l'esprit. Un morceau d'ADN, un virus par exemple, n'a rien de vivant s'il n'a pas une cellule à sa disposition. La vie passe par la construction d'une cellule, donc par un destin mortel.

Je ne parlerai pas de la biologie de la vieillesse, maladie constante et universelle, produit des vicissitudes d'une existence encombrée d'agressions multiples, d'intempéries climatiques ou sentimentales et de l'usure accumulée du corps. La vieillesse est une maladie héréditaire que nous transportons dans nos chromosomes. On se souvient de l'adage : pour vivre vieux, choisissez vos parents. Nos gènes possèdent les informations qui donnent aux cellules les moyens d'arrêter leur croissance et de mourir au bout d'un temps déterminé. Des milliers de processus physiologiques sont à l'œuvre pour réaliser l'horrible projet génétique : faire blanchir les cheveux, voiler le regard, boucher les oreilles, assécher les muqueuses, flétrir la peau, rétrécir les artères, durcir le cœur, ramollir les os, raidir les articulations, ralentir les idées.

Horreur ! La vie passe par la cellule des condamnés à mort. En effet, la mort cellulaire est dans certains cas programmée à l'avance ; c'est le phénomène d'*apoptose* ! Celui-ci diffère clairement du vieillissement et survient principalement pendant le développement des organes, notamment celui du système nerveux [10]. La prolifération et la différenciation cellulaires fournissent une ébauche grossière du

Planche II — *Le Chevalier, la Mort et le Diable.*
Gravure sur cuivre d'Albrecht Dürer (1513).

futur organe ; l'apoptose taille dans la masse, élimine le superflu et donne la forme définitive et stable. Cette dernière est donc le produit d'un compromis entre la vie et la mort.

Le phénomène a été décrit chez un ver nématode, le *Caenorhabditis elegans,* animalcule transparent au destin rigoureusement tracé qui partage avec la mouche *Drosophila melanogaster* les faveurs des savants généticiens. On connaît chez cet invertébré le nombre total des cellules somatiques produites pendant la période de développement : 1 090, sur lesquelles 131 vont mourir après la phase de prolifération. Ce processus d'élimination met en œuvre onze gènes dont trois sont parfaitement connus. On retrouve dans leur intervention le principe d'affrontement des contraires qui définit le vivant. Deux gènes (*ced-3* et *ced-4*) sont impliqués dans la mort des neurones. Une mutation entraînant la perte d'activité de l'un des deux gènes suspend la sentence de mort. Un autre gène *(ced-9)* s'oppose aux effets des deux précédents ; sa défectivité entraîne la mort immédiate de neurones qui n'étaient pas destinés à mourir. Autrement dit, dans les conditions physiologiques, il se pourrait que les neurones survivent grâce à l'inhibition permanente par *ced-9* d'un programme de mort cellulaire intrinsèque.

Ce processus mortifère existe chez les vertébrés selon des modalités plus complexes et davantage soumises aux aléas du milieu *(épigenèse)*. Chez l'homme, la construction du cerveau exige la production de milliards de neurones par divisions successives *(mitoses)* de quelques cellules souches. Une fois différencié, le neurone perd la faculté de se diviser et envoie des prolongements dans la direction de cibles précises : par exemple, un motoneurone de la moelle épinière doit atteindre un muscle déterminé ou une cellule sensorielle rejoindre un relais à l'intérieur du cerveau. Les neurones sont produits en excès au cours du développement, mais plus de la moitié dégénèrent et meurent pendant la période périnatale. L'ampleur du phénomène varie selon les différentes populations de neurones et semble contrôlé par des facteurs sécrétés par la cible qui, de façon rétrograde, arrêtent le progamme de mort. Tout se passe donc comme si le neurone qui n'a pu atteindre sa cible était condamné à accomplir son programme suicidaire.

On connaît chez les vertébrés un gène homologue du gène *ced-9* du nématode : le gène *Bcl-2,* prototype d'une famille de gènes dont la fonction est de s'opposer à la mort. La mort cellulaire mettrait en jeu plusieurs mécanismes parmi lesquels l'intervention d'enzymes protéolytiques (qui assurent la destruction des protéines cellulaires) liés à l'activité de gènes de la famille *Bax (figure 4)*. La fonction de la protéine de vie, *Bcl-2* serait de s'associer avec la protéine *Bax,* afin de la neutraliser et ainsi de l'empêcher de tuer la cellule.

L'apoptose vise principalement les cellules différenciées qui ont acquis un statut très spécialisé au prix de la perte de leur capacité de se diviser : essentiellement les neurones et les fibres musculaires. L'impossibilité pour la cellule d'aboutir à une division déclenche la mise à feu dans le génome d'une cascade de gènes chargés de détruire la cellule. La cellule semble donc se suicider faute d'avoir pu accomplir sa destinée : se diviser. La survie n'est possible que grâce à l'intervention de facteurs dits « trophiques » ou antisuicides. Chaque neurone vivant dans notre cerveau est un suicidé en puissance. Il est possible que l'appauvrissement des populations neuronales qui accompagne le vieillissement soit au moins partiellement lié à la faillite progressive des mécanismes protecteurs contre la mort neuronale.

Face à ces cellules indivisibles et au destin périssable, il existe une majorité de cellules qui conservent tout au long de la vie un fort pouvoir de renouvellement : cellules souches du sang, épithélium des voies digestives, fibroblastes, etc. Il semble toutefois que là encore le pouvoir de division soit limité. Par exemple, des fibroblastes embryonnaires humains placés dans des récipients de verre remplis de milieux nourriciers appropriés ne peuvent pas se diviser plus de cinquante fois ; à partir de la cinquante et unième, ils dégénèrent inéluctablement. Ce phénomène, décrit par

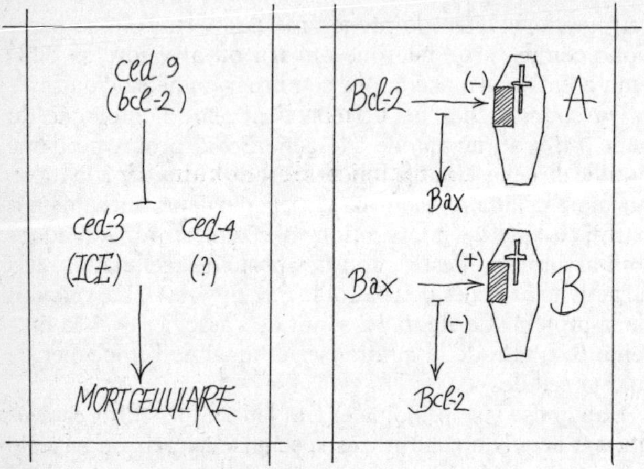

Figure 4 — La mort cellulaire.

A gauche, le schéma représente l'action des gènes de mort chez *Caenorhabditis elegans*. Le gène *ced-9*, qui est l'homologue du gène *Bcl-2* des vertébrés, bloque l'activité des gènes *ced-3* (homologue de chez les mammifères) et *ced-4* responsables d'un programme de mort cellulaire. A droite est représenté l'antagonisme entre *Bcl-2* et *Bax* (le yin et le yang) ; les protéines *Bcl-2* et *Bax* peuvent former soit des hétérodimères *(Bax/Bcl-2)*, soit des homodimères. Deux hypothèses sont proposées : soit, en A, *Bcl-2* bloque un programme de mort cellulaire et *Bax* s'oppose à son intervention ; soit, en B, *Bax* active un programme de mort cellulaire et *Bcl-2* inhibe son action.
(D'après Martinou, J.-C. (1995). « La mort cellulaire programmée dans le système nerveux ». *Médecine/Sciences*, 11 : 367-373.)

L. Hayflick[11], a été généralisé à tous les types de cellules et il n'en est aucune d'immortelle. Même la tentative désespérée d'une cellule d'échapper à la mort en devenant cancéreuse est vaine. Le nombre des divisions cellulaires n'est donc jamais infini : le diable a plus d'un tour dans son sac.

CHAPITRE II

L'Expansion de la chair

Peuplez-moi tout cela de bêtes et d'oiseaux ;
De la création déroulez les tableaux,
Et passez, au travers de la nature entière,
Et de l'enfer au ciel et du ciel à la terre.

GOETHE, *Faust*

En moins d'un milliard d'années, les bêtes envahissent la surface de la planète. Dans cette expansion de la chair, des espèces disparaissent, de nouvelles apparaissent, caractérisées par une confrontation de plus en plus étendue et compliquée avec le monde. La voie du diable, confondue avec l'évolution, mène à l'homme. Ce parcours, lente fuite en avant, entraîne l'épanouissement de la partie antérieure du corps, la tête, où loge le cerveau ; Satan y a installé sa capitale.

La triade diabolique, présente à l'origine du vivant, accompagne celui-ci tout au long de son évolution. On m'objectera qu'il s'agit d'une figure de rhétorique, incapable de représenter Satan, agent universel du Mal. Comment réduire la méchanceté des humains et les misères qui les accablent à l'affrontement de quelques molécules dans des processus qui, pour être qualifiés de diaboliques, ne sont pas autre chose que l'expression ordinaire de la vie ? Patience, l'histoire n'en est qu'à son début. Les étapes successives qui conduisent à l'espèce humaine traduisent la fabuleuse montée en puissance du diable. Mais qu'on ne se méprenne pas : il n'est pas ici question d'une transcendance négative, selon laquelle l'homme serait l'aboutissement d'une montée vers le Mal absolu. Le Mal n'est pas inscrit dans la chair. Il n'est pas vivant, mais le produit d'une « théorisation » que le cerveau de l'homme fait à partir de ses passions et de celles qu'il sait lire sur le visage ému de l'autre. Le Mal est une science que le diable a enseignée aux humains. Si Satan se manifeste dans toute sa splendeur chez l'homme, c'est parce que ce dernier, grâce à son cerveau parlant, a acquis la capacité de clamer à la face de l'univers étonné sa jouissance de vivre, son désir de l'autre et sa hantise de la mort.

LE DIABLE PAR LA TÊTE

Pendant plus de deux milliards d'années, la vie s'est réduite à des bactéries et le monde à un bouillon de culture. Ces êtres unicellulaires sans noyau se reproduisent à l'identique par division et constituent des lignées appelées *clones*. Entre 1 000 et 800 millions d'années avant l'époque actuelle, sont apparus les cellules possédant un noyau et les organismes sexués, c'est-à-dire capables d'échanger entre eux du matériel génétique lors de leur reproduction ; ils forment alors des *espèces* ou ensembles d'individus tous différents les uns des autres, mais qui pratiquent entre eux de continuels échanges génétiques et possèdent ainsi chacun un patrimoine héréditaire commun. Cette individualisation par le sexe consacre la première victoire du diable.

Le jeu de l'opposant s'inscrit déjà dans la forme des premiers animaux unicellulaires à noyaux ou *protistes*. Chez beaucoup d'entre eux, on peut observer deux pôles, antérieur et postérieur, dont le couple oriente et organise les rapports de l'individu avec le monde[1] *(figure 5)*. Comment cette asymétrie entre tête et queue se transmet-elle de

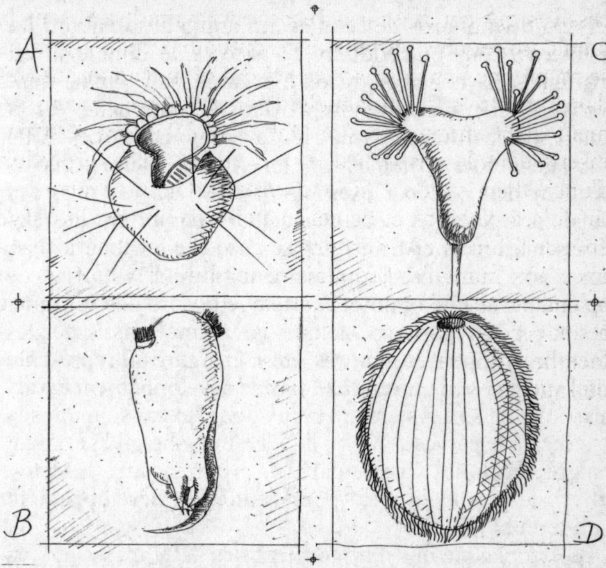

Figure 5 — Quatre exemples de protistes présentant une nette asymétrie entre deux pôles céphalique et caudal.

A : *Halteria grandinella* ; B : *Epidinium parvicaudatum* ; C : *Acineta tuberosa* ; D : *Holophrya simplex*.
(D'après Corliss J.O. (1961). *The Ciliated Protozoa*. Oxford : Pergamon Press.)

génération en génération ? Les plans de la cellule conservés dans l'ADN du noyau sont transcrits en ARN messagers qui, après passage dans le cytoplasme, fabriquent sur place les protéines nécessaires à la construction. Pour que celle-ci soit conforme aux canons de l'espèce, les acteurs doivent disposer sur le terrain d'une information de position fournie généralement par des gradients de concentration en molécules solubles, ARN et protéines, qui déterminent des axes quadrillant la cellule.

La construction des animaux pluricellulaires pose des problèmes identiques[2]. Avant d'être un assortiment de milliers ou de milliards de cellules, un animal est d'abord un protiste : un être unicellulaire, l'œuf fécondé, dont le noyau provient à parts égales du père et de la mère, mais dont le cytoplasme, d'origine exclusivement maternelle, est la source de la future asymétrie de l'organisme. Les ARN messagers et les protéines sont en effet inégalement répartis, d'un seul côté par exemple *(figure 6A)*. Au cours des divisions cellulaires, certaines cellules emportent des éléments maternels et d'autres pas, ce qui contribue à fixer leur destin dans l'accomplissement futur de la forme de l'animal : une tête opposée à une queue dont elle est séparée par des régions porteuses de formations spéciales (membres, appendices, pores, etc.). La *figure 6B* représente l'embryogenèse d'un vertébré avec le développement caractéristique de son système nerveux dont l'expansion dans la tête forme le cerveau *(figure 6C)*. La mouche ou le criquet, malgré quelques particularités propres aux insectes, offrent le prototype idéal pour l'étude du développement d'un animal *(figure 7)*.

Le cytoplasme de l'œuf contient des ARN messagers en provenance des gènes maternels. L'un d'eux synthétise une protéine appelée *bicoïde*, substance morphogène responsable de la future organisation antéropostérieure de la mouche. La suppression du gène bicoïde chez une mère produit des embryons qui n'ont ni tête, ni thorax. On peut en revanche réintroduire les éléments manquants en injectant dans le futur embryon du cytoplasme provenant d'un œuf qui possède le gène. Le cytoplasme prélevé dans la partie antérieure est plus efficace que celui prélevé dans la partie postérieure. A l'aide d'anticorps dirigés contre la protéine, Driever et Nüsslein-Volhard[3] ont montré que celle-ci se répartissait dans le cytoplasme de l'œuf selon un gradient allant du pôle antérieur le plus concentré au pôle postérieur. Le profil de concentration de la protéine dans l'œuf se traduit dans la forme de l'animal le long de l'axe antéro-postérieur. En changeant expérimentalement la pente du gradient, par exemple en l'augmentant, on fait reculer en proportion la limite postérieure de la tête. On connaît une autre protéine morphogène (caudal) dont le

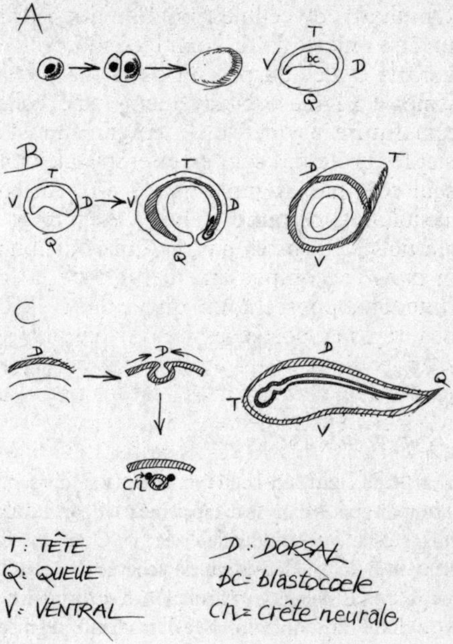

Figure 6 — Embryogenèse d'un amphibien.

A : *De l'œuf à la blastula* ; le cytoplasme de l'œuf est hétérogène. Après fécondation, l'œuf se divise et forme une blastula qui contient une cavité, le blastocœle.

B : *De la blastula à la gastrula* ; un pore se forme dans la région dorsale de la blastula ; la partie dorsale du pore est entraînée à l'intérieur, tandis que se forment trois feuillets, l'ectoderme, le mésoderme et l'endoderme.

C : *De la gastrula à la neurula* ; la partie dorsale de l'ectoderme s'invagine et forme un tube qui est à l'origine du système nerveux central du cerveau à la moelle épinière. Au moment de la fermeture du tube nerveux, un double bourrelet ou crête neurale se constitue ; ses cellules, en migrant, formeront le système nerveux périphérique et également le massif osseux facial.

(D'après Prochiantz, A. (1988). *Les Stratégies de l'embryon*. Paris : Presses Universitaires de France.)

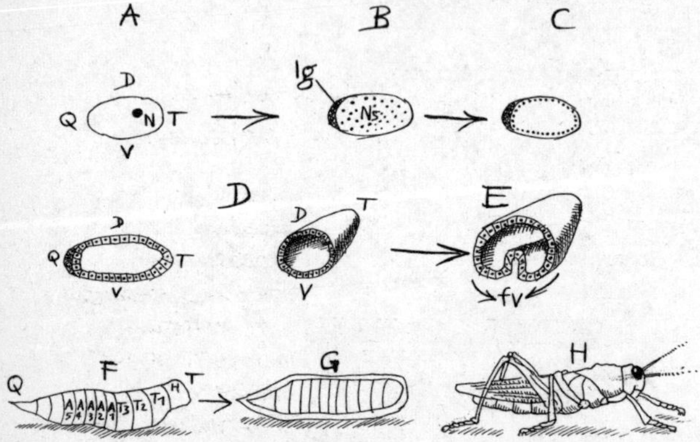

Figure 7 — Embryogenèse d'un insecte.

En A, le noyau N de l'œuf fécondé commence à se diviser ; en B, les noyaux (Ns) sont dispersés dans le cytoplasme et, à part la lignée germinale (Ig), aucune cellule n'est individualisée ; en C, les noyaux migrent à la périphérie ; en D, la cellularisation est achevée (D : dos, T : tête, Q : queue, V : ventre) ; en E, début de gastrulation avec formation d'un fourreau ventral (fv) ; en F, larve métamérisée dont chaque segment contient les disques imaginaux (amas cellulaires) à partir desquels sont formés les organes adultes ; en G, pupe ou stade d'immobilisation correspondant au début de la métamorphose ; en H, adulte ou imago.
(D'après Prochiantz, A. (1988), *op. cit.*)

gradient dans l'œuf est inverse et favorise ainsi la formation de l'abdomen et de la queue. Les gènes et les gradients morphogénétiques qui en dépendent assurent vraisemblablement le découpage segmentaire de l'embryon, mais ne suffisent pas pour réaliser la forme propre à chaque segment. Ce sont les gènes dits *homéotiques* qui assurent cette fonction.

Les homéogènes ont été retrouvés dans toutes les espèces pluricellulaires, plantes et animaux, et chez des êtres unicellulaires comme les levures. Ils donnent des protéines dont la structure s'est conservée de manière extraordinaire au cours de l'évolution, notamment grâce à la présence

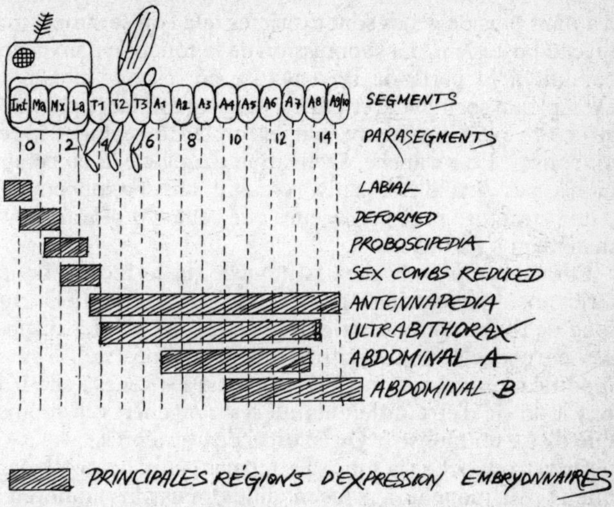

Figure 8 — Expression et fonction des gènes HOM chez la drosophile.

Les segments comprennent successivement : l'intercalaire (int), le mandibulaire (Ma), le maxillaire (Mx) et le labial (La) pour la future tête ; les trois segments thoraciques (T) et les dix segments abdominaux (A). Les régions d'expression des gènes homéotiques correspondants sont représentées parallèlement.
(D'après Manak, J.R. et Scott, M.P. (1994). « A Class Act : Conservation of Homeodomain Protein Functions ». In : *The Evolution of Developmental Mechanisms.* M. Akam, P. Holland, P. Ingham & Q. Wray (eds). Cambridge : The Company of Biologist Limited.)

constante d'un homéodomaine, peptide de soixante aminoacides qui a la propriété de se lier à l'ADN. Les homéoprotéines sont des facteurs « transactivateurs » ayant pour rôle d'activer d'autres gènes et d'enclencher ainsi des cascades de transformations cellulaires qui aboutissent à la genèse de formes spécifiques comme un membre ou un doigt. Ces gènes sont disposés le long du chromosome dans l'ordre où ils sont exprimés le long de l'axe antéropostérieur de l'embryon. Comme on peut le voir sur la *figure 8*, d'autant plus de gènes sont exprimés que l'on se situe à un niveau postérieur. La suppression de la fonction d'un gène conduit à la perte de la structure correspondante, par exemple un segment avec pattes, qui est remplacée par une structure plus antérieure, par exemple un segment avec antennes [4]. En revanche, l'activation d'un gène là où celui-ci n'a pas lieu d'être activé conduit au développement d'une structure plus postérieure que celle qui devrait normalement s'y trouver.

Comme on le voit chez la mouche, la forme est donc strictement déterminée par l'expression séquentielle au long de l'axe antéropostérieur de gènes eux-mêmes disposés en chapelet sur le chromosome (colinéarité). Toute modification chez la mouche implique les gènes ; elle n'a pas le loisir d'être différente de ses congénères, à moins que d'être un monstre. Qu'en est-il des vertébrés ?

On retrouve chez la souris les mêmes gènes homéotiques que chez la mouche, à peine modifiés, mais plus nombreux et disposés selon quatre complexes redondants (HOX a, b, c et d) provenant de deux duplications du génome survenues lors de l'évolution des vertébrés. Les règles de fonctionnement sont conservées, mais avec l'introduction d'un degré de liberté qui est la caractéristique majeure des vertébrés. A la colinéarité spatiale observée chez la mouche s'ajoute une colinéarité temporelle : un gène n'est jamais activé avant que ne soit exprimé le gène qui le précède sur l'axe antéropostérieur. On assiste donc à la succession dans le temps, et d'avant en arrière, de la formation des parties du corps et notamment pour le système nerveux de la suite des segments ou *métamères*.

A la différence de la mouche, chez qui la segmentation est déjà faite avant que ne commence la morphogenèse, les deux phénomènes chez les vertébrés se déroulent de façon synchronisée. La modification du temps d'activation d'un homéogène pourra entraîner des modifications considérables. Ce phénomène, dit d'hétérochronie [5], introduit une extraordinaire souplesse dans la morphogenèse et laisse le temps et la place pour l'intervention de facteurs environnementaux propres à chaque embryon (épigenèse).

A l'insecte en uniforme, l'évolution des vertébrés oppose un individu versatile au gré du temps et de l'environnement. L'apparition des vertébrés est donc un peu l'invention de la liberté dans le vivant, que consacre le développement du cerveau.

Ce qui a été dit de la colinéarité entre la morphogenèse selon l'axe antéro-postérieur de l'animal et la disposition alignée des homéogènes sur un chromosome n'est plus vrai chez les vertébrés s'agissant de leur extrémité céphalique et de leur cerveau. Celui-ci subit une expansion considérable à l'intérieur de la cavité relativement étroite du crâne qui entraîne des repliements et une perte de la structure axiale. L'embryologie permet toutefois de retrouver une disposition segmentaire sous forme de *prosomères* dont la morphogenèse est conduite par des gènes homéotiques (*Emx1, Emx2, Otx1* et *Otx2*) homologues des gènes céphaliques de la mouche *empty spiracles (ems)* et *orthodenticle (otd)*[6] *(figure 9)*.

Pour éviter au lecteur de se perdre dans les méandres du cerveau, je me limiterai à quelques observations importantes. Les gènes homéotiques du cerveau et de la tête, à la différence de ceux du corps, ne sont pas alignés sur un chromosome, mais dispersés dans le génome. En regard de la complexité morphologique du cerveau, ils sont relativement peu nombreux. Tout se passe dans l'évolution du cerveau de vertébrés comme si la dictature de quelques gènes était progressivement débordée par des facteurs épigénétiques. Ce qui caractérise les vertébrés, c'est l'accroissement dramatique de leur interface avec le monde, aussi bien dans la variété et la quantité des expériences sensibles, que dans les capacités d'intervention. Cet afflux de messages sensoriels avec la multiplication des voies nerveuses qui les transportent converge massivement sur le cerveau et fait éclater son organisation segmentaire. La représentation de plus en plus agrandie du monde propre à chaque individu se superpose aux territoires stéréotypés d'origine génétique dont elle bouleverse les frontières. Dans l'immensité croissante du cerveau, les territoires qui représentent à la fois le monde et les actions qui s'y dérou-

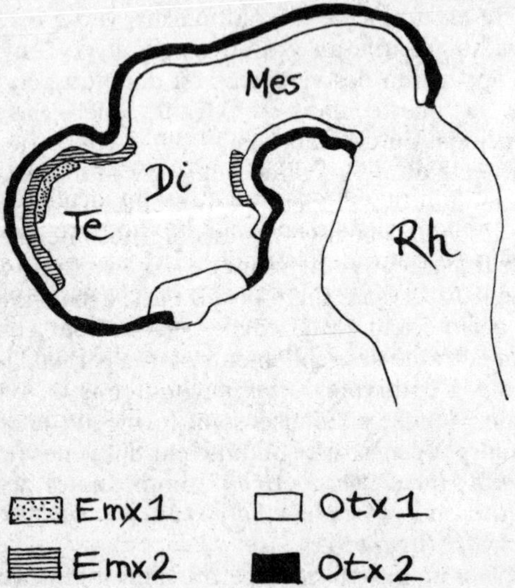

Figure 9 — Domaines d'expression des gènes Emx et Otx au cours du développement du système nerveux central chez un embryon de souris de dix jours.

Di : diencéphale ; Mes : mésencéphale ; Rh : rhombencéphale ; Te : télencéphale.
(D'après Boncinelli, E. (1995). « Homeobox Genes in the Developing Brain and Gastrulation ». *Biology Intern.* 33 : 32-41.)

lent recouvrent et effacent, à la façon d'un palimpseste, les vieilles structures imposées par les gènes.

L'expansion de la chair et celle du cerveau qui la couronne se traduisent finalement chez l'Homme par une opposition de plus en plus marquée entre la tête et la queue au profit de la première (à la différence du diable de comédie, l'Homme ne dispose plus que d'un appendice caudal atrophique) : la plus libre des bêtes est prise entre le carcan génétique de la chair et l'invention de son cerveau qui lui apprend à reconnaître ce qu'il appelle le bien et le mal.

LES MANIGANCES DU CERVEAU

La course s'arrête lorsque le coureur se relève. La station debout met un terme, peut-être provisoire, à la fuite en avant de l'évolution animale. Vu de façon idéalisée, le passage des préhominiens d'une marche à quatre pattes à la locomotion pédestre de l'homme se traduit par une série de libérations successives : celle de la tête par rapport au sol, celle de la main par rapport à la marche et, dans un même élan de verticalité, comme une cathédrale gothique libérée de ses lourds piliers romans, celle de la voûte crânienne par rapport au massif facial[7]. Les remaniements osseux crânio-faciaux et le vaste espace ainsi offert s'associent à l'expansion du cerveau qui trouve à s'y loger *(figure 10)*. Il est d'ailleurs intéressant de noter que les os faciaux dérivent de cellules provenant de la partie antérieure de la crête neurale et sont sous le contrôle de gènes homéotiques qui conduisent la formation du cerveau.

Edelman défend l'idée que le cerveau est un système sélectif de reconnaissance[8]. Sans doute a-t-il raison. Le cerveau fonctionne sur la sélection de similitudes et de contrastes ; il établit des rapports et des rapports entre rapports vraisemblablement par l'intermédiaire de groupes neuronaux dont la structure et la dynamique restent à ce jour hypothétiques. Ces rapports sont par définition abstraits, mais pas plus que ne l'est celui qui unit une molécule vivante à une autre : il s'agit dans les deux cas d'une reconnaissance de formes. Cette abstraction fait que l'on parle parfois, à tort, de psychisme ou d'esprit, denrée immatérielle venant occuper le vide entre les formes. Il est raisonnable d'admettre l'hypothèse que l'augmentation considérable de la taille du cerveau de l'homme *(figure 11)*, et notamment le développement du cortex dit associatif, seraient l'origine de sa fabuleuse capacité à établir ces rapports et ces rapports entre rapports que l'on peut qualifier du terme générique de *pensée*.

La pensée *traduit* les processus de catégorisation sur le

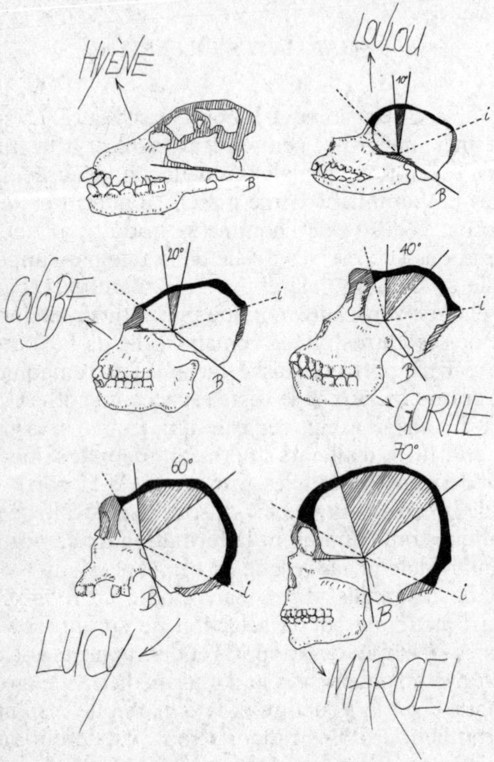

Figure 10 — Ouverture de l'éventail cortical.

Chez l'hyène, le verrouillage de la voûte crânienne est total. La libération de la voûte chez le chien loulou se fait sur la seule réduction faciale et l'absence de verrou frontal, aux dépens des sinus et de l'équilibre dentaire. Chez le colobe, le gorille et l'australopithèque, la réduction de la base et la flexure progressive du plancher entraînent une ouverture de plus en plus large de la région moyenne correspondant aux aires sensori-motrices et associatives qui atteignent leur développement maximum chez Marcel, prototype humain.

(D'après Leroi-Gourhan, A. (1964). *Le Geste et la Parole.* Paris : Albin Michel.)

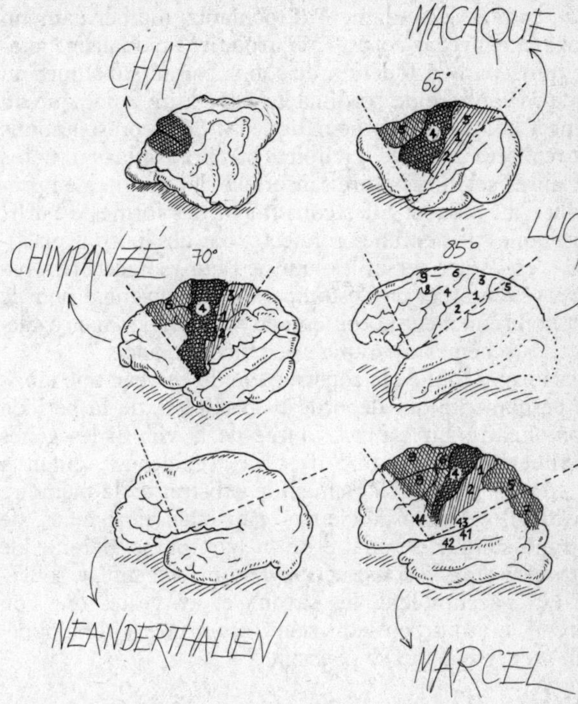

Figure 11 — Evolution du cerveau chez les mammifères.

La région 4 correspond à l'aire somato-motrice primaire (motricité du corps) ; les aires 1.2.3 sont les aires somesthésiques (sensibilité du corps) ; les aires 5.7 sont des aires associatives ; 6.8.9 sont des aires pré-motrices ; 41.42.43 sont les aires auditives ; 44 est l'aire de Broca. On peut voir l'ouverture de l'éventail cortical qui atteint son maximum chez Marcel, prototype humain.
(D'après Leroi-Gourhan, A. (1964), *op. cit.*)

réel dont elle est inséparable quel que soit le niveau d'abstraction où ils se situent. Il est faux en revanche d'affirmer que la pensée est l'opérateur de ces catégorisations, c'est-à-dire qu'elle effectue un travail sur les représentations. Ce serait, comme le souligne A. Prochiantz, tomber dans un clivage fatal avec le corps, « réintroduire un dualisme vitaliste qui sépare la fonction de son substrat, substituer au réel la métaphore de l'ordinateur et réduire la logique du vivant à la logique mathématique[9] ». Les représentations sont réalisées dans des territoires cérébraux plus ou moins spécialisés selon la nature sensorielle des données en provenance du monde. Elles constituent des formes à partir d'ensembles de neurones connectés par des liaisons plastiques, c'est-à-dire versatiles, qui peuvent s'effacer, réapparaître, se renforcer ou s'estomper. Elles expriment pour le sujet non seulement le contenu de son monde, mais également ses schèmes d'action sur ce même monde.

Ces formes font de la construction du cerveau une fabrique permanente qui déborde bien au-delà de la période embryonnaire sur toute la durée de la vie. Si les gènes constituent une mémoire d'espèce, l'épigenèse, quant à elle, fournit vraisemblablement le substrat de la mémoire individuelle. Les prodigieuses capacités mnésiques de l'homme sont le corollaire de la part prépondérante de l'épigenèse dans la construction de son cerveau. Les souvenirs qui s'accumulent, les savoirs et les gestes que l'on apprend, ne sont peut-être rien d'autre que le développement du cerveau qui se poursuit.

Voici donc le cerveau de l'homme, capable de se représenter un monde qui n'est plus ou qui n'est pas encore, capable enfin d'instrumenter le monde bien réel qui s'offre à lui. Avec une pierre, il casse une autre pierre, place l'éclat au bout d'un bâton ; avec l'ensemble, il fait, selon la taille et la forme, un javelot ou une hache, ou encore une lance qui emprunte à l'un et à l'autre. Mais bientôt, avec des sons, l'homme articule des mots : il parle !

CHAPITRE III

La Chair se fit Parole...

Tu causes, tu causes, c'est tout ce que tu sais faire.

Raymond QUENEAU, *Zazie dans le métro*

L'homme et sa parole ou comment les mots sont venus à la bouche d'un singe. Le diable est un bavard et l'on ne peut comprendre sa biologie que si l'on essaye de connaître les mécanismes du langage et l'origine évolutive de ce mode de communication propre à l'espèce humaine. La capacité d'apprendre à parler est programmée dans les gènes de l'homme, mais c'est la fréquentation de l'« Autre » qui permet aux structures de son cerveau de produire du langage. L'observation d'un de nos proches cousins, le singe bonobo, montre que l'utilisation des mots comme celle des outils est le fruit de l'évolution des espèces et l'œuvre de la sélection naturelle. La parole est l'expression d'un talent diabolique par excellence, celui de l'imitation. Celle-ci est une propriété intrinsèque du vivant. Sous-jacent enfin au langage, il y a l'échange des émotions avec l'Autre : partage de la passion qui donne son sens au premier cri et sur lequel repose toute parole.

LE LANGAGE EST UN INSTINCT

L'homme est enfermé dans son langage[1]. Comme ces passagers d'un avion qui finissent par ignorer la cabine dont ils sont prisonniers, l'homme oublie que les mots et les phrases qu'il émet ne sont que des instruments pour communiquer sa pensée à d'autres. Il confond pensée et parole sans réaliser que la première n'est logique que par l'analyse qu'en fait la seconde. Le langage est ce merveilleux appareil qui permet de transporter la pensée d'individus en individus — *verba volent* — tout comme cette autre splendeur mécanique, l'aile, permet à l'oiseau de se déplacer dans les airs.

En poursuivant le parallèle entre le vol de l'oiseau et le langage de l'homme, on reconnaît que tous les deux sont les produits de l'évolution des espèces. L'oiseau et l'homme sont à jamais séparés du monde d'avant. Le premier a oublié le reptile qu'il a été, le second ne sait plus rien de son passé de singe.

Comme aux débuts de l'aviation, la sélection naturelle a procédé à bien des essais malheureux avant de réussir un archéoptéryx capable de s'élever dans les airs. Le résultat est une merveilleuse mécanique d'os, de muscles et de plumes qui ne le cède pas en complication au jeu de cartilages et de tuyaux qui produisent la parole. La science de l'évolution permet de reconstituer les différents changements de structures qui ont par trois fois expédié un animal dans le ciel : le ptéranodon, l'oiseau et la chauve-souris *(figure 12)*. Elle est beaucoup plus incertaine sur les modifications successives qui ont affecté l'ancêtre bipède et sur le moment où s'est installée la parole de l'homme. Cette incertitude est aggravée par le sentiment d'unicité qui l'habite. Si l'on connaît d'innombrables espèces volantes, une seule possède le don des langues : la nôtre.

Avant de revenir sur l'apparition au cours de l'évolution *(phylogenèse)* et sur l'installation chez l'enfant *(ontogenèse)* du langage, il me faut dire pourquoi le langage est un ins-

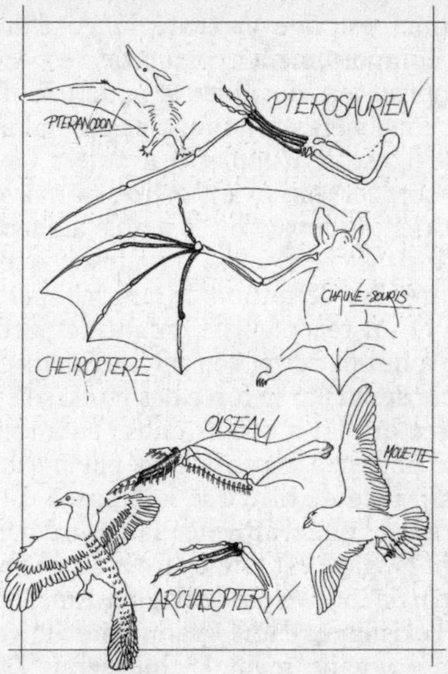

Figure 12 — Adaptation au vol.

Si l'on excepte le cas de quelques mammifères sauteurs qui améliorent la portée de leur saut en développant un repli cutané tendu entre les membres écartés à la façon d'un parachute, l'adaptation au vol avec transformation du membre antérieur en aile s'est manifestée à trois reprises : (1) chez les ptérosauriens ou reptiles volants du jurassique supérieur, (2) avec l'apparition de l'oiseau dont l'archéopteryx, au jurassique supérieur, pourrait être l'ancêtre, (3) et plus récemment chez les cheiroptères, mammifères volants. Dans les cas (1) et (3), ptéranodon et chauve-souris, l'aile est formée d'un repli cutané *(patagium)* soutenu par un ou plusieurs doigts très allongés ; dans le cas (2), type oiseau, l'aile est constituée par un ensemble de plumes spécialisées, les rémiges, insérées sur les trois segments du membre antérieur à peu près également allongés. Pour simplifier, le ptéranodon et la chauve-souris volent avec leurs doigts, l'oiseau avec ses bras : magnifiques exemples de convergence fonctionnelle.

(D'après Beaumont A. et Cassier P. (1980). *Biologie animale : les cordés, anatomie comparée des vertébrés.* Paris : Dunod-Université.)

tinct[2]. L'instinct est une capacité innée d'un animal à acquérir un comportement typique de l'espèce dans des conditions appropriées de milieu et notamment au contact de parents et congénères. L'homme n'apprend pas à parler, pas plus que l'oiseau n'apprend à voler. Ce savoir est déposé dans son cerveau avant même sa naissance. Mais cela n'enlève rien au mystère : le diable a encore son mot à dire... Cet instinct ne peut se manifester que sous l'instance de l'Autre. Par définition, le langage met en relation un émetteur et un récepteur. L'enfant ne parlera pas s'il n'a personne à qui parler et son interlocuteur devient, par la force des choses et par la force des mots, son instituteur. La même force qui lui a ouvert dans l'enfance les secrets du langage le pousse à les enseigner plus tard au bébé. Il est donc aussi juste de dire que le langage est le résultat d'un apprentissage que d'affirmer sa nature héréditaire.

L'innéité du langage est loin d'être acceptée par tous. Ce refus est en partie motivé par le dogmatisme de Chomsky[3] qui affirme l'existence d'une grammaire universelle produite par un « organe mental » qui serait l'apanage du genre humain et dépourvue de tout antécédent évolutif. Chomsky mécontente à la fois les linguistes, qui refusent de voir l'objet de leur savoir ravalé au rang d'instinct, et les biologistes qui, soumis à la loi de Darwin, n'imaginent pas qu'un organe, fût-il mental, échappe à l'œuvre lente et inexorable de la sélection naturelle.

Le principal élément d'ambiguïté tient à la confusion souvent faite entre instinct et modularité. Cette dernière désigne l'organe ou module capable à lui seul et en exclusivité de produire la fonction, ici le langage parlé. L'innéité de celui-ci est démontrée et nous en verrons des preuves. Sa modularité est en revanche plus discutable.

Les adversaires de l'innéité du langage tiennent pour certain que le langage fut inventé il y a des milliers d'années par quelques hominiens malins et transmis par apprentissage à la suite des générations. C'est possible, mais nous n'y étions pas. D'ailleurs, lequel d'entre nous, frappés que nous sommes tous d'amnésie infantile[4], se souvient de sa propre découverte de la langue ? Or il a été possible de reconstituer presque en direct l'apparition d'un nouveau langage. Le phénomène a été décrit par le linguiste Derek Bickerton[5].

Au début du siècle à Hawaï, le boum de l'activité sucrière attira une main-d'œuvre étrangère venue de pays aussi différents que la Chine, le Japon, les Philippines, la Corée et le Portugal. Les ouvriers, comme jadis les esclaves dans les plantations coloniales, coupés de toutes racines culturelles et pressés par la nécessité de communiquer entre eux, adoptèrent spontanément un jargon composé de mots hachés empruntés au langage des maîtres, l'anglais, et assemblés de façon anarchique, sans aucune règle qui ressemblât à une syntaxe ; ce que les Anglo-Saxons appellent un *pidgin*, qui est un système de communication, mais en aucun cas une langue, puisque éloigné de toute grammaire. Bickerton a pu recueillir des échantillons de discours des survivants et les soumettre à l'analyse du linguiste. Or les enfants de première génération, éduqués par des parents parlant pidgin, inventèrent spontanément une langue bizarre et composite, le créole hawaïen, mais qui n'en obéissait pas moins à une syntaxe stricte. Bickerton en conclut que la capacité de formaliser le langage, selon des règles identifiables par le linguiste, témoigne d'une disposition innée du jeune enfant. L'usage correct des pronoms par ce dernier n'est pas, par exemple, le résultat d'un apprentissage auprès de parents qui ne savent pas s'en servir[6]. Cette disposition naturelle ne peut toutefois s'exprimer pleinement que pendant une période critique de la maturation du cerveau qui correspond à la fenêtre d'âge où l'enfant acquiert un langage fait de sons (ou de signes manuels en cas de surdité). Les membres de certaines familles présentent des troubles spécifiques du langage indiquant une origine génétique[7]. On connaît également les cas très rares d'un retard mental associé à un extraordinaire talent pour la conversation : c'est le syndrome de Williams, lié à une anomalie sur le chromosome 11. Les enfants qui en sont atteints ressemblent, selon S. Pinker[8], à Mick Jagger et présentent un quotient intellectuel de 50 (incapacité de trouver leur chemin, nouer leurs lacets, faire une addition, etc.) avec des aptitudes linguistiques remarquables.

Si ces quelques exemples plaident en faveur de la nature instinctive du langage, cela veut dire toutefois que parler n'est pas la manifestation d'une pulsion mystérieuse et désincarnée, mais bien l'expression fonctionnelle d'une machinerie vivante construite selon des instructions génétiques soumises aux hasards des mutations et aux aléas du monde. On admet généralement que marcher à quatre pattes, se tenir debout sur ses deux pieds, voler au milieu des nuages ou décortiquer une cacahuète avec l'extrémité d'un appendice appelé trompe sont des capacités héritées par certaines espèces et fruit du travail lent et obstiné de la sélection naturelle. Pourquoi le langage échapperait-il à la loi commune ? Pourquoi faudrait-il, comme pour cet autre mystère : la naissance de l'univers, qu'un « big-bang » fasse brusquement jaillir du cerveau d'un singe un organe du langage, sorte de champignon atomique mental venant bouleverser le règne animal ?

Il ne peut s'agir de traiter la biologie de la parole et encore moins d'entreprendre une description même élémentaire de ce merveilleux instrument à manipuler les autres qu'est la parole. J'entends seulement rappeler que le langage parlé, comme tout autre trait humain, est le produit de l'évolution et que des éléments précurseurs du langage se retrouvent chez ces cousins descendant d'un ancêtre commun que sont les singes anthropoïdes. Quand je dis que l'homme est un primate doué de parole, je n'énonce pas une hypothèse scientifique plus étrange que celle proposée par des paléontologistes selon laquelle les oiseaux sont des dinosaures ayant acquis la capacité de voler ; même si on ne sait pas plus comment les plumes sont venues au croupion d'un petit dinosaure que les mots à la bouche d'un primate bipède.

LES MOTS ET LE MONDE

Les mots ne sont que des outils à manipuler le monde. L'homme n'est pas seulement un primate qui sait parler *(Homo sapiens)*, il a été aussi un primate habile *(Homo habilis)*. Le problème du langage parlé est inséparable de celui de l'outil et du comportement instrumental, cette autre grande spécialité de l'homme. La parole est une machine construite à partir d'éléments réunis entre eux, selon une double articulation. La première assemble des unités, mots ou fragments de mots, appelées *monèmes* : doués d'une vie indépendante et porteurs de sens lorsqu'ils sont isolés, ils ont le pouvoir de modifier la fonction des éléments dont ils sont contigus et ainsi, de proche en proche, d'en altérer l'ensemble. La seconde articulation se fait entre *phonèmes*, unités minimales distinctives et indépendantes de toute signification *(figure 13)*.

EXISTE-T-IL UN ORGANE MENTAL DU LANGAGE ?

On pourrait croire la question résolue depuis que l'examen par autopsie du cerveau de malades souffrant de troubles du langage a chaque fois révélé des lésions siégeant dans des régions déterminées du cortex cérébral et, en règle générale, à gauche *(figure 14)*. Chez l'adulte, tout au moins, on peut donc parler de centres du langage. Ces choses sont différentes chez l'enfant : des lésions de l'hémisphère cérébral gauche n'empêchent pas l'acquisition ultérieure d'un langage sans défaut. S'il existe bien une modularité anatomique relative chez l'adulte, il semble en revanche que celle-ci n'existe pas encore chez le jeune enfant.

Différents systèmes d'objets permettent d'étudier, au cours du développement du nouveau-né et du jeune enfant, l'apparition de stratégies de plus en plus complexes

PREMIÈRE ARTICULATION (MONÈMES)	DEUXIÈME ARTICULATION (PHONÈMES)
ré em barqu ez	p ɛ r (père)
ré em barqu ons	m ɛ r (mère)
em barqu ons	p i r (pire)
de barqu ons	p a r (par)
de figur ons	p ɛ l (pelle)

Figure 13 — Exemples des deux articulations.

La première permet de commuter entre elles des unités minimales ayant à la fois une forme et un sens ou *monèmes* avec, dans l'exemple choisi, quatre segments commutables : « l'idée de répétition de l'action exprimée par le groupe de monèmes suivants » (ré), « l'idée d'entrer dans la chose désignée par le monème suivant » (em), « l'idée d'un véhicule flottant » (barque), « l'idée des autres » (ez), etc. La deuxième articulation porte sur la commutation d'unités minimales ayant une forme phonétique, mais pas de signifié.
(D'après Mounin G. (1968). *Clefs pour la linguistique*. Paris : Seghers.)

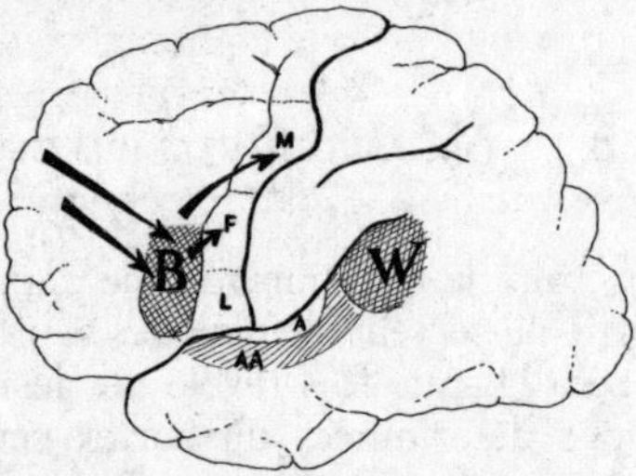

Figure 14 — Représentation schématique des aires du cerveau impliquées dans la production et la compréhension du langage parlé.

L'aire de Broca (B) reçoit des connexions en provenance du cortex préfrontal antérieur ; sa partie supérieure contrôle les aires motrices de la main (M) responsables de la manipulation des objets ; la région principale est en relation avec les aires motrices de la face (F) et du larynx (L) responsable de la production de la parole. Les aires de réception du langage parlé comprennent l'aire de Wernicke (W) située au voisinage immédiat des aires auditives primaires (A) et associées (AA). Les communications entre B et W n'ont pas été représentées.

d'appariements et d'assemblages d'objets. La stratégie d'assemblage permet de mettre en évidence une hiérarchisation des actions qui évoque la construction même du langage avec sa double articulation. La manipulation instrumentale montre un développement hiérarchisé comparable à celui du langage *(figure 15)*.

Les études anatomiques et surtout l'utilisation de l'imagerie médicale (résonance magnétique nucléaire, caméra à émission de positons), qui permet de regarder le cerveau et de le couper en tranches sans que le sujet meure ou pâtisse d'interventions sanglantes, montrent qu'une même structure cérébrale sous-tend la fonction langagière et la manipulation d'objets, tout au moins au début du développement de l'enfant. Ce n'est que dans un deuxième temps que s'établit une modularité respective des deux fonctions. Si l'on analyse en détail les « profils cognitifs » de sujets atteints de troubles du langage, on observe que ceux-ci ne sont jamais totalement isolés et que d'autres fonctions, concernant aussi bien la manipulation du monde que sa compréhension, sont presque toujours et de façons très diverses subtilement touchées. On peut raisonnablement conclure que le langage est certes un instinct présent chez tous les hommes, mais que son expression fait appel à un ensemble de systèmes neuronaux qui servent à d'autres prouesses illustrant l'habileté et l'intelligence de l'homme.

ANALOGIE OU HOMOLOGIE ?

Si le langage n'est pas le produit d'un organe mental qui serait le propre de l'homme, si les ressemblances observées avec le singe ne sont pas seulement du niveau de la fonction *(analogie)*, mais dépendent de structures d'origine commune *(homologie)*, alors on devra retrouver chez ceux qui nous ont précédés dans l'évolution les éléments qui ont servi chez l'homme à réaliser cette innovation : la parole.

Il y a, je viens d'essayer de le montrer, entre le langage

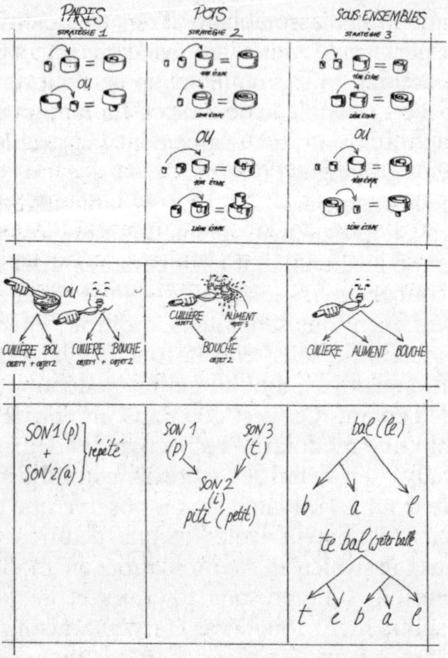

Figure 15 — Développement des capacités instrumentales et du langage chez l'enfant.

La partie supérieure de la figure montre le développement, de l'âge de onze à trente-six mois, des stratégies utilisées par un bébé pour combiner des objets : des pots de taille croissante qui s'imbriquent l'un dans l'autre. En grandissant, l'enfant est successivement capable de (1) rassembler les objets par paires, (2) faire des combinaisons multiples, mais n'impliquant qu'un seul niveau de manipulation, (3) de réaliser des sous-ensembles faisant l'objet de manipulations secondaires.

Dans la partie moyenne de la figure, une analogie est faite avec la manipulation d'une cuillère et d'un bol de bouillie par un bébé. Celle-ci montre des niveaux de hiérarchisation comparables à ceux observés dans la manipulation des pots.

Dans la partie inférieure de la figure, le développement parallèle de la combinaison des sons pour obtenir un langage articulé est représenté à l'aide de quelques exemples.

parlé et la combinaison d'objets à des fins ouvrières, une parenté de structure[9]. Un enfant âgé d'un an sait déjà plonger une cuillère dans sa bouillie ou la porter vide à sa bouche ; il lui faut plus d'âge et d'expérience pour remplir la cuillère de bouillie et porter l'ensemble à ses lèvres. Un chimpanzé adulte est capable de casser des noix en assemblant deux pierres pour en faire une enclume et en utilisant une troisième en guise de marteau. Mais que de tâtonnements avant qu'il ne maîtrise cette technologie ! Marteau sans enclume ou enclume sans marteau, l'intérieur de la noix est au bout de la longue quête. L'installation du langage chez l'enfant suit une progression comparable : au début, simple appariement de sons semblables : *papa, mama, dodo,* ensuite dissemblables, pour aboutir enfin à la formation de structures hiérarchisées complexes au sein desquelles s'articulent les unités de sons et de sens. Le langage de l'homme ressemble finalement à une immense boîte à outils qui servent à manipuler le monde. Or, si les grands singes semblent avoir accès à un outillage très rudimentaire, possèdent-ils également un langage à l'état embryonnaire ? Il faut le dire sans hésitation : toutes les tentatives pour faire parler chimpanzés et gorilles se sont révélées décevantes. Mais sous le prétexte que les nageoires latérales de la baleine et les ailes de l'oiseau sont homologues, doit-on chercher à tout prix à faire voler les baleines ?

Malgré le mépris affiché par certains linguistes, je consacrerai quelques lignes au « cas Kanzi » étudié par un groupe de chercheurs du Yerkes Center d'Atlanta, aux Etats-Unis. Kanzi appartient à l'espèce *Pan paniscus*, si voisine par ses chromosomes de l'espèce humaine qu'on a proposé de la regrouper avec le chimpanzé et l'homme dans le même genre : *Pan.* Aux yeux d'un observateur non averti, un bonobo peut passer pour un chimpanzé. Cette confusion a été entretenue pendant longtemps dans les zoos et les musées d'histoire naturelle. Il s'agit, malgré les ressemblances, d'une espèce différente individualisée il y a seulement un demi-siècle[10].

Avant d'être lui-même un sujet d'étude, Kanzi a appris

tout seul le langage des lexigrammes que l'on tentait en vain d'enseigner à sa mère adoptive, une vieille guenon sortie de la forêt équatoriale et rétive aux études. Le lexigramme consiste en figures géométriques abstraites (donc arbitraires) qui apparaissent par contact du doigt sur un écran ou un tableau portable. Kanzi comprend plus de six cents mots et a accès à une syntaxe assez complexe dont je donnerai l'analyse. Il est capable de rectifier des erreurs volontaires de syntaxe du locuteur et d'atteindre des niveaux d'abstraction assez élevés. Par exemple, à l'injonction « mouille l'orange », en l'absence de point d'eau dans son séjour, il répond en sortant pour présenter l'orange à la pluie. Parallèlement, Kanzi sait construire des phrases avec les symboles des lexigrammes. Tantôt la phrase est construite en imitation de la syntaxe anglaise utilisée autour de lui : sujet, verbe et complément. (Cette régularité grammaticale s'accorde généralement à une préoccupation triviale de notre locuteur.) Tantôt, plus exceptionnellement, il est vrai, l'action précède l'agent, lui-même suivi de l'objet : « mordre Kanzi pomme ». Ce système, appelé *ergatif*, est employé dans des langues naturelles que Kanzi n'a jamais entendues. Le bonobo a donc inventé sa propre syntaxe. Non seulement il comprend les formes syntaxiques les plus compliquées, mieux que le ferait un enfant de trois ans, mais il peut suivre des règles de grammaire non imitées de son entourage. Encore l'inertie du lexigramme ne facilite-t-elle guère les articulations. Au total, les performances de Kanzi ne dépassent pas celles d'un enfant de trente-huit mois. Est-ce à dire qu'au cours de son développement le langage de l'enfant passe par le stade où Kanzi s'est arrêté ? Les mêmes aires cérébrales, les mêmes circuits nerveux, nous l'avons vu, permettent au tout jeune enfant à la fois de manipuler les objets qui l'entourent et de construire son langage. Cet appareil du cerveau n'est donc pas d'apparition soudaine chez l'homme et il n'en est pas non plus l'apanage, comme le pensent Chomsky et les siens.

Le langage, comme d'autres organes et d'autres fonctions, s'est élaboré au cours de l'évolution des espèces, tout comme il se construit progressivement chez l'enfant soumis aux pressions insistantes de cette bête bavarde et raisonneuse : l'adulte. La fameuse aire cérébrale découverte par Broca, cette région située dans le cortex gauche du cerveau de l'homme et qui permet à celui-ci de parler, existe chez le bonobo et chez les grands singes. C'est elle qui permet à Kanzi ses exploits grammaticaux et artisanaux. Elle est déjà présente chez des singes plus anciens dans l'évolution : les macaques, par exemple. A défaut de parler, elle leur permet de manipuler des objets et de faire des grimaces. Modeste, presque effacée dans un cerveau nain comparé au nôtre, l'aire de Broca du macaque attend son heure : le temps de parole !

Avant de savoir manipuler les objets pour en faire des outils et assembler des sons pour en faire des mots, peut-être le singe a-t-il su manipuler les autres : l'*Homo politicus*, ancêtre oublié de l'*Homo habilis*. Dans l'évolution des espèces, la politique aurait précédé la parole. On m'a raconté l'histoire de ces gorilles, rusés politiciens dans l'exercice de la vie sauvage, qui, privés de liberté et livrés à la solitude de leur cage, apprenaient à manipuler des objets pour en faire des outils : bel exemple d'adaptation à la captivité. La structure est présente dans le cerveau, inutilisée par l'espèce ou utilisée autrement, mais prête à servir quand la sélection naturelle le décide. Ce n'est pas de l'adaptation, mais ce que les paléontologues appellent de l'*exaptation* ou *préadaptation*. Celle-ci désigne le phénomène qui, dans l'évolution, permet l'installation chez une espèce d'une nouvelle machine vivante construite avec des pièces d'occasion et détournées de leur fonction initiale. Ainsi, les phanères devenues plumes sur la peau de petits dinosaures auraient assuré primitivement un rôle d'isolant pour maintenir constante la température du corps avant de constituer l'empennage des membres antérieurs qui permet aux oiseaux de s'envoler.

Toutes les capacités de l'homme sont présentes en puissance chez l'ancêtre commun aux chimpanzés et aux hominiens. Les reliquats chez nos cousins anthropoïdes servent d'autres fonctions ou ne sont plus là qu'à l'état de traces. Mais comment ne pas s'émerveiller devant de tels bouleversements qui transforment en quelques millions d'années un singe en un abonné des soirées de la Comédie-Française, tous les deux partageant un génome presque identique (à 1 ou 2 % près) ? Pour comprendre ce qui a pu se passer sans remettre en cause la théorie de l'évolution, on fait appel aux gènes homéotiques et à la notion d'hétérochronie dont il a été question dans le premier chapitre. L'inactivation d'un homéogène qui correspond à un territoire donné favorise l'expression du gène lié au développement de la région située en avant. Il suffit par exemple que l'ouverture d'un homéogène du cerveau soit retardée pour que se prolonge l'activité de l'homéogène antérieur et donc le développement de la structure correspondante, le cortex frontal par exemple. On peut faire l'hypothèse qu'à la suite d'un remaniement chromosomique discret, l'expression prolongée d'un ou deux gènes homéotiques ait suffi à entraîner l'expansion considérable du cerveau et de ses capacités cognitives, celles-là mêmes qui ont permis la naissance du langage. S.J. Gould[11] a rappelé que l'homme diffère du chimpanzé par un ralentissement de son développement. A la naissance, le jeune chimpanzé ressemble à un jeune humain. Tout se passe comme si l'homme adulte avait conservé les traits d'un chimpanzé nouveau-né. On désigne sous le terme de *néoténie*[12] cette cure de jouvence par laquelle un animal est capable sous sa forme larvaire d'atteindre la maturité sexuelle. Ce phénomène ne concerne parfois que certaines parties du corps (la tête, les pieds, la peau) pour lesquelles il offre l'occasion d'un nouveau départ et de l'acquisition de propriétés différentes. Avec sa peau glabre, ses arcades sourcilières étroites et son gros orteil parallèle aux doigts du pied, l'homme ressemble à un fœtus de chimpanzé. L'enfance prolongée de l'homme ferait de celui-ci un bébé singe néoténique qui aurait pris tout son temps pour apprendre à parler. Finalement, l'homme ne serait qu'un vieux singe resté en enfance. (Peut-être est-ce la raison de sa conduite parfois si déraisonnable.)

S'il est enfin un autre trait particulier de notre proche

Planche III — *Saint Barthélemy exorcise la fille du roi Polemius*, détail d'un vitrail de l'église de Saint-Ouen (Rouen).

cousin, le bonobo, c'est sa propension à s'accoupler de face. Comme si à côté de sa disposition au langage s'annonçait par le sexe l'interrogation sur sa propre identité, celle qui contient le regard de l'autre. La parole à venir est inséparable du sexe. Le diable est là qui attend son heure.

UN INSTINCT DIABOLIQUE

Le livre d'André Leroi-Gourhan[13] consacré au « geste et la parole » s'ouvre sur l'image d'un diable sortant du corps d'une possédée. L'auteur insiste sur l'aspect « singe humanisé » : les sourcils proéminents, les narines larges, le mufle, les mains griffues, le pouce du pied largement écarté — autant de traits simiens caractérisques. Celui qui est évoqué ici est l'ancêtre-singe de l'homme confondu avec le diable.

Bien avant que Darwin ne dévoile l'incroyable vérité, l'homme était déjà soupçonné d'accointances familiales avec le singe. « J'appelle singe, un animal sans queue, dont la face est aplatie, dont les dents, les mains, les doigts ressemblent à ceux de l'homme et qui, comme lui, marche debout sur ses deux pieds[14] ». Que manque-t-il à ce singe décrit par Buffon, sinon l'esprit, pour être un homme accompli ? « Les singes sont tout au plus des gens à talent que nous prenons pour des gens d'esprit[15]. » Il est vrai que le talent des singes réside dans l'art de faire des imitations et que ce talent passe souvent dans le monde pour de l'esprit ; bien des hommes se trouvent spirituels qui ne sont, en réalité, que des primates grimaciers. Ma grand-mère, lorsque je répliquais à ses remontrances par quelque singerie, m'arrêtait d'un sévère : « Ne fais pas le malin », désignant par ce synonyme du diable le singe qui s'agitait en moi.

LE GRAND IMITATEUR

Ce petit singe dont nous sommes issus, le bébé, est par nature, d'aucuns diront par instinct, un imitateur. En mettant en scène le bébé, je ne m'écarte pas de mon sujet. De tous les talents du diable, celui de l'imitation est le moins discutable. En cela, il est aussi doué que le jeune enfant dont chaque geste des mains, chaque mouvement des lèvres, chaque son sorti de sa bouche est une réplique : une « représentation ». Ce dernier terme désigne la *mimesis* qui exprime selon Aristote une tendance naturelle des hommes : « Dès l'enfance, les hommes ont, inscrites dans leur nature, à la fois une tendance à représenter — et l'homme se différencie des autres animaux parce qu'il est particulièrement enclin à représenter et qu'il a recours à la représentation dans ses premiers apprentissages — et une tendance à trouver du plaisir aux représentations[16]. »

Notre société passe pour évoluée en ce qu'elle a porté l'imitation à son plus haut niveau d'expression. Sa dévotion pour le Bébé masque peut-être celle qu'elle n'ose avoir ouvertement pour le diable. Il n'est pour vérifier le pouvoir du Prince d'Ici-Bas que d'observer les écrans de télévision, autels consacrés de la *mimesis* universelle, et le succès de marionnettes grossières qui imitent si bien leurs modèles qu'elles réussissent parfois à en occuper les fonctions sans que la supercherie apparaisse. N'y a-t-il pas dans cette singerie généralisée la perspective d'une société qui, ayant épuisé ses réserves de naturel, n'aurait plus d'autre ressource que d'imiter l'imitation (copie de copie de copie de...) et s'anéantirait dans le factice, comme cet artiste chinois qui se noya dans l'image d'une rivière qu'il venait d'achever de peindre ? Cette menace que le diable fait peser sur nous est présente dans le premier regard que le Bébé porte sur le monde.

Conjuguer les joies de la famille et celles de l'observation scientifique est un des attraits des travaux psychologiques qui portent sur le jeune enfant. Au premier rang de ces pères savants, il faut placer Paul Guillaume, qui consacra sa thèse de lettres à l'étude de ses propres enfants : Paul, l'aîné, et Louise, sa cadette de six ans. Guillaume admet l'existence d'une certaine préformation des structures cérébrales du langage en même temps que la nécessité pour leur mise en œuvre d'incitations externes sous la forme de modèles produits par l'imitation : « Il [l'enfant] apprend bien à parler en ce sens qu'il apprend à combiner des sons pour former des mots qu'il imite, mais il n'apprend pas vraiment à les articuler[17]. »

Ce dernier talent est, nous l'avons vu, de l'ordre de l'instinct. Paul Guillaume reconnaît également l'existence de *périodes critiques* d'âge au-delà desquelles l'instinct devient caduc. De même que le jeune oiseau qui n'a pas entendu le chant de l'espèce ne pourra l'apprendre plus tard, l'enfant perd avec l'âge la capacité d'acquérir spontanément un langage.

Il n'existe pas d'accord sur l'âge où commence l'imitation. Darwin craignait s'être trompé en la constatant à quatre mois[18]. Meltzoff et Moore ont montré qu'elle se manifestait dès les premières heures de la vie[19]. Une autre tendance manifeste et précoce est ce que Baldwin a décrit sous le nom d'imitation de soi-même ou propension irrésistible au redoublement — répétition rythmique de quelques sons ou de gestes manuels — avec « passage graduel de la répétition immédiate de son propre mouvement à la répétition d'un mouvement fait par un autre[20] ».

A l'imitation des sons, l'enfant ajoute l'imitation silencieuse du mouvement des lèvres. Je me reporterai encore une fois à une question que pose Paul Guillaume[21] : « Il paraît à certains auteurs tout naturel de dire que l'enfant imite le mouvement des lèvres. Mais tandis que l'enfant peut comparer le son de sa voix au son de la voix du modèle, peut-on admettre que les mouvements de ses lèvres, qu'il n'a jamais vus, se comparent à des expériences purement visuelles qu'il a des mouvements de la bouche du modèle et que les uns puissent se modeler sur les autres[22] ? » La neurophysiologie apporte des éléments de réponse étayés par des vérifications expérimentales[23]. La mise en jeu de la commande motrice dans le cerveau s'accompagne de l'émission d'informations *(décharge corollaire)* destinées aux centres perceptifs et permettant à ceux-ci de suivre le déroulement du programme moteur, même en l'absence d'information périphérique rétroactive. Si par exemple je fais une grimace, mon cerveau « voit » celle-ci sans le secours d'un miroir. On peut dès lors tenir le cerveau de l'enfant pour informé des gestes qu'il exécute sans que la perception directe en soit pour cela nécessaire. Le jeune enfant a ainsi tout un répertoire de mimiques programmées de façon innée et qu'il connaît « intimement » pour en posséder une version dans ses centres perceptifs. Il peut reconnaître ces mêmes mouvements chez les autres et leur conférer un sens emprunté à son propre corps passionné. Je reviendrai longuement sur cet échange de subjectivité entre l'enfant et l'adulte, jeu mêlé d'émissions sonores ou gestuelles instinctives et d'imitations. Un « va-et-vient » qui, au-delà de tout clivage entre l'inné et l'acquis, me paraît constituer le véritable mécanisme de l'installation du langage chez l'enfant.

Une observation illustre la confusion qui peut être faite entre l'innéité du langage et le rôle de l'imitation, qui passent *a priori* pour contradictoires. Petitto et Marentette[24] ont publié récemment un article dans lequel ils démontrent que des enfants sourds, exposés très tôt au langage des signes, « babillent » avec leurs mains en produisant un flot de gestes imités systématiquement bien que dépourvus de signification. De plus, cette forme de « babillage manuel » se produit vers huit-dix mois, âge où le babillage vocal apparaît chez l'enfant entendant. Le langage articulé s'est déplacé du larynx aux mains. Ces auteurs concluent, à juste titre, que l'apprentissage de la parole met en jeu des capacités innées et indépendantes de la modalité (vocale ou manuelle) ; mais ils affirment à tort que ces capacités sont spécifiques du langage comme l'assure la théorie chomskienne. Les observations de Petitto et Marentette ne font qu'illustrer une fois de plus la tendance irrépressible de l'enfant, vers huit-dix mois, à imiter les stimulations qui lui viennent de l'adulte. Plus ces stimulations visuelles ou sonores sont systématiques et plus les imitations du bébé le sont, elles aussi. Ce type d'imitation est certes une capacité innée particulièrement développée dans notre espèce, mais rien ne prouve qu'elle soit au service exclusif de la parole. Les innéistes à tout crin que l'on appelle parfois néo-darwiniens ont un fâcheux penchant à oublier que les individus d'une même espèce ne partagent pas seulement une marque de fabrique (le génome), mais un corps et un milieu qui imposent à chacun les mêmes contraintes fonctionnelles.

Bates[25] remarque que les arguments en faveur de la nature totalement arbitraire du langage — arbitraire radical selon Saussure — ont peut-être été surévalués. Beaucoup de linguistes sont aujourd'hui convaincus que les aspects les plus mystérieux et les plus opaques de la grammaire sont liés à des motifs purement fonctionnels. Par exemple, l'accord des pluriels ou des genres servirait à aider l'interlocuteur à conserver la trace de références dans la traversée d'un long discours. L'étude de la grammaire peut prétendre à l'analyse de véritables fonctions (expansion, coordination, subordination, etc.)[26], au point qu'il n'est pas plus absurde de parler d'une *physiologie du langage* que d'une génétique de celui-ci. Que les grammaires obéissent ou non à des motifs fonctionnels du point de vue de l'adulte n'enlève rien au fait que le jeune enfant est capable d'acquérir des phénomènes linguistiques qu'il ne comprend pas — ou tout au moins pas encore. Il peut mettre en mémoire et reproduire de vastes fragments de discours incompréhensibles pour lui tout comme il stocke et imite (représente) des activités culturelles dont il ne peut connaître encore la signification. Il prend et met de côté avant de savoir « à quoi ça sert », et sa devise pourrait être « prenons toujours, on verra plus tard ».

L'imitation ne doit pas être considérée simplement comme le procédé permettant de transformer une image perceptuelle en son analogue moteur. Ce serait l'illustration des théories behaviouristes les plus rétrogrades. Je rappellerai à ce propos l'expérience de W. et L. Kellogg[27], qui tentèrent d'élever leur enfant Donald en même temps qu'un bébé chimpanzé appelé Gua. En bons théoriciens de l'apprentissage social, ils espéraient que l'exposition à un nouvel environnement naturel révélerait des capacités inemployées du chimpanzé. Hélas, les résultats furent non seulement décevants, mais dangereux : au bout de quelques mois, Gua avait fait peu de progrès dans l'imitation de Donald ; ce dernier se comportait en revanche comme un parfait petit chimpanzé. Il est vrai que le cas de Kanzi raconté plus haut n'est pas aussi désespéré et que son aptitude à imiter, sans promesse de récompense, en fait un antécédent acceptable de la tendance gratuite et spontanée à l'imitation observée chez le petit homme.

On peut conclure que le génie imitateur, poussé à de tels degrés avec sa capacité à *instrumenter* le langage, est le propre du genre humain. Est-ce à dire qu'il en constitue l'essence ? René Girard[28] considère la « *mimesis universelle* » comme la marque de l'humanité. Après lui, J.M. Oughourlian parle d'une force mimétique qu'il compare à la force gravitationnelle. « De même que, dans le cosmos, les planètes, les étoiles et les galaxies sont à la fois tenues ensemble et séparées par la gravitation universelle, de même la mimesis tient à la fois les humains ensemble et séparés, assure à la fois la cohésion du tissu social et la relative autonomie des membres qui la composent[29]. »

Cette force d'attraction exercée par le « même » s'incarne dans le désir qui engendre le moi et l'amène à l'existence par son mouvement. Il me semble toutefois que les auteurs s'égarent en prétendant fonder « une psychologie nouvelle, une psychologie pure, [...] débarrassée de tout biologisme ». Toujours, cette volonté forcenée de vouloir doter l'Homme d'un esprit épargné de toute souillure corporelle et qui n'appartienne qu'à lui ! L'imitation est de l'ordre du biologique, une propriété intrinsèque du vivant comme la répétition et le redoublement qui lui sont étroitement associés. Ce qui fait l'Humain, ce n'est pas son pouvoir extraordinaire d'imitation, ni le désir qui l'entraîne — tout cela est déjà présent chez l'animal — mais le partage avec l'autre de la passion, échange qui donne son sens au premier cri et qui précède toute parole. Encore une fois Paul Guillaume : « C'est un fait banal que l'apparition des réactions vocales sous l'influence de l'état général, des émotions et des besoins. Dans la première période, le cri correspond à la souffrance, à la douleur physique, à la faim ; plus tard à des impressions morales pénibles. On distingue à la fin du deuxième mois les cris caractéristiques du désir, de l'impatience, de la déception. Plus tard, d'autres réactions vocales se développent avec les états de bien-être et d'excitabilité agréable [...]. L'action directe de l'état affectif sur l'organe vocal ne s'exprime pas seulement sur les cris de l'enfant ; elle est peut-être la racine naturelle d'un langage plus différencié[30]. » Il est impossible de séparer l'acquisition du langage des affects et des émotions sous-jacents. Aristote déjà insistait sur la tendance de l'homme « à trouver du plaisir aux représentations ». Ce sont les passions qui fondent le discours, non la raison, fût-elle sculptée dans l'architecture admirable de « l'organe du langage ».

Le diable n'a que faire des grimaces verbales, il veut de la chair et des larmes, du plaisir et de la souffrance — de la vie, vous dis-je !

CHAPITRE IV

Et la Parole se fit Chair

> Par leurs bijoux, reprit le Sultan, en s'éclatant de rire : en voilà bien d'une autre. Des bijoux parlants ! Cela est d'une extravagance inouïe.
>
> DIDEROT, *Les Bijoux indiscrets*

Le langage ne relève pas seulement d'une logique formelle, il est pathétique et émouvant, et jaillit au milieu d'un parterre de sensations chargées de signification. Le mythe de la genèse nous montre la présence nécessaire du diable pour qu'adviennent l'un par l'autre l'homme et la femme. C'est par leur sexe révélé que les deux opposants se reconnaissent dans leur confondante différence. La bipédie impose à l'homme et à la femme une nouvelle mise en situation de leurs organes sexuels. Par la ruse diabolique de sa dissimulation, le sexe transforme l'apparence de la femme et assure la pérennité du désir sur lequel se construisent les « grands travaux du cerveau » : la technique, l'art et l'écriture.

LA MÉTAPHORE INOUÏE

Imaginons des hommes qui communiqueraient par l'intermédiaire de signes totalement arbitraires et articulés selon les règles ordonnées de la raison. Intemporelles et universelles, ces règles peuvent fonctionner en tout lieu, indépendamment du contexte et des passions de ceux qui les appliquent. La société que formeraient de tels hommes serait syntaxiquement correcte, mais peuplée de robots ; aucun animal appartenant à l'espèce humaine ne pourrait y survivre à moins de ne devenir lui-même un robot.

Le langage, dans la tradition philosophique, est le produit de la raison. Il procède d'un enchaînement de causes et d'effets qui font abstraction programmatiquement de l'ici et du maintenant. C'est oublier que la parole est un acte qui ne peut être que destiné à l'autre, c'est-à-dire à un organe *sensible* qui le recueille. Ce qui se manifeste à travers les sens apparaît toujours dans les limites du plaisir et de la douleur. Il n'existe pas de sons, d'odeurs, de saveurs ou de visions venus du monde extérieur qui soient totalement dépourvus de signification. Selon Ernesto Grassi [1], « le monde qui se manifeste à travers les sens est notre monde originaire : ce sont les sens qui ouvrent le rideau du théâtre sur lequel nous apparaissons tout à la fois comme des acteurs et des spectateurs. La voix sémantique, indicative, surgit à travers le plaisir et la profondeur d'une réalité abyssale, comme manifestation immédiate et indéductible sans qu'il y ait un avant et un après, sans distinction de cause et d'effet, sans pourquoi ».

Les linguistes, tout imprégnés de rationalisme, nous font oublier que la langue originelle ne peut être que métaphorique ; autrement dit : elle montre quelque chose qui a un sens en transférant à ce qui est montré, à la figure, une signification. Ce langage d'avant la raison a jailli au sein d'un ensemble de sensations porteuses de sens. Il est *pathétique* et *émouvant* dans la mesure où il exprime les éléments émotionnels qui, autant — sinon plus — que les éléments logiques, déterminent l'essence de l'homme. En lui, de façon spécifiquement humaine, au-delà des cris de l'animal, *parlent* la joie et la douleur qui sont les modalités premières de l'être-au-monde.

Le cas célèbre de Laure Bridgeman illustre ce langage purement métaphorique. Sourde, aveugle et muette de naissance, elle exprimait sa reconnaissance des personnes familières par un bruit spécial pour chacune d'elles : elle en avait, dit-on, une quarantaine, et ce langage vocal naturel précédait même la désignation au moyen du langage des gestes, quand elle pensait à l'une de ces personnes connues. De quel abîme a surgi chez Laure la métaphore « inouïe » ? A quel appel abyssal répondait-elle ? La clé est peut-être dans ces mots de Novalis : « Tout le visible tient à l'invisible ; l'audible à l'inaudible ; le sensible au non-sensible. Peut-être le pensable tient-il à l'impensable[2] ? »

LE SERPENT

Le diable ne peut être réduit à sa dimension mythique, mais celle-ci nous aide à déchiffrer son mystère. Les mythes s'apparentent à des organes vivants et sont soumis comme eux à la sélection naturelle. Celle-ci est responsable de leur disparition ou de leur conservation au cours de l'évolution des sociétés. La nôtre a gardé intacte la puissance du mythe des origines qui nous est restitué dans la Bible.

Dès leur première sortie, Adam et Eve furent livrés aux manigances du diable à peau de serpent. Je reconnais avoir été embarrassé, au sujet de nos deux ancêtres, de ce qu'ils avaient été créés adultes. Beaucoup des ennuis qui leur vinrent par la suite eussent pu être évités si, comme toute créature vivante, nos parents avaient suivi les étapes successives de la naissance et de l'enfance. Pareille erreur ne s'est pas reproduite pour le Christ, nouvel Adam, qui fut nouveau-né, enfant et adolescent avant de rencontrer Satan. Le bébé ne serait donc pas le père de l'homme ; à moins d'accepter qu'adultes et nourrissons soient confondus dans l'intemporalité du mythe et que le bébé, face à sa mère, soit contenu dans l'Adam qui découvre l'Eve.

Un élément capital du mythe passe souvent inaperçu : l'existence dans la genèse de deux récits successifs de la création. Dans le premier :

> Dieu créa donc l'homme à son image ; il le créa à l'image de Dieu, et il *les* créa mâle et femelle[3]. (I, 27.)

Dieu, dans la foulée de la création des animaux, *chacun selon son espèce*, conçoit l'homme selon son espèce, c'est-à-dire mâle et femelle et non pas homme et femme comme il est parfois traduit[4]. Sans que cela soit dit explicitement, cette première création reconnaît l'unité du vivant. L'homme, mâle et femelle, dont l'animalité est ici clairement affirmée, ne fait pas exception.

L'humain est l'Adam le glébeux selon la traduction d'André Chouraqui — le terrien (de *adamah*, la terre) :

> Elohim crée le glébeux à sa réplique, à la réplique d'Elohim, il le crée mâle et femelle, il les crée. Elohim dit : « La terre fera sortir l'être vivant pour son espèce, bête, reptile, le vivant de la terre pour son espèce. » Et c'est ainsi[5]. (I, 25.)

Il n'y a pas de rupture avec l'ensemble des choses vivantes, toutes sorties de la terre. Ce qui nous est donné, c'est l'humain, l'animal à la ressemblance de Dieu ; porteur de l'image sublime, mais qui ne connaît pas l'usage du miroir[6].

Le second récit arrache l'homme à son animalité[7] :

> YHWH Elohim façonne
> L'Humain, poussière du sol
> Il insuffle en ses narines une haleine de vie : et c'est l'humain
> un être vivant. (II, 7.)

Les versets suivants nous décrivent le Jardin d'Eden et l'installation d'Adam au milieu des arbres et des animaux. Bête parmi les bêtes, il *crie* leur nom, mais il ne possède pas de langage, lui qui n'a personne à qui parler. Et YHWH trouve que cela n'est pas bon. Or l'humain existe dans la multitude de l'espèce ; mâle et femelle, il est là ; l'apparition de la femme n'est pas le produit d'une création, mais celui d'une manipulation, véritable tour de passe-passe hypnotique pour lequel il convenait que l'Adam auparavant fût endormi.

> Alors YHWH Elohim fait tomber une torpeur sur l'humain
> il dort.
> [...] prend une de ses côtes et, sous elle, referme la chair.
> YHWH Elohim bâtit la côte qu'il a prise de l'humain en femme.
> Il l'amène vers l'humain. (II, 22.)

Cette fois, *l'homme parle* :

> Cette fois-ci, celle-ci
> os de mes os
> chair de ma chair
> celle-ci sera proclamée femme car de l'homme elle a été prise. (II, 23.)

Les voici, homme et femme, dans le premier face à face, miroir tendu par l'un à l'autre dans lequel se reflète l'image divine. « Homme et femme adviennent donc ensemble l'un par l'autre. Et, en tant qu'ils adviennent ainsi, incréés[8]. » Il n'est pas nécessaire de prolonger l'exégèse biblique pour retrouver ce que nous savons déjà chez le jeune enfant : la parole naît de l'échange de subjectivité et se nourrit de passion partagée.

Tout être animal est sujet : sujet dans le sens de soumission au monde et sujet dans le sens de celui qui commande en action sur ce monde. Mais cette subjectivité animale, celle de l'humain d'avant le langage, n'est visible qu'à travers le regard impassible de l'observateur. Seul l'homme se connaît comme connaissant, grâce à la subjectivité vécue et partagée avec *l'Autre*.

Mais je n'aurai garde d'oublier le héros annoncé : le diable, le serpent. Avant son intervention, je rappellerai le célèbre interdit :

> De tout arbre du jardin tu mangeras. De l'arbre à connaître le bien et le mal, tu ne mangeras pas, car du jour où tu en mangeras, de mort tu mourras. (II, 16-17.)

Manger, ne pas manger : la négation, implacable nécessité, présente dans chaque manifestation du vivant, est offerte à l'homme comme un choix entre la soumission ou l'affirmation d'une séparation créatrice. Ici intervient le serpent, le contradicteur. A la femme qui répète l'interdit divin et la menace de mort, il répond :

> Non, vous ne mourrez pas, vous ne mourrez pas, car Elohim sait que du jour où vous en mangerez, vos yeux se dessilleront et vous serez comme Elohim connaissant le bien et le mal. (III, 5.)

La biologie n'est pas la théologie et je n'entends pas faire une homélie sur le péché originel. Le serpent manifeste sa présence nécessaire pour qu'adviennent l'homme et la femme. Il leur propose d'égaler Dieu en bravant l'interdit qui les prive de la connaissance ; marché de dupes qui fait payer l'illusion du savoir par la perte du sujet. *Vous serez comme...*, mais vous ne serez plus ! La voie du diable sera double : tantôt celle de l'aspiration fusionnelle qui conduit à l'oubli de soi dans le divin, tantôt celle de la consommation gloutonne des fruits défendus jusqu'à l'anéantissement du mangeur dans une faim sans satiété. La voie de l'Homme, elle, sera de braver l'interdit pour mieux suivre la parole, *la parole de l'Homme,* précaire et toujours à reconstruire face aux assauts d'une nature jalouse qui se nourrit de ses propres négations. Mais le diable ne sera pas venu pour rien. Grâce à lui, est achevé l'avènement de l'Homme.

> La femme considéra donc que le fruit de cet arbre était bon à manger ; qu'il était beau et agréable à la vue. Et en ayant pris, elle en mangea et en donna à son mari, qui en mangea aussi.

> En même temps leurs yeux furent ouverts à tous deux ; *ils reconnurent qu'ils étaient nus* ; et ils entrelacèrent des feuilles de figuiers et s'en firent de quoi se couvrir. (III, 7.)

J'ai déjà montré la nécessité de l'Autre pour que l'homme se connaisse en tant que sujet. Mais celui-ci n'est pas *un* au milieu des autres, tous pareils, mâles et femelles, conçus selon l'espèce pour croître et multiplier. Il est le *je* fondé dans l'altérité radicale de l'autre.

Autre conséquence du fruit mangé : la Mort. Ce n'est plus celle, non vécue, qui règne au sein de la vie, mais celle, attendue du sujet, reconnue dans la mort de l'Autre. Par la découverte de sa mort, l'homme s'expose au diable et c'est paradoxalement par l'acceptation de celle-là qu'il échappe à celui-ci.

Finalement, par l'entremise du serpent, voici l'homme confronté à ses deux puissances tutélaires : le sexe et la mort.

LE SEXE RÉVÉLÉ OU LA MÉTAPHORE IMPENSABLE

L'homme et la femme se tiennent debout au seuil de l'humanité ; façon pompeuse de dire que l'évolution des hominidés débute par la *bipédie*[9]. Il est une conséquence de cette dernière que l'on oublie généralement de mentionner dans les ouvrages consacrés aux processus d'hominisation, celle qui concerne le sexe.

La station debout de l'Homme mâle offre au regard fasciné de la femme la présence insistante du pénis, l'objet même que les Romains appelaient *fascinus.* Cette station debout efface par contre le périnée de la femme *(figure 16).* Au sexe trop visible de l'homme répond celui, caché, de sa compagne : rupture radicale avec la guenon dont la position quadrupède met en lumière la région génitale, clairière de peau glabre au milieu de la fourrure[10]. Chez la

Figure 16 — Représentation de quatre étapes du passage de la station quadrupède à la station bipède.

Chez l'anthropoïde, l'appareil sexuel externe de la femelle permet lors de l'*œstrus* une présentation temporaire et très visible de ses charmes nus au milieu du pelage. La bipédie entraîne une dissimulation progressive des *genitalia* entre les cuisses de la femelle. Avec la perte de l'*œstrus* périodique, ses charmes dénudés (fesses et seins) s'étalent en permanence à la surface du corps et s'offrent à la concupiscence du mâle.

femme, le sexe se fait caverne, qu'un buisson de poils pubiens achève de dissimuler. Autre différence notable, chez la femelle du singe le spectacle sexuel est intermittent. La peau périnéale ne devient tendue, luisante et gorgée de liquide qu'aux périodes de rut *(œstrus)* : puissant objet d'attirance pour le mâle et annonce du consentement attendu de la femelle. Les manifestations extérieures de l'œstrus, qui synchronisent l'accouplement et la ponte de l'ovule, offrent un avantage reproductif évident et interviennent de façon déterminante dans les relations entre individus au sein de l'espèce.

Chez la femme, le fait que les manifestations extérieures qui annoncent l'ovulation ne soient plus visibles — ce que les sociobiologistes appellent l'« ovulation cachée » — ne signifie pas l'absence de cycle ovarien. Celui-ci a subi chez les primates supérieurs de profondes modifications[11]. Le cerveau, déchargé du contrôle de l'œstrus, n'a plus à se préoccuper des basses besognes hormonales qui conduisent à la ponte périodique d'un ovule *(figure 17)*. Le cerveau adresse toujours des décharges pulsatiles de lulibérine à destination de l'hypophyse, mais il s'agit d'une commande impassible que l'on peut remplacer par une pompe mécanique tout aussi efficace. Les hormones sécrétées par les glandes sexuelles *(gonades)* continuent de traverser la barrière qui protège le cerveau et d'influencer son fonctionnement, mais il s'agit d'un reliquat des temps anciens. Pour l'essentiel, on peut affirmer que le cerveau humain s'est libéré de la fonction de reproduction. Les voici tous deux, l'homme et la femme, libres de leurs mains, libres de leur tête, libres de leurs gonades, mais soumis à une plus terrible contrainte : *leur différence*.

Le sexe enfoui de la femme s'affiche maintenant sur son corps tout entier. C'est la peau nue, douce et lisse, réservée chez la guenon aux seules régions périnéales ; ce sont les seins, tendus et gonflés, et les fesses, glabres et rebondies : autant de traits empruntés aux *genitalia* de la guenon en rut. Tout se passe comme si la femme offrait sur la surface entière de son corps le spectacle d'un œstrus permanent.

Cet « autre » si dissemblable, si désirable, c'est aussi le

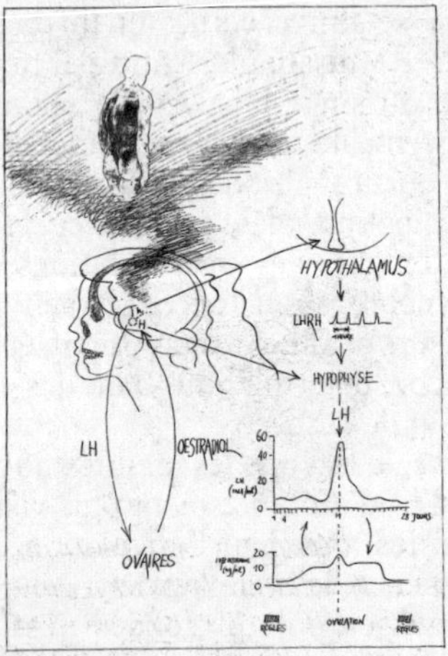

Figure 17 — *Régulation de la ponte ovulaire chez la femme.*

Le cerveau (l'hypothalamus) libère à la façon d'un métronome, toutes les heures, une décharge d'hormone (LH-RH ou lulibérine) qui stimule la libération par l'hypophyse voisine d'une autre hormone (LH) qui, à son tour, provoque l'ovulation au niveau de l'ovaire. La survenue cyclique de ce dernier phénomène dépend d'un jeu d'interactions réciproques entre les hormones hypophysaires (LH et FSH) et les hormones ovariennes (œstradiol et progestérone). Chez les primates supérieurs, le cycle menstruel échappe à l'intervention du cerveau qui n'a plus qu'un rôle permissif dans l'ovulation.
(D'après Knobil E., Plant T.M., Wildt L., Belchetz P.E. & Marshall G. (1980). « Control of the Rhesus Monkey Menstrual Cycle : Permissive Role of Hypothalamic Gonadotropin-Releasing-Hormone ». *Science*, 207 : 1371-1373.)

« même », celui avec lequel la parole est échangée. Par la ruse diabolique de sa dissimulation, le sexe est devenu l'apparence de la femme ; omniprésent et permanent, il assure la pérennité du désir ; ce dernier, à son tour, devient la condition du lien durable entre l'homme et la femme *(figure 18)*. Ainsi sont posées les fondations des grands travaux du cerveau : l'outil, le langage, la parenté et l'art. C'est

Figure 18 — Par la ruse diabolique de sa dissimulation...

le « Je » qui est à l'œuvre, le « Je » qui connaît son pareil pour l'avoir découvert si différent. Mais c'est aussi le jeu du diable qui conduit au « Je » désespéré de celui qui ne connaît plus son semblable : l'homme moderne ?

LES TRAVAUX DU CERVEAU

Ce fameux cerveau est, on vient de le voir, capable d'articuler selon des règles catégorielles les sons produits par la flûte que l'homme a découverte au fond de son gosier. L'usage des mots passe par la naissance de la rhétorique. Celle-ci est au langage ce que la technique est au maniement de l'outil, *un art* : l'art d'envoyer un javelot sur une bête au galop, de frapper un ennemi avec une hache ou de tailler un silex avec une autre pierre. La rhétorique est l'art de faire rentrer sa parole dans la pensée de l'autre à l'aide de métaphores et de symboles puisés dans le réel [12], avec pour pierre d'achoppement la femme, métaphore impensable ! Le cerveau ne crée pas seulement l'outil et le langage, il invente aussi la parenté et l'art. Et dans la mesure où le diable y trouve son compte, j'en donnerai un rapide aperçu.

Les travaux de Lévi-Strauss ont mis en lumière la proximité des structures de la parenté et celles du langage [13]. Dans les unes et les autres, il s'agit d'appréhender et de construire des rapports et des rapports entre rapports. S'agissant de la parenté, il y a passage d'un système sélectif de reconnaissance sexuelle à un système sélectif de reconnaissance sociale [14].

La permanence de la publicité sexuelle à la surface érotisée de la femme, qui dissimule paradoxalement l'ovulation, impose la production de rapports sociaux complexes dont la prohibition de l'inceste représente la figure universelle et originelle. Comme le montre M. Godelier, le tabou de l'inceste n'a pas été posé pour produire de la parenté, mais pour permettre à l'humanité de continuer à développer son organisation sociale après que quelque chose se fut passé dans son évolution, quelque chose qui l'obligeât, seule de toutes les espèces animales, à intervenir consciemment, donc socialement, pour gérer les usages de la sexualité : *le sexe révélé*, condition de la naissance du Je. « On assiste à la subordination générale d'un domaine de la vie, la sexualité sous ses deux formes, la sexualité-désir et la sexualité-reproduction, aux nécessités de la reproduction d'autres rapports sociaux, les rapports économiques, politiques et autres. Ce qui se manifeste ici, c'est la place de la sexualité à l'intérieur de la structure d'une société, à la fois à l'intérieur et au-delà de tout rapport personnel entre les individus quand ils se retrouvent face à face comme père, mère, fils, fille, mari, frère, sœur, épouse, ami, ennemi, etc. [15]. »

Contrairement à ce que laisse croire la splendeur figurative des bisons de Lascaux ou d'Altamira, l'art des premiers hommes est tout aussi abstrait que les rapports de parenté qui régissent leur société. L'organisation des signes répond à des codes précis et semble procéder de rythmes de répétition qui ne sont pas sans évoquer la puissance opérative du langage et annoncer celle de l'écriture. Seule la représentation animale est réaliste, l'humain apparaît toujours sous des traits non figuratifs, ramenés à la géométrisation des sexes masculins et féminins [16].

Ce cerveau que nous avons vu à l'œuvre dans l'outil, le langage et la parenté, ce cerveau qui réfléchit et s'exprime concrètement dans les langages vocal et mimique des premiers hommes, acquiert au paléolithique supérieur, il y a quelque trente mille ans, le maniement de représentations qui permettent à l'homme de s'affranchir un peu plus du présent matériel. A l'*ici et maintenant* du langage sonore viennent se substituer *le rythme et la permanence* des représentations graphiques qui installent l'homme dans la durée. Le fait que les plus vieux graphismes connus soient « l'expression nue de valeurs rythmiques [17] » montre, s'il était nécessaire, le rôle du temps dans les préoccupations ontologiques de l'homme.

Le sexe et le temps, ou les deux piliers du sacré : il est difficile de ne pas penser que la caverne où les Magdaléniens s'enfonçaient pour célébrer leurs cultes soit apparue à leurs yeux comme l'anfractuosité secrète de la femme. Il n'est que d'éclairer les nombreuses cavités ovales ou les lèvres de fissures calcaires dont l'intérieur a été peint à l'ocre rouge (Gargar, Niaux, Font-de-Gaume) ; sur-représentation du sexuel également, ces statuettes — les Vénus — qui sont comme un assemblage abstrait d'attributs concrètement érotiques ; sexuels enfin, les symboles géométriques dont les dispositions rythmiques matérialisent le temps sur les parois de la grotte *(figure 19)*.

Sa capacité à conceptualiser le temps ouvre à l'homme les voies de la religion. Le développement du cortex cérébral lui permet en effet de mesurer la durée, d'en concevoir le commencement et la fin, et de s'interroger dès lors sur ce qu'il y a avant le début et après la fin. L'homme découvre sa propre mort dans celle de l'Autre ; cet Autre qui lui est désigné grâce à l'invention des liens de parenté et de

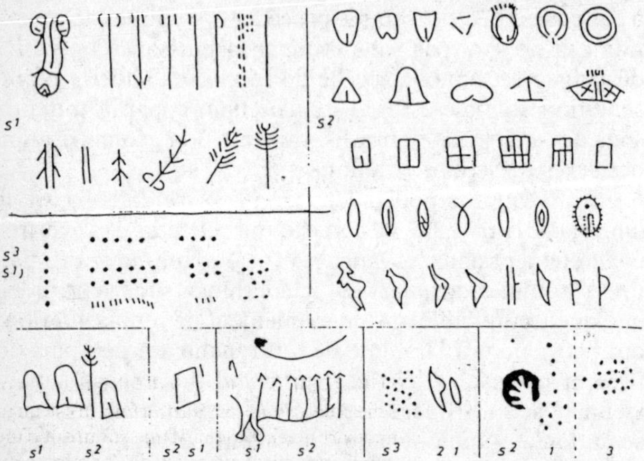

Figure 19 — Relevés de symboles géométriques sur les parois de grottes visitées par les hommes préhistoriques.
(D'après Leroi-Gourhan, A. (1981). « Préhistoire ». In : *Dictionnaire des mythologies*. Paris : Flammarion).

société : à l'enterrement du père, les enfants, les parents et les proches sont tenus d'assister !

Le diable, compagnon de l'inexprimable, savoure sa victoire. Dans l'obscurité de la caverne, il guette le désir de l'homme en proie à la peur que l'art tente de conjurer. Les prouesses du cerveau s'ouvrent désormais sur la présence des autres : le MONDE. *Ce n'est plus seulement dans la chair que s'accomplit la triade diabolique, mais dans cette nouvelle figure du diable, le Léviathan, corps innombrable de la société des hommes.*

CHAPITRE V

Le Monde

> C'est l'art qui crée ce grand Léviathan qu'on appelle République ou Etat, lequel n'est qu'un homme artificiel, quoique d'une stature et d'une force plus grandes que celles de l'homme naturel, pour la défense et protection duquel il a été conçu.
>
> HOBBES, *Léviathan*

Derrière l'Autre, il y a les autres, avec leurs regards de colère ou leurs sourires de tendresse, leurs mains qui caressent ou leurs poings qui se ferment ; derrière l'homme, il y a le monde des hommes. La vie, ai-je souligné en introduction, est un phénomène religieux : elle unit en opposant. C'est vrai pour la molécule vivante, qui n'existe que par reconnaissance et confrontation avec d'autres ; ce l'est aussi pour la cellule, ensemble de molécules, pour l'organisme, ensemble de cellules, et pour la société, ensemble d'organismes ; tous ces ensembles étant placés sous la règle du « grand opposant ». L'homme, individu social, est le jouet du diable et sa culture, un jeu de société.

L'idée que la société des hommes est comparable à un immense corps animal dont les éléments constitutifs sont gouvernés selon des règles conformes aux lois de la nature s'est imposée dès le XVIIe siècle. Quand le médecin anglais

Charleton a publié ses *Exercices d'économie animale* en 1659, il a, selon Canguilhem, inauguré « pour deux siècles l'échange, sinon de bons procédés, du moins de mauvaises analogies, dans l'étude respective des lois des corps organisés et des sociétés humaines[1] ». Il est significatif que le même terme s'applique aussi bien à la loi de la rente foncière chez Ricardo, père fondateur de l'économie politique, qu'à la régulation des fonctions animales chez Magendie, par exemple. Dès lors, comment trouver matière à scandale dans une « sociobiologie » qui n'est en somme que le prolongement d'une longue tradition puisant dans l'étude des organismes animaux l'explication, sinon la justification, des turpitudes morales et politiques des hommes ?

L'ABEILLE ET LE NOTAIRE

Admettre que l'organisation sociale est une fonction du vivant, c'est reconnaître qu'elle est, comme tout ce qui vit, régie par les lois de l'évolution et produite par la sélection naturelle. Pour M. Ghiselin, sociobiologiste bon teint, « l'évolution de la société correspond au paradigme darwinien dans sa forme la plus individualiste [...]. L'économie de la nature est concurrentielle de part en part. Comprendre cette économie et son fonctionnement, c'est mettre en évidence les raisons sous-jacentes des phénomènes sociaux. Ce sont les moyens permettant à un organisme d'obtenir un avantage aux dépens d'un autre [...]. Egratignez un *altruiste* et vous verrez le sang d'un *hypocrite*[2] ». Tout comportement animal, et, par là même, tout comportement humain, est fondé sur l'intérêt individuel.

Cet individualisme forcené que les naturalistes désignent par le terme d'*altruisme* consiste en effet, chez les représentants de certaines espèces, à sacrifier des avantages immédiats, et parfois jusqu'à leur vie, afin d'obtenir des bénéfices supérieurs. L'exemple le plus souvent cité est celui des abeilles ouvrières qui, en piquant un intrus, paient de leur propre mort la défense de la ruche. Les pères fondateurs de la théorie de l'évolution voyaient dans ce comportement l'expression de la *sélection de groupe,* qui contribue au *bien de l'espèce*. La découverte du génome et du trésor précieux qu'il recèle sous forme d'ADN fait que l'on considère aujourd'hui la *sélection individuelle* comme le véritable moteur de l'évolution. La fréquence d'un gène augmente s'il accroît la *valeur sélective* (c'est-à-dire le nombre probable d'enfants survivants) de celui qui le possède.

Comment expliquer dans ces conditions la valeur sélective d'individus stériles comme les abeilles ouvrières ? Ce paradoxe est résolu par la « théorie de la parentèle » développée par W. Hamilton[3]. Ce qui compte n'est pas tant l'animal lui-même que ses « biens », autrement dit son patrimoine génétique, dont il s'agit d'assurer la pérennité. On peut en donner une formulation mathématique simple. La fréquence d'un gène associé à un comportement sera accrue en raison même de celui-ci, à condition que le *coefficient* r de liaison entre celui qui accomplit l'acte (Ego) et celui qui en profite (Autrui) soit supérieur au rapport C/B dans lequel C est le *coût* de l'acte (c'est-à-dire la diminution de la valeur sélective de Ego) et B en est le *bénéfice* (c'est-à-dire l'accroissement de la valeur sélective d'Autrui) :

$$r > \frac{C}{B}$$

Le coefficient r est défini comme la proportion, parmi l'ensemble de gènes de Ego et Autrui, de ceux ayant une origine commune du fait de leurs liens généalogiques (parentèle). Par exemple, r entre un parent et sa progéniture ou entre deux germains (frère ou sœur) est égal à 1/2, ceux-ci ayant en commun la moitié de leur matériel génétique. Par conséquent, si la présence d'un gène chez un individu l'incite à sacrifier sa vie pour sauver plus de deux germains, le nombre de copies de ce gène dans la population deviendra plus grand qu'il n'aurait été si ce sacrifice n'avait pas eu lieu. Le coût C est égal à 1 et le bénéfice est supérieur à 2 ; le coefficient r = 1/2 est donc plus grand que C/B. On en conclut que le sacrifice est avantageux du point de vue de la sélection.

Cette théorie trouve sa parfaite illustration chez les insectes dits « sociaux » qui appartiennent tous, à l'exception des termites, à l'ordre des Hyménoptères. Ces animaux vivent au sein de groupes très organisés, caractérisés par la coopération, la spécialisation des castes et l'altruisme individuel. Chez les abeilles, les femelles proviennent d'œufs fécondés et possèdent deux séries de chromosomes ; les mâles, en revanche, sont issus d'œufs non fécondés et ne possèdent qu'une série de chromosomes. Toute femelle reçoit donc deux séries de gènes, l'une de sa mère, qui en possédait également deux, et l'autre de son père, qui n'en avait qu'une. Le coefficient de liaison entre une mère et sa fille est donc toujours de 1/2 ; mais entre deux sœurs, il est de $(1/2 \times 1/2)+(1/2 \times 1) = 3/4$, du fait de l'addition des gènes paternels. Dans l'intérêt de la perpétuation de ses propres gènes, chaque fille doit rester avec sa mère et approvisionner les alvéoles contenant ses sœurs plutôt que de quitter sa mère et d'approvisionner les alvéoles contenant ses propres filles. Le système génétique des abeilles les prédispose à développer une société où les femelles sont stériles et se dévoueront pour leurs sœurs. Il est intéressant de noter que le même caractère social est apparu indépendamment chez les abeilles, les fourmis et les guêpes. On peut en conclure que le génome des Hyménoptères les prédispose à développer un système social qui encourage les ouvrières à la virginité et à l'élevage de leurs frères et sœurs. La meilleure preuve d'efficacité d'une telle organisation est le succès évolutif des insectes sociaux qui, pour représenter seulement 2 % des espèces d'insectes, n'en constituent pas moins 70 % de leur biomasse[4].

Trivers a élargi la théorie de la parentèle en l'étendant à des individus non apparentés, grâce au concept d'altruisme réciproque[5]. En aidant Autrui dans une situation difficile, Ego, sans trop prendre de risques, obtient l'assurance qu'Autrui, dans une occasion à venir, l'aidera à son tour. Ego a ainsi accru sa propre valeur sélective et la fréquence des gènes qui favorisent ce type de comportement va donc augmenter dans la population.

La formule de Hamilton et ses nombreux développements ont permis de mettre en équation les comportements d'êtres vivants élémentaires comme les colonies bactériennes ou plus complexes comme les insectes, mais également les vertébrés supérieurs, et de rendre compte non seulement de conduites sociables, mais d'actes fort peu sympathiques comme l'égotisme, l'ingratitude ou la malveillance. En règle générale, la sélection favorise toute action sociale, positive ou négative, qui conserve à l'individu un avantage reproductif dans le but de perpétuer son patrimoine génétique. On reconnaît le principe de l'individualisme utilitariste, credo du monde civilisé depuis au moins deux siècles.

Les néo-naturalistes, qui s'avancent coiffés du mortier universitaire, un filet à papillons dans une main et un micro-ordinateur dans l'autre, clament qu'ils ne font pas de l'anthropocentrisme, malgré l'utilisation d'un vocabulaire qui ne fait appel qu'à des notions morales. On aimerait les croire. « Les lois d'action rationnelle que la sociobiologie rêve d'établir, remarque M. Sahlins, ont déjà fait l'objet d'élaborations mathématiques et se prêtent à de multiples applications en science économique, particulièrement en microéconomie. On les a même appliquées à des comportements humains tels que le mariage ou le divorce[6]. Il n'y aurait qu'à remplacer les "utilités" par des valeurs sélcctives dans les formules employées par la Chicago School of Economics[7]. »

D'après J.H. Barkow[8], chaque biologiste porte en lui au moins un mauvais livre sur le comportement humain. On ne compte plus les centaines de pages où l'on peut lire, sous la plume d'évolutionnistes innocents (même si l'on soupçonne parfois chez eux une trace de complaisance), la dénonciation de la société des hommes : « tissu de mensonges et de duperies qui ne s'est maintenu que par l'instauration de systèmes de conventions, établissant quels genres et quels degrés de mensonges sont admissibles » (R.D. Alexander[9]) ; ou encore : « la malveillance authentique est chose courante dans les sociétés humaines, du fait sans aucun doute que les êtres humains ont une conscience attentive des lignées participant de leur propre sang, et qu'ils disposent de l'intelligence pour combiner leurs manigances » (E.O. Wilson[10]).

Bellum omnium contra omnes, la guerre de tous contre tous, disait déjà Hobbes. Partout, la lutte pour la vie, la concurrence furieuse pour le plus grand profit et toute cette belligérance qui réjouit sans doute le diable, pour une banale ambition de notaire : accroître son patrimoine et le transmettre à ses héritiers les plus aptes. Darwin était conscient qu'on pouvait lui faire ce genre de reproche. « Un journal de Manchester m'a décoché une pointe pas mal ajustée, écrit-il à Lyell, en montrant que j'ai établi le droit du plus fort, et donc le bon droit de Napoléon et aussi le bon droit de tous les boutiquiers grugeurs[11]. » Cette dérive idéologique qui consiste à justifier l'économique par le biologique ne serait pas très alarmante si elle ne faisait qu'accompagner une situation qui n'a pas attendu Darwin pour s'établir. Plus grave est la suspicion qu'elle contribue à jeter sur la théorie de l'évolution en donnant de celle-ci une interprétation totalement biaisée. La force directrice de cette dernière est due à la sélection qui s'exerce par une double contrainte venant à la fois du milieu et du fonctionnement de l'organisme. En aucun cas, il ne s'agit d'une force venant du génome liée à une vocation impérialiste de l'ADN. La sélection naturelle ne poursuit pas de but. Elle est en cela comparable au diable, dont on s'obstine, à tort, à prétendre qu'il poursuit un seul dessein : répandre le mal. La *téléonomie* de la sélection naturelle fonctionne *a posteriori* et ne semble orientée vers un objectif que si l'on se place du point de vue de l'arrivée. Or la sociobiologie « conçoit la stratégie sélective — pour autant qu'elle se traduit dans les interactions sociales — comme une appropriation des forces vitales d'autres organismes au profit de la reproduction de l'intéressé. En dernier ressort, la sélection naturelle subit une métamorphose, passant de l'appropriation des ressources naturelles à l'expropriation des ressources d'Autrui[12] ». Et tout se déroule dans la présentation qu'en font certains biologistes [13] comme si les gènes de l'individu étaient animés d'une propension naturelle à l'automaximisation de leur ADN semblable en cela à une entreprise capitaliste. Le paradoxe est qu'une telle idéologie, qui exalte la valeur individuelle et la loi du plus fort, en vient à ne considérer l'individu que comme un accessoire au service de l'ADN. J'avoue que mon tempérament « bohème » me porte à suspecter l'aspect « petit commerce » de mes cent mille gènes et à préférer le risque de vendre mon âme au diable, fût-il un adversaire peu recommandable de la sociobiologie [14].

LES FONDEMENTS DE L'ÉTHIQUE

Les réserves que j'ai émises sur l'utilisation de la biologie et des lois de l'évolution dans l'établissement des fondements d'une idéologie, et donc, jusqu'à un certain point, d'une morale, ne contredisent pas le postulat selon lequel tout ce que nous sommes, et jusqu'à nos pensées les plus intimes, est, de près ou de loin, lié à l'évolution du vivant. Une cellule et, à un niveau plus élevé, un organisme doivent, pour fonctionner, obéir à des régulations qui facilitent le jeu respectif de leurs différents constituants. De la même façon, les individus d'une espèce ont à respecter des règles de conduite qui leur permettent de cohabiter dans des conditions optimales (*optimisation* ne devant pas être confondu, comme parfois en sociobiologie, avec *maximisation*). L'ensemble de ces règles constitue le *code d'éthique*. Celui-ci se réduit à quelques éléments chez l'animal et atteint une richesse démesurée dans les sociétés humaines. Au même titre que les régulations au sein de l'organisme, ces règles sont le produit de la sélection naturelle et facilitent l'adaptation de l'individu au monde. Mon point de vue est qu'à partir d'un certain niveau d'évolution chez les vertébrés, la part du génétique diminue au profit de l'épigénétique. Comme je l'ai montré à propos de la construction du cerveau, on assiste chez les primates, pour de faibles variations du génome, à une augmentation fabuleuse des capacités cognitives de l'espèce et de son pouvoir d'intervention sur le monde. La génétique, bien sûr, est à l'origine chez l'homme de la culture, mais cela n'exclut pas que la culture évolue ensuite pour son propre compte, conférant à l'individu un degré supplémentaire de liberté par rapport à son ADN. Quand je parle de « niveau d'évolution », je ne l'entends pas dans le sens d'un progrès. Il n'est pas sûr que, pour une fourmi ou pour un patron de multinationale, l'homme représente une réelle avancée. En termes de productivité, les insectes sociaux sont nettement plus efficaces et les fondements de leur éthique sont strictement naturels.

Chez l'animal, et *a fortiori* chez l'homme, il s'agit de coordonner ses actions avec celles de son entourage. T. Schelling [15] a développé cette notion de coordination et des avantages pour l'individu qui lui sont attachés. Un exemple simple est fourni par la conduite automobile, qui se fait à droite ou à gauche selon que l'on est d'un côté ou l'autre de la Manche, sans qu'on ait nécessairement à faire subir la moindre mutation au génome du conducteur. Chacun agit compte tenu du comportement des autres pour son plus grand profit en se conformant au système en vigueur dans le pays. Cependant, toutes les règles de conduite ne sont pas des règles d'éthique. L'obligation de porter un chapeau melon pour les employés de banque dans la City de Londres est une règle qui ne facilite en rien mon confort personnel ou celui des autres. Il est difficile de faire intervenir la sélection naturelle dans le choix de la conduite à gauche ou dans le port du chapeau melon.

En revanche, il est probable que la plupart des conduites interindividuelles coordonnées chez l'animal sont d'origine évolutive et, pour quelques-unes d'entre elles, se retrouvent chez l'homme. L'ordre d'accès à la nourriture chez les bêtes vivant en groupe est un exemple significatif. La préséance des uns sur les autres permet d'éviter des conflits préjudiciables à tous. On peut douter de la persistance de ces coordinations chez l'homme, lorsqu'on observe une foule s'empressant autour d'un buffet. Supposons toutefois que la salle à manger soit séparée de l'entrée par une porte étroite ne permettant le passage que d'un invité à la fois. Si deux individus A et B se présentent simultanément, et qu'aucun des deux ne soit disposé à céder le passage, soit A est plus fort et donne à B un coup de poing qui lui libère le passage, soit c'est l'inverse ; dans les deux cas, un seul individu à la fois, A ou B, aura accès à la salle à manger, et le bonheur de l'un ne fait pas le bonheur de l'autre. Si aucun des individus A et B ne peut dominer l'autre sans risques, soit A est disposé à laisser la préséance à B qui est enclin à la lui disputer, soit A veut passer et B accepte de s'effacer ; dans les deux cas, chaque individu agit du mieux qu'il peut compte tenu des dispositions de l'autre. Ainsi un conflit qui eût, peut-être, interdit à l'un comme à l'autre l'accès à la salle à manger peut-il être évité. En théorie des jeux, on appelle cette alternative *équilibre de Nash.*

LA RÈGLE DU JEU

Dieu, selon Einstein, ne joue pas aux dés ; mais le Vivant (le diable, celui qu'on nomme l'« adversaire ») est un joueur et le monde un tripot où tous les coups sont permis et où l'on joue parfois à qui perd gagne. On triche, on menace, on passe ; à la fin de la partie, Satan ramasse la mise.

Regardez le monde vivant : ce ne sont que lances et armures, pinces et mâchoires, cornes et dents. Comment avec autant d'armes répandues reste-t-il encore un adversaire en vie ? J. Maynard Smith s'est posé la question en observant des crabes « violonistes » combattre pour la possession d'un terrier. Leurs puissantes pinces sont conçues pour déchirer le ventre de l'adversaire et pourtant les rencontres s'achèvent sans blessures. En quoi ces simagrées accroissent-elles la valeur sélective des individus qui s'y prêtent ? Un militaire qui parade serait-il plus efficace qu'un guerrier qui charge à la baïonnette ? Le biologiste anglais a eu l'idée de poser les problèmes en utilisant la théorie mathématique des jeux[16]. Celle-ci cherche à déterminer quelle stratégie optimale doit être suivie dans des conditions de compétition.

Un exemple est donné par le jeu des « faucons » et des « colombes », façon symbolique de représenter une population au sein de laquelle coexistent des méchants et des gentils. Une tradition pessimiste répandue chez les moralistes veut que les méchants, par la force ou par la ruse, triomphent toujours des gentils. La théorie des jeux montre que cela n'est pas vrai. Pour l'espèce considérée, il n'existe que deux tactiques lors d'une compétition entre deux individus : celle du faucon (F), qui combat sans égard pour l'autre jusqu'à la victoire ou la mort (ou blessures graves), et celle de la colombe (C), « fair play » dans la lutte et qui s'échappe avant d'être blessée, lorsque l'adversaire commence l'escalade de la violence. Les issues possibles de la compétition sont représentées dans la *figure 20*. On peut montrer à l'aide de formulations mathématiques que le jeu faucon-colombe conduit à une *stratégie stable du point de vue de l'évolution* qui correspond à ce que j'ai précédemment signalé sous le terme d'équilibre de Nash.

Quand une stratégie est stable du point de vue de l'évolution, on considère que chaque individu possède des tendances génétiques qui offrent la meilleure réponse possible aux tendances génétiques des autres. La sélection, contrairement à ce que l'on pensait, ne se fait pas au niveau du *groupe*, mais à celui de l'individu. Le premier n'en profite que grâce au bénéfice qu'en tire le second. Dans le cas du jeu faucon-colombe, seule une stratégie mixte, qui prescrit d'adopter l'attitude faucon avec la probabilité 8/13 et l'attitude colombe avec la probabilité 5/13, aboutit à un équilibre. Si l'on se reporte à l'individu, celui-ci, selon les espèces, tantôt sera assigné à un rôle défini dans la population mixte (les gentils et les méchants), tantôt adoptera lui-même un rôle variable (est-il bon, est-il mauvais ?).

La réalité n'est pas toujours aussi simple. La plupart des

Figure 20 — Valeurs des stratégies selon la théorie des jeux.

Le jeu faucon-colombe ne permet que deux tactiques possibles : colombe (C) ou faucon (F). Un faucon combat sans respecter aucune convention et pratique l'escalade de la violence jusqu'à la blessure grave ou la victoire. Une colombe combat en respectant les conventions et ne recherche pas la violence ; si l'adversaire insiste, elle s'enfuit avant d'être blessée. Deux colombes peuvent entrer en compétition, mais l'issue n'intervient qu'après un long combat. Les modifications de la valeur sélective des adversaires sont indiquées sur la partie gauche (valeurs arbitraires). Dans les divers types de compétition, le calcul de l'espérance de gain (+) ou de perte (–) est indiqué dans la partie droite. Il est clair qu'adopter dans tous les cas l'attitude du faucon ne peut constituer une stratégie stable : une population entièrement composée de faucons avec une espérance de gain de –5 serait perdante à la longue, si un mutant colombe apparaissait avec un gain supérieur E(C,F) = 0. Un raisonnement comparable montre qu'un comportement uniforme de colombe n'est pas non plus une stratégie stable car E(C,C) = +2, mais E(F,C) = +10.

(D'après Maynard Smith, J. (1978). « The Evolution of Behavior ». *Scientific American*, 239 : 136-146.)

compétitions sont asymétriques dans la mesure où les adversaires ne diffèrent pas seulement par la tactique qu'ils ont choisie, mais aussi par leurs caractéristiques individuelles : capacités de combat (les faibles et les forts), valeur de l'enjeu (les affamés et les repus) ou possession de l'objet convoité (les pauvres et les riches). Pour ce dernier cas, la théorie introduit une troisième tactique dans le jeu faucon-colombe, celle du « bourgeois » : lorsque l'individu est propriétaire de la ressource contestée, il adopte la tactique colombe. Les calculs montrent qu'aucune compétition aboutissant à une escalade ne peut se produire entre deux adversaires jouant le rôle du bourgeois. Par convention, dans ce cas, celui qui est propriétaire se comporte en faucon et l'intrus en colombe. La seule stratégie stable du point de vue de l'évolution est celle du bourgeois dans laquelle la propriété est le paramètre décisif qui règle les conflits.

Un bel exemple de stratégie du bourgeois chez les babouins Hamadryas *(Papio hamadryas)* est donné par J. Maynard Smith[17]. Dans cette espèce, le mâle noue un lien exclusif et permanent avec plusieurs femelles. Lorsqu'on place un mâle A dans un enclos en compagnie d'une femelle sous la surveillance d'un mâle B placé dans une cage d'où il peut voir, mais ne peut intervenir, un lien s'établit en moins d'une heure entre A et la femelle. Le mâle B est ensuite relâché dans l'enclos ; il ne fait alors aucune tentative pour annexer la femelle et évite toute confrontation avec A. Les arguments de force ne jouent aucun rôle. Si, un mois plus tard, on reproduit la situation en l'inversant (A dans la cage observe B placé dans l'enclos avec une femelle différente), c'est B qui annexe la guenon sans que A le défie par la suite. A et B sont des bourgeois, ils respectent la propriété[18].

Les chercheurs du département de Zoologie de Cambridge ont appliqué la théorie des jeux à un grand nombre de situations que, même en se gardant d'un anthropocentrisme affiché, on ne peut manquer de qualifier de « morales ». Comment ne pas penser en effet à la société des hommes, lorsque l'on désigne sous le terme de *vengeance* ou de *punition* les sévices qu'un animal inflige à un autre ? Il convient certes d'abolir toute idée de conscience morale et ne plus parler qu'en termes d'évaluation des coûts et profits destinée à un avantage sélectif pour l'individu. Le diable ne peut manquer de ricaner d'une telle prétention à l'objectivité, lui qui ramasse les gains de nos jeux de mains et de vilains. La sélection naturelle peut bien alimenter le mouvement impassible de l'évolution, elle n'empêche pas les pauvres hommes de souffrir lamentablement dans ce qu'Hesnard a appelé « l'univers morbide de la faute ».

La *figure 21* résume les six catégories d'intervention entre individus. Je m'attacherai à la vengeance et à la punition pour en montrer les caractères avantageux. En principe, ce sont les dominants qui punissent les dominés, mais il arrive aux dominés de se venger. Chez les macaques, de véritables vendettas se déroulent entre les groupes matrilinéaires. Les parents de l'offensé ont coutume de s'en prendre à un individu vulnérable du groupe offenseur. L'usage de punition aide chez beaucoup d'espèces le dominant à établir puis à maintenir son pouvoir. Chez certains primates, le chef punit non seulement ses rivaux ambitieux, mais également leurs « supporters ».

F. de Waal a décrit comment, dans une colonie de chimpanzés captifs, un jeune mâle désirant obtenir la place du dominant s'en prenait régulièrement aux amies de celui-ci [19]. Les liens conjugaux reposent dans beaucoup d'espèces sur des menaces et des corrections sont parfois infligées aux femelles rétives. La coopération entre les membres d'un groupe nécessite qu'un dominant exerce une coercition sur ceux-ci. Chez les guêpes *Polistes*, les reines se recrutent parmi les ouvrières dominantes. Il leur faut constamment menacer, mordre, frapper les ouvrières paresseuses pour maintenir la productivité des travailleuses. Si on enlève expérimentalement la reine, les ouvrières sombrent dans la fainéantise. Chez les rats-taupes (petits mammifères rongeurs sans poil et ressemblant à des andouillettes, pourvus d'incisives saillantes qui leur servent à creuser les galeries souterraines dans lesquelles ils vivent) organisés en sociétés très comparables à celles des

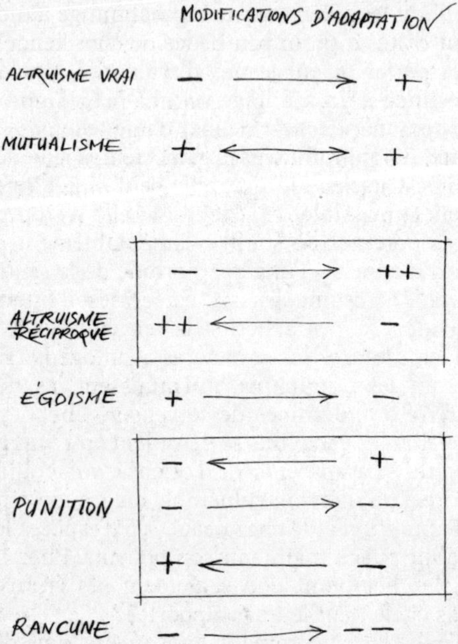

Figure 21 — Les six catégories d'interactions entre individus non apparentés. (+) représente un gain d'adaptation et (–) une perte. La flèche indique l'instigateur du comportement et son destinataire. Par exemple, dans l'altruisme réciproque, la perte d'un des joueurs entraîne un gain pour l'autre qui en échange consent à perdre à son tour pour le bénéfice du premier.
(D'après Clutton-Brock, T.H. & Parker, G.A. (1995). « Punishment in Animal Societies ». *Nature*, 373 : 209-217.)

insectes, les reines s'efforcent d'encourager au travail les ouvriers sapeurs grâce à quelques coups bien sentis. Tous ces comportements ont fait l'objet de modèles mathématiques en accord avec la théorie des jeux qui permettent d'établir l'existence dans chaque cas d'une stratégie stable de l'évolution[20]. Le lecteur sera probablement tenté de me dire qu'il a des difficultés à accepter qu'être gentil ou méchant, soit simplement une question de théorie des jeux, et qu'il lui importe peu de savoir que le conducteur de la voiture voisine ait la probabilité 8/13 d'être un faucon, pourvu qu'il puisse, lui, continuer, colombe ou pas, de rouler sans encombre. Je serai à mon tour tenté de lui conseiller de se taire, car on ne parle pas pendant le jeu, à moins de se comporter comme cet animal étrange et bavard : l'homme ; ce qui fausse toutes les règles.

LES SIENS

Il est évident que toutes ces interactions entre individus ne peuvent se produire que si ceux-ci ont la capacité de se connaître et de se reconnaître, même lorsqu'il s'agit de reconnaître qu'on ne se connaît pas, et d'engager une bataille. La génétique est soumise au cognitif et si Dieu reconnaît les siens, il n'est pas sûr que le diable en fasse toujours autant.

Pour résoudre ce problème, la sélection naturelle a développé au cours de l'évolution un mécanisme connu sous le nom de *badging* qui désigne la présence de marqueurs (badges) reconnaissables par l'autre : une façon d'afficher son génome. Il peut s'agir d'un dessin de la fourrure, d'une crinière, d'une barbe, d'un chant comme chez l'oiseau, ou il peut être identifié à des dèmes endogamiques particuliers. Il est douteux toutefois qu'il existe, comme l'avait suggéré Hamilton, des allèles de reconnaissance permettant aux individus d'apprécier leur degré de parentèle, afin de mettre en pratique les équations du naturaliste. Il n'empêche que cet « effet barbe verte », comme l'appelle Dawkins[21], correspond bien à la « nature de ce qu'est le *badging*, la seule différence étant que, chez les humains, il ne pousse pas des barbes de plusieurs couleurs permettant d'identifier les apparentés et qu'on se met plutôt des fausses barbes sous forme de culture[22] ». Voici l'homme avec ses capacités de représentation qui lui permettent d'intégrer dans sa mémoire des milliers de signes distinctifs et avec sa culture qui fabrique des badges, qu'il s'agisse de manières, d'habillement, d'ornements ou, pour finir, de dialectes et d'accents. Il est vrai que, si ces badges aident à reconnaître la parentèle, ils permettent aussi à l'homme de s'en démarquer : le « famille je vous hais » de Gide rejoint l'aphorisme célèbre des Enga : « nous combattons ceux que nous épousons » ou le « *Nyal, mo ram me gwagh* » des Nuer[23].

Sans renier l'importance de la parentèle et des stratégies stables d'évolution chez l'homme, il faut bien remarquer qu'à mesure que la vie de celui-ci est devenue plus complexe, les systèmes simples comme la dominance et la territorialité sont devenus insuffisants pour coordonner l'ensemble des conduites d'un groupe. Désormais, l'évolution humaine inclut la capacité de parler et le formidable outil de coordination entre les individus qu'offre le langage articulé.

LES MOTS ET LES POUX

Les primates sont des animaux sociaux mais, à la différence des insectes, la taille du groupe est limitée par les capacités cognitives des individus, c'est-à-dire par les moyens qu'ont ceux-ci pour se reconnaître et surtout pour enclencher les comportements variés qui maintiennent la cohésion du groupe. Par « groupe », on désigne l'ensemble des individus avec lesquels un animal entretient des contacts personnels. On ne prend pas en compte les rassemblements temporaires (fusions) ou les séparations momentanées en équipes (fissions).

R. Dunbar[24] a montré que la taille du néocortex des primates était proportionnelle à la taille de leurs groupes sociaux *(figure 22)*. L'explication évolutionniste veut que le développement du néocortex favorise les contacts entre individus, notamment sous forme de petites attentions et

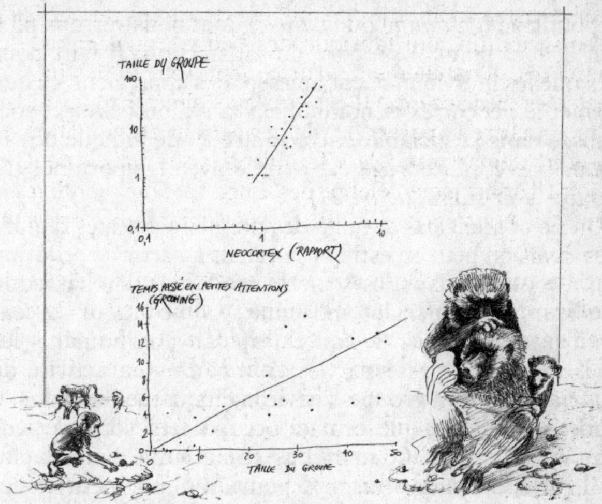

Figure 22 — Le cortex cérébral et la socialité.

Dans la partie supérieure, la courbe montre la relation entre la taille du groupe social et le volume du néocortex chez les individus qui le composent. Il s'agit ici uniquement de primates non humains. Le volume du néocortex est exprimé sous la forme du rapport entre le volume néocortical et celui du tronc cérébral (échelles logarithmiques). On voit nettement que le volume du néocortex s'accroît avec la taille du groupe social.

Dans la partie inférieure, la courbe montre la relation entre la taille du groupe social chez les primates non humains et le temps moyen passé en activités de lustrage ou *grooming*. Plus le groupe est important, plus l'activité sociale attentionnelle est nécessaire, probablement pour maintenir la cohésion pacifique au sein du groupe. L'extrapolation aux groupes humains « primitifs » dont la taille peut être évaluée à partir des sociétés traditionnelles impliquerait que les individus passent plus de 80 % de leur temps en activités de lustrage. Grâce à l'invention du langage articulé, la parole vient prendre le relais du lustrage pour maintenir la cohésion du groupe.

(D'après Dunbar, R.I.M. (1993) « Co-Evolution of Neocortical Size, Group Size and Language in Humans ». *Behavioral and Brain Sciences*, 16 : 681-795.)

d'épouillage (*grooming* ou *lustrage*) dont nous verrons plus loin à quel point il procure de satisfaction. Il faut pour cela que les individus se connaissent et s'apprécient, ce que permet le néocortex et notamment la région frontale, spécialisée dans la sociabilité. Une autre étude indique que le temps passé en lustrage est corrélé avec l'importance du groupe (voir *supra, figure 21*).

On ne connaît pas la taille des premiers groupes d'hommes, mais on peut en estimer la valeur à partir de celle que l'on a mesurée dans les sociétés modernes de chasseurs-cueilleurs. La dimension moyenne se situe autour de cent cinquante individus. Si l'on extrapolait aux humains les 15 % du temps passé par les chimpanzés en activité de *grooming* pour un groupe d'environ cinquante individus, il faudrait admettre que ceux-ci occupassent 45 % de leur temps à s'épouiller. Ce serait désastreux sur le plan adaptatif, les chasseurs-cueilleurs ne pouvant plus bénéficier des avantages du nombre dans le partage des tâches. C'est ici que la taille du néocortex prend toute son importance en permettant l'invention du langage articulé, outil de cohésion sociale.

L'efficacité des mots est telle que la taille des groupes humains a pu augmenter de façon exponentielle au fur et à mesure que s'est allongée la portée des voix, jusqu'à transformer le monde en un immense groupe social. Il suffit d'écouter les discours des chefs d'Etat et de recueillir les paroles des politiques pour apprécier combien la paix entre les hommes dépend des mots échangés ! Mais l'avènement du langage ne se réduit pas à ses fonctions de communication, fussent-elles sans commune mesure avec celles des signaux échangés par les animaux ; elle tient surtout à sa structure de signification et à sa fonction de générateur de sens. Les couples opposants qui animent le vivant sont désormais fondés sur des valeurs qui sédimentent dans le cerveau avec leur charge de souffrance et de joie.

Toujours ce jeu diabolique qui pousse à s'affronter les contraires, suscite la violence et la haine pour faire croître la société des hommes et triompher la chair ! Mais l'individu, sur lequel précisément agit la sélection naturelle, que devient-il dans son affrontement avec le diable ? Pour essayer de le savoir, il faut ouvrir son cerveau...

Deuxième partie

LE DIABLE

C'est le diable qui tient les fils qui nous remuent !

Charles BAUDELAIRE, *Au lecteur*

A trop considérer le vivant dans ses dimensions universelles et le monde dans ses généralités, il est à craindre que le diable nous apparaisse comme un concept abstrait éloigné de nos passions. Ce serait oublier que nous appartenons au règne animal et que cet opposant dont j'ai montré la puissance est plus que jamais à l'œuvre dans chaque homme.

Bien sûr, dire que Satan habite en nous ne fait plus recette ; même un vieux curé de campagne n'oserait employer cette formule. Et cependant, regardez les hommes : tous ces corps doués de raison qui se hâtent vers une destination inconnue ne sont-ils pas l'incarnation évidente du démon ? Lui dont on ne distingue pas le genre dans la clarté incertaine du matin, succube ou incube, dans quel corps hypostasié a-t-il passé la nuit ? Est-ce celui de ce travesti au regard si triste croisé dans une allée du jardin public ? ou celui de ce joueur (je me souviens encore de la danse crispée de ses doigts sur la table de baccara) ? A qui appartiennent ces mains qui ont jeté dans la bouche d'égout le couteau taché du sang de l'innocent ? Corps déchiré du drogué livré au manque, corps outré du boulimique, corps gommé de la jeune anorexique, tous, corps ivres de leur propre désir : corps du diable. Qu'est-ce encore qui fait se hâter cet autre et essuyer des gouttes de sueur sur son front brûlant ? Est-ce l'appel du Mal ou la peur terrible de l'ennui qui le pousse vers l'abîme ?

Je ne prétends pas m'ériger en moraliste et de Mal ou de Bien, il ne sera pas question. Il s'agit seulement de deviner en quels endroits du corps le diable tient ses états. C'est à cette exploration que j'invite le lecteur. Avec lui, je soulèverai les voûtes osseuses qui recouvrent le cerveau des hommes. Nous y pénétrerons, profitant de leur sommeil, et nous y goûterons les humeurs et les venins qui les empoisonnent. Nous suivrons les voies nerveuses pour connaître les pentes accidentées qui conduisent à la violence et au meurtre. Nous nous introduirons dans les assemblées de neurones où se trament d'inquiétants complots. Nous explorerons les ventricules enfouis où s'épanouissent les vices les plus abjects et nous remonterons des fleuves d'humeurs glauques pour regarder pousser les fleurs du Mal, comme autant de millions de boutons synaptiques.

Que le voyage commence.

CHAPITRE PREMIER

L'Opposant

Sans contraintes, il n'est pas de progrès. Attraction et Répulsion, Raison et Energie, Amour et Haine, sont nécessaires à l'existence de l'homme.
De ces contraintes découlent ce que les religions appellent le Bien et le Mal.
Le Bien (disent-elles) est le passif qui se soumet à la raison. Le Mal est l'actif qui prend source dans l'Energie.
Bien est Ciel, Mal est Enfer.

William BLAKE,
Le Mariage du Ciel et de l'Enfer[1]

Voici désigné le diable, l'éternel opposant ; l'époux de la douleur qui, au cœur de la jouissance, prépare les souffrances du manque ; le peintre du sourire sardonique sur le visage de la victime écartelée. Voici le moment de célébrer le mariage du plaisir et de la peine dans le sein de ce désir que Blake appelle Energie. Pour parler plus « savant », j'exposerai la théorie des processus opposants développée par R.L. Solomon[2] *et les mécanismes nerveux qui leur sont sous-jacents. Il restera à montrer comment ces processus s'inscrivent dans les représentations et transforment l'être humain en suppôt de Satan.*

LES PROCESSUS OPPOSANTS

« Notre pauvre chair consomme la souffrance comme le plaisir avec la même avidité sans mesure[3] », fait dire Bernanos à l'Abbé Donissan. Un poussin âgé de cinq heures présenté à une poule en mouvement ou à tout autre objet qui bouge — une boîte en fer-blanc animée par un moteur — les suit en manifestant les signes d'une joyeuse excitation. Lorsque après une à deux minutes on enlève la mère ou son substitut, le poussin entre dans une agitation confuse et émet des cris stridents de détresse. Qu'y a-t-il de commun entre la chair du curé de Lumbres et celle du poulet, sinon un même état affectif dont se nourrit leur être : la joie de suivre l'objet aimé — Dieu ou une boîte en fer-blanc — nouée, comme la lumière avec l'ombre, à la souffrance d'en être séparé ?

La théorie des processus opposants repose sur l'affirmation qu'un grand nombre de nos actions dérivent de nos passions et que le couple plaisir/souffrance gère l'expression de nos désirs. Elle s'inscrit à rebours des théories psychophysiologiques classiques, selon lesquelles nos comportements sont dictés par des motifs innés ou acquis. La vision d'un serpent est, par exemple, un motif inné de fuite et de frayeur pour un chien. La peur du gendarme est, en revanche, un motif acquis pour un homme. Les motifs acquis ou dérivés sont les conséquences de processus conditionnels ou associatifs qui s'inscrivent dans le cadre général de la théorie réflexe[4]. Celle-ci, qui fait l'impasse sur la subjectivité, *subordonne l'état à un acte* dont le mobile se ramène toujours, de près ou de loin, à la satisfaction des besoins innés de l'espèce. Mais peut-on parler de besoins vitaux ou d'actes appris devant certaines conduites qu'aucune régulation, aucune utilité n'explique, ni ne justifie ?

La théorie des processus opposants, développée par Solomon dans les années 70-80, est fondée sur l'observation du phénomène de dépendance, mais sa valeur explicative s'étend, bien au-delà de la drogue, à toutes les conduites humaines qui ouvrent les portes de l'enfer : le sexe, le jeu, la gourmandise, le pouvoir, etc. En contradiction avec les théories classiques, *elle subordonne l'acte à un état affectif*. C'est le corps-sujet qui est à lui-même son propre motif.

Mais à trop s'enfermer dans la subjectivité, le risque de dérive verbale n'est pas loin. La neurobiologie des comportements s'en tient à la chimie et à la pharmacologie : elle offre des données qui permettent de comprendre les jeux opposants du plaisir et de l'aversion et leurs mécanismes sous-jacents. Il sera question de tout cela à propos de la contrainte par corps ; je me limiterai pour le moment à un exposé général de la théorie, qui repose sur l'observation de trois phénomènes : le contraste affectif, la tolérance et l'abstinence ou manque.

« La joie venait toujours après la peine... ». On parle de *contraste affectif* : état de bien-être qui succède au malaise ou de souffrance qui surgit à l'arrêt du plaisir. De ces sentiments, on a tiré une loi. Son énoncé contient des termes qui reviennent souvent dans le discours des psychologues. On appelle *stimulus* tout événement ou objet qui provoque une *réponse comportementale* : ou bien celle-ci constitue une *récompense* pour le sujet qui recherchera alors la répétition (on parle de *renforcement positif*), ou bien elle a l'allure d'une *punition* et le sujet évitera qu'elle se renouvelle (il s'agit d'un *renforcement négatif*)[5]. La loi en question dit que, *lorsqu'un stimulus entraîne un état A plaisant à renforcement positif, son arrêt provoque l'installation d'un état B déplaisant à renforcement négatif qui se dissipe progressivement pour retourner à l'état de base*. Les valeurs de A et de B peuvent être inversées ; l'arrêt d'un état désagréable est alors suivi d'un état agréable.

Les expériences que je vais décrire ont été pratiquées dans le début des années 70 sur des chiens de laboratoire, à une époque où il était plus facile d'utiliser les animaux que les hommes pour ces sortes de travaux. Des chiens suspendus dans des harnais de Pavlov sont soumis à des chocs électriques répétés sur leurs pattes arrière. On mesure leur rythme cardiaque. Le cœur s'accélère lors de l'établissement des chocs ; son rythme s'adapte par la suite tout en se maintenant à une fréquence élevée. L'arrêt des chocs, en revanche, est suivi d'une après-réaction qui consiste en une chute brutale de la fréquence cardiaque, ne revenant ensuite que progressivement au niveau de base *(figure 23)*. L'augmentation de l'intensité des chocs se traduit non seulement par une réponse cardiaque plus marquée, mais également par une après-réaction plus contrastée. On suppose que la fréquence du cœur est un reflet de l'état affectif du chien et que son élévation traduit le mal-être d'un animal qui reçoit des chocs douloureux sur les pattes. Le contraste affectif exprime ici le passage d'un état A déplaisant à un état B plaisant. Il est l'image en miroir de la situation du jeune poulet dont nous évoquions le bonheur en présence d'une boîte de fer-blanc et sa détresse à la disparition de celle-ci.

L'*habituation affective* s'observe lors de la répétition, à quelques jours d'intervalle, des expériences décrites précédemment. Le cœur du chien qui a déjà subi de nombreuses séances de chocs sur les pattes reste impassible aux nouvelles stimulations. Il est devenu *tolérant*. On pourrait s'attendre à ce que, de façon symétrique, l'après-réaction disparaisse également. Or c'est le contraire qui se produit : à l'arrêt des stimulations, la fréquence cardiaque chute pour ne revenir que très lentement à sa valeur de base. L'habituation entraîne donc un affaiblissement progressif de la réaction affective et une augmentation de l'après-réaction (voir *figure 23*).

Le *syndrome d'abstinence ou de sevrage* correspond au ralentissement cardiaque qui suit l'arrêt des chocs sur les pattes chez un chien devenu tolérant à ces chocs. Il témoigne de la persistance des processus opposants mis en place lors de réactions affectives répétées.

Les mots utilisés pour décrire ces observations n'ont pas été choisis sans arrière-pensées. Ils évoquent la drogue et ses conséquences, mais s'appliquent également à l'ensemble des stimulus affectifs auxquels un individu est confronté

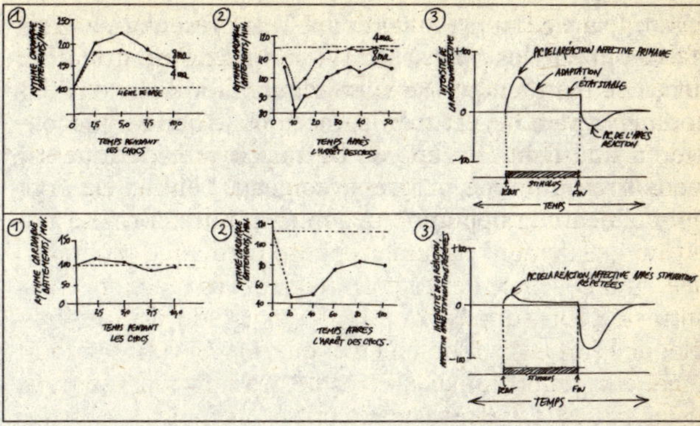

Figure 23 — Expériences destinées à montrer l'existence des processus opposants.

Des chiens maintenus dans des harnais de Pavlov sont exposés à des chocs électriques sur leurs pattes arrière. L'intensité des chocs peut être de 4 ou de 8 milliampères et la durée d'application est exprimée en secondes.

Dans la moitié supérieure de la figure, on observe en (1) l'élévation de la fréquence cardiaque pendant l'application des chocs, suivie en (2) d'une chute d'autant plus marquée que la réaction a été forte ; en (3) les phénomènes sont représentés de façon schématique.

Dans la moitié inférieure de la figure, on observe la réponse cardiaque chez un « vétéran », c'est-à-dire un chien qui a déjà subi l'expérience de nombreuses fois. On constate que la réaction directe (1) est pratiquement supprimée alors que l'après-réaction témoignant des processus opposants (2) est, au contraire, exagérée. Schéma explicatif en (3).

(D'après Solomon R.L. (1980). « The Opponent-Process Theory of Acquired Motivation ». *American Psychologist*, 35 : 691-712.)

pendant sa vie. La *figure 24* donne une présentation générale des processus opposants qui permet de montrer comment le cœur s'adapte, se lasse et rebondit dans le plaisir ou dans la peine. A cette différence que le lieu de nos joies et de nos afflictions n'est pas ce muscle creux qui ne sait que battre ou s'arrêter, mais le cerveau. Celui-ci est organisé de façon à s'opposer et à gommer, toute forme d'acti-

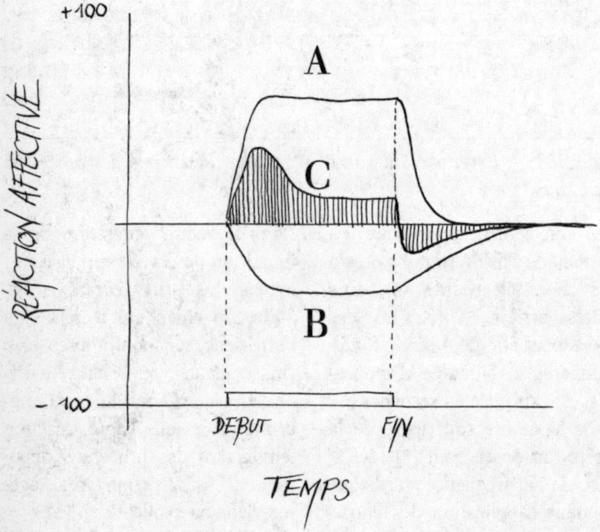

Figure 24 — Explication schématique de la théorie des processus opposants.

En présence d'un stimulus activateur, il se produit deux types de réaction. A : La réaction primaire se développe dès l'établissement du stimulus et se maintient en plateau jusqu'à l'arrêt de celui-ci. B : La réaction opposante se développe plus progressivement et ne diminue que lentement après l'arrêt du stimulus. La réaction affective C présentée par le sujet représente la somme algébrique des deux réactions A et B. Notons que les phénomènes peuvent être inversés et que la réaction primaire peut être de type aversif. La post-réaction est alors de caractère positif. (D'après Vincent J.-D. (1994), *op. cit.*)

vation émotionnelle ou d'états affectifs ; qu'ils soient plaisants ou déplaisants et qu'ils s'accompagnent de renforcements positifs ou négatifs. Comme on le voit sur la courbe, les processus opposants s'installent avec une latence plus longue que celle de la réaction affective primaire. Leur inertie plus marquée les prolonge au-delà de l'arrêt de la stimulation. Ils augmentent avec la répétition et ne s'atténuent pas dans le temps. L'état affectif de l'individu représente la somme algébrique des processus primaires et opposants. Ces derniers freinent l'amplitude de la réaction affective (adaptation) et finissent par l'effacer lors des répétitions (habituation). Des stimulations de plus en plus importantes sont nécessaires pour obtenir une réaction comparable (tolérance). A l'arrêt, les processus opposants, seuls présents, provoquent le contraste affectif et le syndrome d'abstinence.

La théorie s'applique à tout stimulus, source d'excitation euphorisante et de délices (chair, chère, argent et pouvoir). L'après-réaction ou manque pousse le sujet à chercher à nouveau le stimulus positif afin d'interrompre l'état aversif dans lequel il est plongé. Ainsi se crée l'*assuétude* ou *dépendance* qui l'enchaîne à sa source favorite de plaisir que la tolérance rend de moins en moins efficace, avec pour résultat toujours plus de chair, plus de chère, plus d'argent et plus de pouvoir.

Mais la théorie rend compte aussi des situations inverses dans lesquelles le stimulus renforçateur est négatif, de tonalité affective désagréable. L'après-réaction est alors un stimulus positif que le sujet cherchera à reproduire. Epstein[6] a observé des parachutistes qui pratiquent la chute libre : lors du premier saut, et avant que le parachute ne s'ouvre, les sujets présentent tous les signes de la terreur et de l'anxiété la plus vive dont témoignent leurs yeux révulsés, leur cœur déchaîné, leur respiration haletante et des sueurs profuses. Une fois à terre et après une courte période de stupeur, la joie s'épanouit sur leur visage, ils parlent et gesticulent et tout leur corps baigne dans l'euphorie la plus chaude. Au bout de quelques sauts, l'habituation a fait disparaître les effets aversifs de la réaction primaire. Après l'atterrissage en revanche ils continuent d'étaler un bien-être qui s'apparente à une jouissance de plus en plus vive. Ce plaisir, disent-ils, justifie tous les dangers. Les effets du sauna sont comparables et le bien-être qui suit la brûlure est la raison même de cette pratique infernale : un sujet entraîné supporte des températures qui font fuir le néophyte, mais le bonheur à venir est indicible ; pour le pimenter, on peut y ajouter une dose de flagellation. Ces malheureuses épaves qui agonisent dans des couvertures de survie tout au long du parcours d'un marathon sont — le croirez-vous ? — à la recherche du paradis de l'après.

Une telle symétrie de mouvements dans le devenir de la jouissance et dans celui de la souffrance évoque les deux compères facétieux de la morale : le bien et le mal. Mais le diable n'en a cure, il est là pour s'opposer, quelle que soit la valeur de ce qu'il affronte, négative ou positive ; c'est ainsi que l'animal vit et que l'homme parle. A ce dernier seul revient de dire le bien et le mal. Il ne faut donc pas s'étonner que les voies nerveuses tracées par le diable dans le cerveau conduisent à la fois en enfer et en paradis. C'est à l'homme de choisir sa route.

LES VOIES DU CIEL ET DE L'ENFER

Ce n'est pas de parabole, mais bien de routes et de chemins qu'il s'agit. Ils relient des agglomérations de neurones dont les prolongements (axones et dendrites) vont et viennent selon des parcours compliqués qui traversent des régions aux noms étrangers, nucleus accumbens, hypothalamus, striatum, système limbique, etc. Les guides qui prétendent décrire le cerveau humain à l'usage d'un public non spécialisé font état de dix milliards de neurones communiquant par environ dix mille milliards de points de jonction (synapses) où des signaux électriques (potentiels d'action) se changent en messages chimiques (neurotransmetteurs). Ils ne font ainsi qu'ajouter au mystère. Le cerveau est un royaume inconnu que chacun de nous transporte en lui. Malgré ses milliards de neurones, il ne compte qu'un seul habitant : Moi, sujet d'un monarque absolu, « Je », tyran de droit darwinien qui règne sans partage sur un état que j'ai qualifié dans un livre précédent d'état central fluctuant[7]. Ce roi est confronté à un éternel opposant : le diable ; mais je soupçonne ce rebelle, que personne n'a jamais vu, de n'être autre que le roi lui-même...

Le concept d'état central fluctuant aide à comprendre comment le sujet est un être unique, à la fois état et acte, représentation et action. Il comporte trois dimensions : *corporelle*, *extracorporelle* et *temporelle*. La première inclut toutes les données du corps : le jeu des muscles et des os, les battements du cœur, l'écoulement du sang dans les vaisseaux, le souffle de l'air dans les bronches et, enfin, les humeurs, avec leur charroi d'hormones et de sels. Elle est séparée de la seconde par une surface où s'étalent les couleurs de la peau, les mimiques de la face, la dilatation des pupilles, et par laquelle le corps extériorise son contenu. La dimension extracorporelle représente le monde propre de l'individu, celui sur lequel il agit et par lequel il est agi, celui qu'il connaît ou explore et dont il est informé par les organes des sens. La dimension temporelle, enfin, est occupée par les traces accumulées au cours du développement de l'individu, depuis sa naissance jusqu'à sa mort. Elle relève soit du déterminisme génétique, qui met en place les programmes centraux, ordonne la maturation et le vieillissement, soit de la contingence historique, qui intègre les événements de l'existence ; en bref, de tout ce qui contribue au devenir du sujet.

Cette digression théorique me permet sans trop de difficultés de revenir au cerveau dans sa matérialité à propos du plaisir et de son contraire, l'aversion, malgré mon incapacité à donner de ceux-ci une définition satisfaisante. Ramené à une expression de l'état central, le plaisir cesse d'être une denrée impalpable, une affection de l'âme. Il ne s'agit plus de le réduire aux ébats joyeux de quelques millions de neurones, mais de considérer qu'il est indissociable d'un fonctionnement particulier du corps dans son environnement sensoriel et dans sa durée. L'ensemble confère à l'activité des neurones un sens sans lequel celle-ci ne serait qu'un peu d'électricité et quelques molécules qui s'agitent dans la tête. Par exemple, lorsque je regarde au musée la cuillère à fard égyptienne dite « à la nageuse », un état de plaisir s'installe dans mon corps : il s'agit bien de mon corps *(soma)* et non de mon esprit *(psyche)*. L'objet évoque dans mon cerveau un ensemble de représentations inséparables des jouissances de la chair auxquelles elles ont été associées dans le passé. A. Damasio[8] appelle *marqueurs somatiques* ces états corporels qui autorisent la prise de décision lors du passage à l'acte. Je n'ai jamais, malgré mon désir, volé l'objet, probablement en raison de signaux de mon corps qui m'indiquaient les désagréments d'une sanction.

Le cerveau, le corps et le monde fluctuent en permanence dans des échanges passionnés. Il n'y a pas d'acte sans émotion sous-jacente et la parole, on l'a vu, est le plus passionné de ces actes. Mes mots et mes gestes d'une part, mes plaisirs et mes peines d'autre part, ne vont pas les uns sans les autres ; ils se rencontrent dans les voies du ciel et de l'enfer. Je décrirai celles-ci dans le cerveau du rat ; ses comportements de base sont assez semblables à ceux de l'homme et l'anatomie est voisine dans les deux espèces.

Que fait un rat dans la vie ? Il dort, mange, s'accouple ; une rate fait des petits et les nourrit. Au bout de dix-huit mois, tout est dit : le rat meurt après avoir connu des sensations variées, olfactives, gustatives, visuelles, sonores et tactiles (à la pointe des moustaches). L'ensemble des comportements qui visent à la survie et à l'équilibre de l'individu (homéostasie) ou à sa reproduction et à son développement (comportements sexuels et maternels) sont causés et entretenus par l'attente et la survenue de la récompense, dont la composante affective est le plaisir[9].

Les récompenses naturelles suivent deux pentes sur les voies du plaisir : la première est de l'ordre du désir, qu'on appelle « appétit » dans la langue classique (« J'ai, Mar-

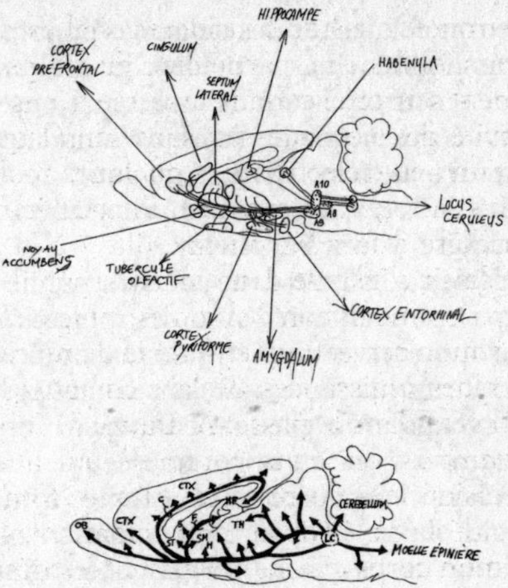

Figure 25

En haut : Les voies dopaminergiques chez le rat avec les noyaux d'origine A8, A9, A10 et leurs projections sur les différentes régions du cerveau.
En bas : Les voies noradrénergiques avec leur région d'origine LC : *locus cœruleus* et leurs destinations ; CTX : cortex ; OB : bulbe olfactif.

quise, de l'appétit pour vous ») ; il est associé aux caractères de l'objet convoité (odeur, couleur, forme, goût, etc.). La seconde est liée à la consommation et aux conséquences physiologiques et métaboliques de la satisfaction d'un besoin. Mais on ne peut séparer ces deux versants. Ainsi, une nourriture dépourvue de valeur calorique est moins appétissante et désirable qu'une nourriture riche et de même goût. C'est la raison du peu d'attrait qu'exercent les nourritures de régime.

Le première pente suit le système dit mésocortical qui utilise la dopamine comme neurotransmetteur *(figure 25)*. Il a la forme d'un U dont la base est située dans le tronc du cerveau *(mésencéphale)* et dont les branches remontent dans les flancs de l'hypothalamus vers le cortex frontal, le striatum ventral ou noyau accumbens et le système limbique. Les corps cellulaires des neurones dopaminergiques sont tous rassemblés dans le mésencéphale *(aire tegmentale ventrale)* où ils reçoivent des informations provenant aussi bien du cerveau que de l'ensemble du corps. Ce système vise principalement l'aspect incitatif, c'est-à-dire les comportements d'approche et d'appropriation des objets (« Belle Marquise, soyez à moi »).

La seconde pente est soutenue par un système non dopaminergique qui fonctionne avec les *opiacés endogènes* comme neurotransmetteurs. Ces substances de nature protéique sont fabriquées par certains neurones et libérées au niveau des synapses où elles se lient aux récepteurs qui fixent les extraits d'opium après que ceux-ci ont pénétré dans le cerveau. Ce système rend compte principalement de l'aspect du plaisir lié à la consommation et destiné à la satisfaction d'un besoin de l'organisme (comportement homéostasique). Les deux voies sont inséparables et le plaisir implique à la fois l'appétence et la consommation. Dans les conditions naturelles, leur fonctionnement harmonieux permet de joindre l'utile à l'agréable et le plaisir à la satisfaction des besoins. On retrouve, dans cette conception du plaisir, la théorie utilitariste des philosophes anglo-saxons. Selon l'expression de M. Cabanac, le plaisir constitue la « monnaie commune » permettant des échanges et des compromis entre des motivations diverses et parfois contradictoires. La maximisation du plaisir et la minimisation du déplaisir permettent d'établir une échelle de priorité des conduites en tenant compte de la somme algébrique de l'un et de l'autre. Cabanac rapproche le concept de plaisir en biologie de celui d'« utilité » en économie. Citant Stuart Mill — « ceux qui ne savent rien sur la question reconnaissent que tous les penseurs, depuis Epicure jusqu'à Bentham, qui ont défendu la théorie de l'utilité ne signifiaient rien de différent du plaisir, mais bien le plaisir lui-même et l'évitement de la douleur » —, Cabanac démontre que les courbes de compromis dans le choix conflictuel entre douleur et récompense obtenues dans des expériences de psychophysique recouvrent exactement les lois économiques décrivant le « taux marginal dégressif de substitution[10] ». Cette explication « épicière » du plaisir est acceptable dans certaines limites et lorsqu'elle s'applique à des puritains anglo-saxons. Mais comment peut-elle rendre compte du *phénomène d'autostimulation* ?

La découverte de l'autostimulation en 1954[11] a provoqué l'étonnement des psychologues. Préoccupés seulement de stimulus et de réponses, ils ne s'étaient jamais posé de questions sur l'affectivité de leurs sujets d'expérience. Je rappelle les faits. Un rat, en appuyant sur un levier, déclenche un stimulateur électrique qui envoie du courant à la pointe d'une électrode située dans son hypothalamus latéral. L'animal s'autostimule à une fréquence pouvant dépasser cent appuis par minute, de façon compulsive, en sacrifiant aussi bien son sommeil que sa nourriture. L'absence de bénéfice apparent conduit à penser que l'autostimulation n'a d'autre fin que de produire du plaisir. Les neurochirurgiens ont pu vérifier, lors d'interventions chez l'homme, que la stimulation électrique des régions latérales de l'hypothalamus provoquait un état de plaisir souvent accompagné d'un sourire[12]. Il est difficile d'expliquer le phénomène en l'attribuant à une consommation ou à un quelconque appétit. Il s'agit d'un besoin sans besoin et d'un désir sans objet, différent en cela d'un comportement homéostasique dans lequel la satisfaction naturelle du besoin provoque le plaisir en même temps qu'elle supprime le désir et, du même coup, arrête le comportement. On comprend par contre que l'autostimulation, qui emballe au même train l'appétit et le plaisir, soit insatiable et ne s'arrête que lorsqu'on coupe le courant électrique. En effet, l'électrode ne fait pas dans le détail ; elle active parallèlement la voie de la dopamine et celle des opiacés. Les neuroleptiques, qui bloquent l'action de la dopamine, suppriment l'autostimulation, et la naloxone, antagoniste de la morphine, agit de même.

Quels mécanismes nerveux sont à l'œuvre dans les processus opposants ? La réponse est loin d'être univoque. D'une part, le système des opiacés peut en rendre compte. Lors de sa stimulation répétée et prolongée, la libération des endomorphines s'épuise et leurs récepteurs se désensibilisent (l'amplitude de leur réponse diminue). Mais, d'autre part, l'activation soutenue de la voie dopaminergique sollicite dans le même temps l'intervention d'une boucle de rétroaction négative formée de neurones à Gaba (l'acide gamma-amino-butyrique, neurotransmetteur inhibiteur) qui freinent et bloquent en retour l'emballement des neurones à dopamine. L'encombrement et l'effondrement des voies du paradis laissent alors libres et largement ouverts les chemins de l'enfer.

Ceux-ci sont associés à la souffrance et à l'aversion. Contrairement aux structures nerveuses latérales, dont la stimulation provoque un état de bien-être (ralentissement du pouls et de la respiration, baisse de la pression artérielle, contraction des pupilles, salivation), les régions médianes du mésencéphale et de l'hypothalamus, lorsqu'elles sont activées, induisent des phénomènes d'aversion (arrêt ou fuite) et de punition qui peuvent sembler comme l'expression d'un déplaisir avec les manifestations somatiques qui l'accompagnent (accélération du pouls et de la respiration, dilatation des pupilles, horripilation)[13]. Parallèlement au rôle majeur de la dopamine dans le système latéral de récompense, la *sérotonine*, autre neurotransmetteur, occuperait une position comparable au sein du système médian d'aversion et de déplaisir. Etant donné la multiplicité et la complexité des récepteurs de cette amine biogène, il semble toutefois que l'existence d'un tel dualisme soit loin d'être évidente[14].

Un dernier système, dit *noradrénergique*, paraît être impliqué à la fois dans les mécanismes du plaisir et de l'aversion (voir *supra*, *figure 25*). Les neurones ayant pour neurotransmetteurs la noradrénaline sont issus d'un noyau du tronc cérébral, le *locus cœruleus*. Chez l'homme, ce noyau ne comporte que trois mille corps cellulaires, mais leurs axones se ramifient et leurs arborescences sont si nombreuses que pratiquement toutes les aires cérébrales reçoivent une innervation noradrénergique. Cette expansion des faisceaux noradrénergiques suggère que ces neurones *modulent* l'excitabilité des millions de neurones directement impliqués dans le transfert de l'information d'une structure à une autre. Qui plus est, ces neurones sont activés lors de toute forme de stimulation sensorielle (visuelle, auditive ou tactile) et particulièrement lors d'un stimulus émotionnel. Ce système intervient probablement dans la perception globale qu'un individu peut avoir de son espace extracorporel, un peu à la façon du chœur accompagnant l'action dans le théâtre antique ou de la basse continue dans le concert baroque.

La métaphore de l'orchestre souligne l'aspect intégré des processus passionnels dans lesquels il est difficile, sinon impossible, de dissocier l'état de l'acte ou l'affection de l'action. Mais qu'en est-il du soliste ? Comment élève-t-il la voix au-dessus du contrepoint diabolique et qu'est-ce qui le guide dans le choix des sons qu'il émet ? Des notes sans doute. Mais où donc se cache la partition que chacun interprète pendant sa vie avec plus ou moins de bonheur ?

LES RAISONS ET LES CARTES

Elles dictent le choix de nos conduites et de nos dires ; elles guident nos actions bonnes et mauvaises ; ce sont nos raisons d'être. Elles siègent dans le cerveau et permettent au sujet de raisonner, sans être pour cela forcément « raisonnable ».

Les voies nerveuses que j'ai décrites précédemment se projettent dans le cerveau en larges arborescences, sur le cortex (principalement dans sa partie frontale antérieure), la matière grise (striatum ventral ou noyau accumbens) et le *système limbique* (un ensemble en forme d'anneau à la face interne des hémisphères qui comprend le *cingulum*, le *septum*, l'*hippocampe* et l'*amygdale*). A la différence des structures profondes, qui contiennent les couples opposants (plaisir/récompense et aversion/punition) et sont stables, génétiquement spécifiés et d'origine évolutive ancienne (on les qualifie parfois de cerveau reptilien : du serpent au diable, je n'abuserai pas des symboles...), ces régions se modifient en permanence avec l'expérience et les fluctuations de l'état central ; elles sont instables, partiellement innées, mais largement soumises aux facteurs épigénétiques et ont subi une pression évolutive considérable (voir l'expansion du cortex cérébral chez l'homme).

On ne peut expliquer simplement les mécanismes du raisonnement ou de la conscience[15] ; je me limiterai donc à quelques notions sommaires et indispensables pour continuer de suivre le diable dans ses menées humaines. Le cerveau reçoit par les voies provenant des organes des sens des informations sur l'espace extracorporel qui se mêlent aux messages du corps. Le caractère « bon » ou « mauvais » des situations lui est constamment signalé par les systèmes opposants. En direction inverse, le cerveau agit sur le monde par la commande de muscles dont les contractions coordonnées permettent des actions aussi complexes que casser des cailloux ou émettre des sons articulés. Il préside aussi, par l'intermédiaire des hormones et du système nerveux végétatif *(sympathique et parasympathique),* aux émois qui agitent l'espace corporel.

Les représentations (au sens théâtral du mot) que le cerveau se fait du monde ne se jouent pas sur un écran unique où la réalité se projetterait en direct, mais dans des régions séparées qui traitent chacune d'une modalité particulière : par exemple, la forme, la couleur et le mouvement pour ce qui est de la vision. Chez un malade, lorsque la région dite V4, située tout à l'avant du cortex occipital, est lésée, il cesse de voir le monde en couleur : il souffre d'*achromatopsie*.

Toutes les données sensorielles distribuées dans les différentes aires du cerveau ne font pas une pensée. Pour que l'intégration mentale s'opère, une coordination est nécessaire entre l'activité des agrégats de neurones sollicités par les diverses modalités de la perception. Des neurones assurent ces associations. Leur abondance chez l'homme et l'étendue des régions intermédiaires y rendent compte de la richesse et de la complexité des processus mentaux.

Les représentations sont associées aux actions dont elles

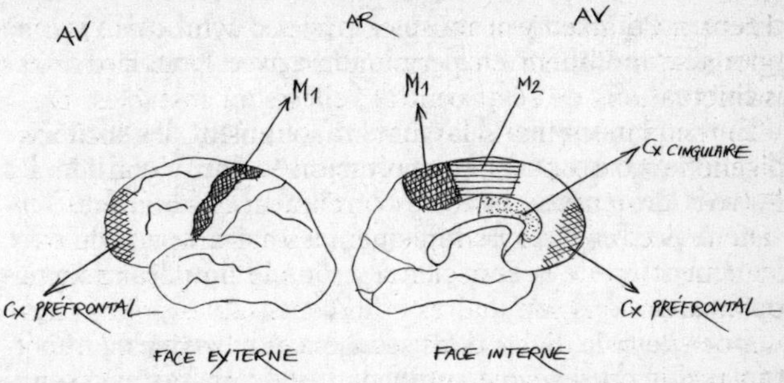

Figure 26 — Faces externe et interne d'un hémisphère cérébral.

AV : avant ; AR : arrière ; Cx : cortex ; M1 : aire motrice ; M2 : aire motrice supplémentaire.

assurent un déroulement adapté à l'espace extracorporel. Je propose pour les désigner le néologisme de *représentactions*. La commande des mouvements nécessite la mise en jeu de programmes-moteurs contenus dans des assemblées de neurones situés dans les aires dites motrices *(figure 26)*.

Telles quelles, les représentactions sont l'expression incomplète de l'état central fluctuant. Il leur manque en effet la dimension temporelle. Un premier aspect de celle-ci repose sur la synchronisation des activités qui se déroulent en des territoires séparés ; elle doit se maintenir pendant le temps nécessaire à leur catégorisation et à leur intégration pour que les processus de raisonnement et de prise de décision puissent prendre place. Des mécanismes d'attention et une mémoire de travail permettent au cerveau d'effectuer ces travaux. Se pose alors le problème de la continuité dans le temps qui situe les représentactions entre le passé et le futur.

J'appellerai *cartes cognitives* les représentactions potentielles formées par l'activité (de nature inconnue pour l'instant) d'ensembles neuronaux possédant les trois dimensions de l'état central fluctuant. Ces cartes peuvent susciter à partir des aires sensorielles des images de rappel ou souvenirs qui ont toutes les caractéristiques des images directes. Par exemple, un sujet atteint d'achromatopsie ne peut se souvenir que d'un monde gris et peuplé d'objets incolores.

Sur le plan moteur, les cartes rassemblent des stratégies d'actions comportant les prémisses d'une situation, les options de réponse et leurs conséquences possibles. J'insiste à nouveau sur le fait que ces cartes baignent dans la « corporéité » et sont placées sous l'égide des systèmes opposants.

Deux régions du cerveau sont particulièrement importantes dans l'usage que l'individu fait de ses cartes cognitives. La première occupe la partie frontale antérieure des hémisphères cérébraux. R. Myers[16] a montré que des singes chez lesquels il avait réalisé des ablations bilatérales du cortex préfrontal (voir *supra, figure 26*), bien que gardant des capacités motrices intactes, n'entretenaient plus de relations normales avec les autres animaux non opérés du groupe : plus de jeu, plus d'épouillage, plus de sexe, plus de hiérarchie, comme si le « savoir social » du singe était perdu (pour lui et pour ses compagnons qui affectent de l'ignorer) et ses cartes étaient effacées ou illisibles. Chez l'homme, les patients souffrant de lésions préfrontales sont apparemment normaux et ils conservent leur intelligence, mais leur capacité à planifier leurs activités est gravement diminuée. Les processus de prise de décision sont perturbés en même temps que l'expression et la perception des émotions, surtout dans le domaine personnel et social, avec là encore, semble-t-il, une incapacité à lire certaines cartes cognitives et à en reconnaître les couleurs affectives.

La deuxième région (voir *supra, figure 26*) occupe le cortex cingulaire (ou *cingulum*) qui appartient au système limbique. Les patients dont cette aire est lésée (principalement dans sa partie antérieure) présentent le syndrome de *mutisme akinétique* qui traduit une perte totale de l'initiative motrice et du langage : leur face est inexpressive, ils ne bougent pas malgré l'absence de paralysie et ne semblent pas ressentir la moindre émotion. Ce cingulum constitue en quelque sorte la source mobilisatrice qui donne l'impulsion motrice à l'individu ; il est en prise directe sur les cartes et les systèmes opposants. Son organisation en circuit explique, peut-être, qu'il puisse chez certains individus s'emballer comme un manège infernal et faire jaillir des comportements compulsifs que rien ne peut plus empêcher de se produire.

Les cartes cognitives ne naissent pas spontanément dans le cerveau. Tracées d'abord à gros traits suivant le canevas des programmes génétiques, elles sont pour l'essentiel, chez les animaux les plus évoluées et notamment chez l'Homme, l'expression de l'individu en devenir grâce à la plasticité du cerveau. Les supports matériels n'en sont pas bien connus. On fait l'hypothèse qu'il s'agit de formes complexes construites à partir d'assemblées de neurones connectés par des synapses dont la « force » (ou efficacité) est modulée par les expériences vécues.

Le mot « carte » ne désigne pas seulement la représentation dans le cerveau d'un territoire donné grâce auquel le sujet se repère dans l'espace, mais, selon une acception plus large, tout ce qu'il sait de lui-même, du monde et des moyens qu'il a de s'y comporter. On peut aussi parler de « chartes » *(carta)* où sont inscrites les lois constitutionnelles et fondamentales de l'individu auxquelles il est tenu de se conformer. Ce sont enfin les « cartes à jouer », dans le maniement desquelles excelle l'adversaire, le diable, qui bat, coupe et distribue les donnes.

Cartes du monde, cartes d'identité, cartes à jouer, il n'est pas d'utilisation du mot « carte » qui ne convienne mieux au cerveau que la plus récente, celle de « cartes à mémoire ». Les structures nerveuses qui font la jonction entre les systèmes opposants et les régions où sont distribuées les cartes sont aussi celles qui interviennent dans la fabrication des souvenirs et dans leur évocation. Ce système, dit « limbique », sera désigné dans son ensemble pour ne pas entraîner le lecteur dans la complexité de son organisation, en retenant seulement comme région emblématique l'*hippocampe*, ainsi nommée pour sa forme qui rappelle celle de l'animal marin.

L'hippocampe fonctionne en boucle, à la façon d'un anneau porte-clé dans lequel on entre et sort en tournant.

Son rôle est celui d'un *comparateur* entre l'état du monde et sa valeur affective. Le premier lui est fourni par les données en provenance du cortex sensoriel, la seconde grâce à des connexions à double sens avec la matière grise ventrale ou noyau accumbens, dont je rappelle le rôle central dans les processus opposants. Par relais successifs, l'hippocampe se projette sur le cortex où il contribue à la consolidation des cartes. Celles-ci sont donc à la fois cognitives et affectives. La ronde des influx dans le circuit hippocampique s'accomplit de façon rythmique par périodes de 100 à 200 millisecondes. Ce rythme, appelé « thêta », paraît activer la formation des souvenirs ; il est particulièrement marqué au cours des phases de rêve et laisse ainsi entrevoir un lien possible entre ces dernières et la genèse des cartes.

LE DIABLE RÊVE

« Comme la nuit est mon royaume, le rêve est mon domaine. Ce qui n'a pas de poids, ni de mesure, c'est moi [17] », dit le diable de Pessoa. La biologie du sommeil et du rêve a aussi été mon domaine. A la fin des années 50, j'ai observé avec J. Faure un phénomène particulier [18] survenant chez la lapine dans la demi-heure qui suit un rapprochement sexuel : la lapine s'endort après l'amour. L'animal semble s'affaler sur le sol, ses oreilles chutent, des soubressauts agitent son corps et, contrastant avec cette apparence de profond sommeil, l'électroencéphalogramme présente des signes d'éveil qui consistent principalement en ondes sinusoïdales à la fréquence de sept à dix cycles par seconde (le rythme thêta). Cette activité est surtout intense dans l'hippocampe et dans les structures olfactives. Peu après, un séjour à Lyon dans le laboratoire de M. Jouvet, le découvreur du sommeil paradoxal, me permit d'identifier le phénomène particulier de la lapine à ce que Jouvet avait décrit chez le chat et reconnu comme l'équivalent du sommeil à mouvements oculaires rapides, support de l'activité onirique chez l'homme[19]. J'ai, par la suite, consacré une dizaine d'années à l'étude du sympathique lagomorphe. Il a fallu me rendre à l'évidence : le lapin n'est pas un rêveur. Toujours traqué et sous la menace d'un carnassier vorace ou du carnier d'un chasseur, l'animal ne dort que d'un œil et ne fait ses phases de sommeil paradoxal qu'à la dérobée ; son cerveau est alors envahi par un rythme thêta plus rapide que pendant l'éveil : comme s'il avait hâte d'en finir.

Le lapin fait les rêves incertains et furtifs qui conviennent à son destin de proie ; le chat, en revanche, rêve comme un seigneur en longues phases paradoxales qui interrompent à intervalles réguliers son sommeil souverain de prédateur. Le rat, toujours en maraude et en quête d'un festin, n'est pas animé par l'angoisse d'être mangé, mais par celle de ne pas manger. On observe chez tous ces animaux un rythme thêta hippocampique. Celui-ci se manifeste chez l'individu éveillé lorsqu'il exécute un acte essentiel à sa survie et plus précisément lorsqu'il réagit à une modification de son environnement. La prédation chez le chat, la fuite chez le lapin et l'exploration chez le rat sont des comportements essentiels à la survie respective de ces trois espèces. Par exemple, un rat affamé explore le terrain avant de manger, même si de la nourriture s'offre à lui ; son hippocampe et son cerveau olfactif sont alors soumis aux battements insistants du rythme thêta. J. O'Keefe[20] a montré à l'aide d'électrodes permettant d'enregistrer pendant de longues périodes l'activité de neurones de l'hippocampe que certains d'entre eux déchargeaient lorsque le rat explorait une région particulière de son environnement ; ces mêmes cellules s'activant toujours pour les mêmes territoires expriment en quelque sorte une carte spatiale du monde du rat. J. Winson et C. Pavlides[21] ont observé que les cellules spatiales activées pendant l'éveil étaient le siège d'une intense réactivation lors du sommeil paradoxal suivant : sorte de réactualisation de l'état du monde perçu durant l'éveil afin que les éléments pertinents pour la survie puissent être déposés et enregistrés dans les cartes cognitives de l'animal. Winson fait l'hypothèse que le rythme thêta survenant lors du rêve contribue de façon systématique à inscrire dans des ensembles de neurones les traces d'événements et les données retenues par le comparateur hippocampique. Chez le rat, ce sont surtout des informations spatiales, comme il convient à un explorateur, mais il pourra s'agir d'autres choses chez un chat, un singe ou un homme. Le rôle du rythme serait de faire courir plusieurs fois dans les circuits une information qui ne s'est produite qu'une seule fois, afin de bien en marquer le chemin[22].

Le rôle du sommeil paradoxal dans la mémoire a été suspecté depuis longtemps, notamment à la suite des travaux du groupe de V. Bloch[23] qui ont montré qu'après un apprentissage la durée du sommeil paradoxal augmentait systématiquement de 30 à 60 % : plus le rat apprend, plus il rêve. Chez l'homme, Karni et collaborateurs[24] viennent d'observer que des sujets soumis à une tâche visuelle simple (donner l'orientation d'un objet qui apparaît brièvement dans leur champ de vision périphérique) étaient capables, après plusieurs répétitions de l'épreuve, de faire rapidement l'identification très longtemps plus tard. Si, à l'aide d'un signal sonore, on réveillait les sujets pendant leur sommeil paradoxal dans la nuit qui suivait l'apprentissage, celui-ci s'effaçait le jour suivant.

De ces données, je retiendrai que le rêve (ou tout au moins son support biologique, le sommeil paradoxal) participe à la fixation des souvenirs et que le système limbique, déjà en charge pendant l'éveil de déterminer la valeur affective des choses bonnes ou mauvaises pour l'individu, a aussi pour mission d'en pérenniser la connaissance. Le rêve consolide et active le travail du diable[25]. Un dernier argument en faveur de ce rôle de l'activité onirique réside dans sa particulière abondance chez le nourrisson (plus de 50 % du temps) à l'époque ou celui-ci découvre, invente et apprend le monde et les valeurs qui s'y attachent.

L'ENFANT ET LES SORTILÈGES

Le diable aime les petits enfants. C'est l'âge où les neurones poussent comme des jeunes plants et où les cartes cognitives s'inscrivent dans leur cervelle meuble sous le soc féroce des processus opposants ; l'âge aussi des : « c'est bon », « c'est mauvais », ou des : « c'est bien », « c'est mal ». On prend souvent le bébé pour une sorte de larve aveugle et ne réagissant que de façon réflexe aux sollicitations de son corps et des objets qui l'entourent. Or le petit homme, qui déjà possède à sa naissance d'étonnantes capacités perceptives, raisonne et théorise sur le monde dès les premiers mois de sa vie. Il semble d'ailleurs que ces aptitudes soient relativement distinctes (et peut-être en avance) sur ses capacités d'agir sur les objets, à la différence de ce que l'on observe chez le sujet plus âgé (représentation et action sont alors souvent confondues).

Une expérience d'E.S. Spelke[26] montre que le bébé de trois mois a connaissance de la *cohésion* de l'objet. Les chercheurs mesurent la réaction du jeune sujet devant un objet immobile avec lequel il peut se familiariser *(figure 27A)*. Il est ensuite confronté à deux événements : dans l'un, une main lève l'objet en entier et le laisse suspendu en l'air *(figure 27B)* ; dans l'autre, seule la moitié supérieure de l'objet est soulevée, alors que la moitié inférieure reste au contact du sol *(figure 27C)*. L'enfant regarde plus longtemps l'objet dans la deuxième situation, comme s'il s'étonnait de la contradiction entre ce qu'il voit et le principe de cohésion d'un objet. Des expériences comparables démontrent la capacité du nourrisson à raisonner sur le principe de *continuité*, qui veut que pour aller d'un point à un autre un objet doive accomplir un trajet sans lacune sur son parcours, et sur le principe de *contact*, selon lequel différents objets ne peuvent bouger ensemble que s'ils se touchent ou s'ils sont reliés entre eux.

Lorsque le nourrisson fait connaissance avec un phénomène physique, il raisonne sur un concept « tout ou rien »

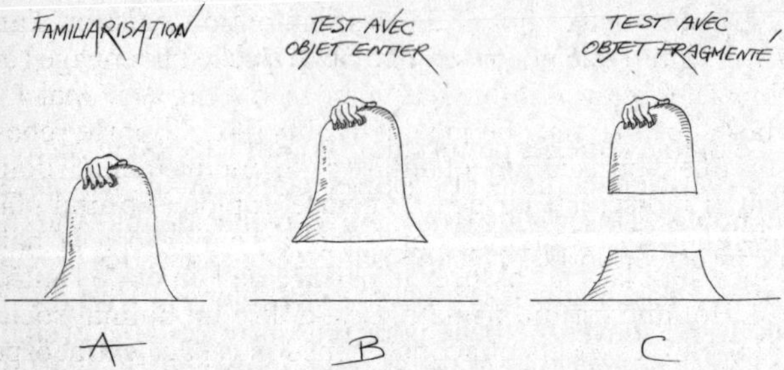

Figure 27 — Tests permettant de mettre en évidence chez le nourrisson la notion de cohésion de l'objet.

qui ne souffre pas de contradiction : un objet ne peut pas traverser un autre objet solide qui lui fait obstacle[27]. Des expériences ultérieures qui invalident apparemment ce principe viendront enrichir le champ des possibles et des attentes qui en découlent, mais il n'est pas exclu que la certitude première ne demeure à jamais inscrite dans le cerveau comme support d'élaborations de plus en plus abstraites et de cartes qui serviront ensuite la morale personnelle du sujet.

Chez le nourrisson, de façon encore plus manifeste que chez l'adulte, le raisonnement barbote dans l'affectif. D. Premack[28] fait remonter l'origine des concepts moraux de l'individu à la « connaissance » et aux attentes du jeune confronté aux objets physiques. Se fondant sur le principe de contact, le nourrisson établit une distinction entre la chose qui bouge quand elle est mue par une autre et celle qui se meut d'elle-même. Cette dernière est interprétée par le bébé comme étant douée d'« intention ». Je n'oserai pas avancer, par crainte d'être accusé du crime de « lèse-pensée », la proposition que le nourrisson renouvelle, par sa découverte de l'intentionnalité des objets, la fondation de la philosophie qui rend inévitable chez lui l'émergence prochaine du langage. Bébé serait philosophe avant même de savoir parler, comme le furent sans doute les premiers hominiens.

Lorsque deux choses douées d'intention agissent l'une envers l'autre, le nourrisson attribue à celle qui engage l'action l'intention d'influencer « en bien » ou « en mal » la chose destinataire. Le jugement affectif qu'il porte repose sur une appréciation qualitative du mouvement : doux, lent et indiscret pour gentil ; heurté, rapide et brutal pour méchant. Les systèmes opposants à l'œuvre dès la naissance sont là pour assurer le partage de l'un et de l'autre.

L'Homme est un primate, c'est-à-dire un animal social, et, parmi les objets qui constituent son espace extracorporel, les autres tiennent une place prépondérante. Il n'est donc pas étonnant que s'établissent entre lui et ses congénères des rapports fondés sur le sens attribué aux propriétés physiques des choses. Premack a introduit d'autres concepts dont disposerait le nourrisson, comme celui de « possession ». Lorsqu'un objet doué d'intention est suivi dans ses déplacements par un objet lié à lui, ce dernier est considéré comme étant la propriété du premier. Des observations de H. Kummer et M. Cords[29] montrent que cette notion est présente chez des macaques. Ceux-ci considèrent qu'un objet appartient à un individu lorsqu'il se déplace avec lui, un jouet par exemple attaché au singe par une corde. Dans ces conditions, les autres s'abstiennent de prendre la chose qu'ils traitent comme si elle était partie intégrante de l'animal. La propriété passe par le corps du possédant.

Au bout de l'enfance, que va-t-il rester de ces cartes ? Presque tout : ce que l'individu connaît maintenant du monde et de ses sources de plaisir, mais aussi de ses pièges, de ses dangers et des souffrances qu'il contient en puissance, des « autres » enfin, et de comment se comporter avec eux, selon ce qu'ils appellent le « Bien » et le « Mal ». Mais il arrive aussi que ces cartes soient froissées, déchirées, dissimulées dans un inconscient inaccessible, voire biseautées, truquées : on sait que le diable est un mauvais joueur.

CHAPITRE II

La Contrainte par Corps

> Le lecteur verra qu'au lieu de regarder le mien [corps] avec sollicitude ou complaisance, je le hais [...] je n'aurai aucun déplaisir à apprendre que les suprêmes indignités que la loi inflige aux cadavres des pires malfaiteurs pourraient un jour être mon lot.
>
> Thomas DE QUINCEY,
> *Les Confessions d'un mangeur d'opium anglais*

Le mot « addiction », qui n'existe plus dans le dictionnaire français, est utilisé en anglais pour désigner les liens qui enchaînent un individu à sa drogue. Cet ancien terme d'origine latine signifiait, en droit romain, la contrainte faite à un débiteur insolvable de devenir l'esclave de son créancier. N'est-il pas esclave, le toxicomane en quête de sa dose au mépris de ses besoins vitaux et des lois de la société ? Quel motif dérivé, quel instinct perverti, le fait si mal agir ? Aucun, apparemment, sinon ces processus opposants dans lesquels se vautre le diable. Mais la drogue n'est pas le seul instrument grâce auquel Satan recrute ses esclaves. Il existe bien d'autres agents d'addiction. Ils sont si nombreux, si variés qu'on peut se demander si ce n'est pas être en état d'addiction que simplement de vivre. Entre la vie quotidienne et l'enfer, voici donc les portraits neuroniques de quelques damnés ordinaires.

LE DROGUÉ

Le drogué représente le type emblématique du damné, livré à la souffrance éternelle du manque, pauvre Tantale précipité en enfer pour avoir trop désiré l'inaccessible. Il est, comme le diable, universel, présent, comme je l'ai montré au précédent chapitre, au sein de chacun de nous dans l'organisation de nos neurones et la circulation de nos humeurs. Le drogué n'existe pas de lui-même, *mais les drogues sont là*, comme autant de pierres du chemin sur lequel quelques-uns, peut-être plus enclins que d'autres à la chute, trébuchent et parfois tombent.

Les drogues susceptibles de nous faire entrer dans le jeu de l'adversaire (celui qui affirme pour mieux nier) sont nombreuses et peuvent être regroupées, selon qu'il s'agit d'opiacés (opium, morphine et héroïne), de psychostimulants (cocaïne et amphétamines), de dérivés du cannabis (haschisch, marijuana), mais aussi de vins et spiritueux (alcool), de tabac (nicotine), d'hallucinogènes (LSD, mescaline, psilocybine, phencyclidine) et de médicaments tranquillisants et somnifères (benzodiazépines et barbituriques).

Le trait commun de ces agents chimiques est de provoquer immédiatement une récompense ou renforcement positif qui correspond à un état affectif bienfaisant, recherché par le sujet et entraînant par la suite une tolérance et une dépendance. On distingue traditionnellement les *narcotiques* et les *stimulants*. Les premiers provoquent en réalité, après une phase de torpeur transitoire, une excitation qui les rend peu distinguables des seconds.

La tolérance se caractérise par une diminution des effets induits par une même dose de drogue. Les prises successives se traduisent par une perte progressive de l'efficacité qui pousse le toxicomane à s'administrer des doses de plus en plus élevées, jusqu'à atteindre parfois deux cents fois la valeur d'une quantité suffisante pour tuer un homme qui n'aurait jamais pris du produit. Cette tolérance, dont j'ai montré précédemment qu'elle traduisait la mise en jeu de processus opposants, s'exprime à différents niveaux du corps, de la membrane cellulaire à l'individu dans sa complexité sociale, en passant par le corps et les organes qui le composent, le cerveau et son organisation neuronale. On peut ainsi montrer par des applications successives de morphine sur un morceau d'intestin que celui-ci se contracte de moins en moins et pour des doses de plus en plus élevées. Un médecin habitué à se colleter avec la terrible richesse du monde toxicomane est en général choqué que l'on puisse employer le même mot, tolérance, pour un bout de tripe et pour un humain plongé dans la souffrance des paradis artificiels ; il refuse de voir que la vie, avec sa nature duelle et contradictoire, est présente à tous les niveaux d'organisation et que les processus opposants sont également présents chez la paramécie, être unicellulaire, et le curé de campagne : le soleil de Satan brille depuis trois milliards d'années.

Cette tolérance, qui résulte de la mise en œuvre des processus opposants, n'exprime pas seulement l'entrée en action des structures nerveuses du cerveau reptilien (voir *supra*, *figure* 25), elle implique aussi l'état central fluctuant dans sa globalité et notamment dans sa dimension extracorporelle, environnementale. Siegel a été le premier à en apporter la démonstration[1]. Des rats sont entraînés à recevoir des injections répétées d'héroïne dans un lieu donné, toujours le même. La répétition s'accompagne d'une atténuation des effets de la drogue. Cette tolérance fait que le rat traité supporte des doses élevées qui seraient mortelles pour un rat non traité. Or si l'on injecte la dose élevée à un rat devenu tolérant dans une pièce différente de celle où il reçoit habituellement les injections, il meurt, la tolérance ayant disparu. Pour expliquer ce fait expérimental, Siegel fait appel à la théorie des processus opposants. Lors des injections, les données de l'environnement sont inséparables des effets de la drogue et les processus compensatoires antagonistes responsables de la tolérance sont associés (il s'agit d'un véritable conditionnement) aux composantes du monde extérieur. La modification de ces dernières suffit à rompre l'équilibre et à faire disparaître la tolérance. Extrapolant du rat à l'homme, Siegel explique certains cas de mort par « overdose », chez des héroïnomanes fortement tolérants, lors d'une injection de la drogue dans des circonstances et des lieux inhabituels. Bien entendu, la théorie est simpliste ; mais elle a l'immense mérite de restituer le sujet à son espace extracorporel et de bien situer l'action de la drogue dans le cadre général des processus opposants. La dépendance physique dont il sera question plus loin peut, elle aussi, être « apprise » et un ancien toxicomane peut voir réapparaître les symptômes du manque alors qu'il se trouve dans un lieu où il avait fait auparavant l'expérience de ces troubles[2]. Thomas De Quincey, l'admirable mangeur d'opium, raconte ainsi sa rencontre avec la drogue : « Je rencontrai par hasard un camarade de mon collège qui me recommande l'opium. L'opium ! redoutable agent d'inimaginables joies comme d'inimaginables peines ! J'en avais ouï parler [...]. Quelles cordes solennelles ne fait-il pas vibrer à présent dans mon cœur ! Si je m'y reporte un moment, je sens qu'une importance mystique est attachée *aux plus menus détails de lien et de temps* et à l'homme (si ce fut bien un homme qui m'ouvrit pour la première fois le paradis des mangeurs d'opium)[3]. »

Ainsi le drogué garde-t-il dessinées dans son cerveau, comme sur « un palimpseste immense et naturel », les images de l'endroit où s'ouvrit devant lui « l'abîme de plaisirs divins ». Et il suffira parfois d'un retour sur le lieu ou d'un signe venu d'un passé qu'il voulait oublier pour que revienne, aussi fort qu'avant la cure, l'appel invincible de la drogue.

Pour ce qui est de la dépendance, on oppose généralement la dépendance physique et la dépendance psychique. C'est une distinction artificielle, car l'une et l'autre formes mettent en jeu le cerveau et non, comme on pourrait le penser dans le cas de la seconde, une situation morale où les neurones n'auraient pas leur part. Ce dualisme sert à distinguer les drogues dures, qui entraîneraient la dépendance physique, des drogues douces, sans effet physique et qui n'entameraient que légèrement les pouvoirs de l'esprit.

Cette différence repose sur des traditions sociales qu'entretiennent police et politiques ; sur le plan biologique, elles sont discutables.

La dépendance physique se manifeste lors du sevrage aux opiacés par de grands désordres corporels, « comme si un grand peintre eût trempé son pinceau dans la noirceur du tremblement de terre et de l'éclipse[4] » : des douleurs dans les muscles et dans les os, les pupilles dilatées et les paupières tombantes, des sueurs profuses, des tremblements et des troubles cardiovasculaires. La combinaison de ces éléments avec une profonde altération du caractère engendre un fond de mélancolie sur lequel éclatent des changements brusques de l'humeur. Parmi les explications que l'on donne de la dépendance, on considère que le toxicomane cherche à maintenir à tout prix des taux suffisants d'opiacés dans son organisme, non seulement pour éprouver le plaisir et l'euphorie que procurent ces drogues (renforcement positif), mais également pour éviter les malaises physiques du sevrage (renforcement négatif). La dépendance psychique, elle, serait liée à la nostalgie irrépressible du plaisir et de l'excitation de l'imagination procurées par les drogues vers lesquelles le sujet se sent attiré, sans que la connaissance des dangers puisse le retenir.

Un dernier phénomène, qui déborde le cadre des processus opposants, mérite d'être décrit sous le nom de *sensibilisation inverse ou tolérance comportementale* ; il se traduit par une activité motrice accrue après chaque nouvelle prise de drogue. Le fait que cette sensibilité exagérée du cerveau semble garder la trace des actions précédentes de la drogue et coexiste avec l'amortissement dû à la tolérance indique bien la complexité des structures et des mécanismes nerveux sous-jacents aux phénomènes qui accompagnent la prise chronique de drogues. Il existe par ailleurs des « sensibilisations » croisées entre certains produits — les prises répétées de l'un entraînant une efficacité plus grande de l'autre — qui témoignent de l'existence des sites cérébraux communs d'action pour ces différentes drogues. J'ai parlé d'elles sans tenir compte jusqu'ici de leur nature et des propriétés particulières qui sont attribuées à chacune. Qu'en est-il des « vertus » et des « méfaits » des unes et des autres ?

Les opiacés en sont un peu le prototype et c'est d'eux qu'il a surtout été question jusqu'à maintenant. L'opium extrait du pavot est connu depuis l'Antiquité pour soulager les douleurs et pour ses « vertus dormitives » qui le font ranger parmi les narcotiques. Au XIXe siècle, il appartient à l'attirail romantique, qu'il se prenne en fumée ou sous forme de teinture alcoolique *(laudanum)*. La découverte du principe actif *(morphine)* en permit l'utilisation par voie sanguine. On en tire aujourd'hui une molécule soluble dans les graisses qui traverse les barrières cérébrales : l'*héroïne*, dont l'effet rapide (flash) après une injection en fait la drogue de référence.

Je laisserai de côté la valeur thérapeutique de la morphine, le meilleur remède contre la douleur[5], pour ne considérer ici que son action euphorisante et ses effets stimulants sur l'activité intellectuelle et sur l'imagination. La souffrance corporelle n'occupe qu'un territoire limité du malade et la lutte contre la douleur est un combat local qui se gagne avec un médicament appelé morphine. Dans la quête du plaisir, c'est l'être tout entier qui est engagé et les portes du paradis s'ouvrent à lui par une clé magique appelée drogue. Les régions du cerveau où se joue la passion du drogué ne sont pas, comme dans la douleur physique, les sites de transmission d'un signal univoque placé sous le contrôle de molécules opiacées, mais le terrain d'affrontement entre des forces multiples et contradictoires qui agissent sur des formes liées au passé de l'individu : la tolérance et le syndrome d'abstinence sont l'expression de cette plasticité du cerveau.

Pour reprendre la description qu'en fait De Quincey : alors que le vin trouble les facultés intellectuelles, « l'opium (à dose appropriée) au contraire y introduit la loi, l'ordre et l'harmonie les plus exquis, [...] il semble apaiser ce qui était agité et concentrer ce qui était épars[6] ». En bref, les mots qui viennent sont ceux de « partie divine de sa nature », « sérénité sans nuages » et « grande lumière

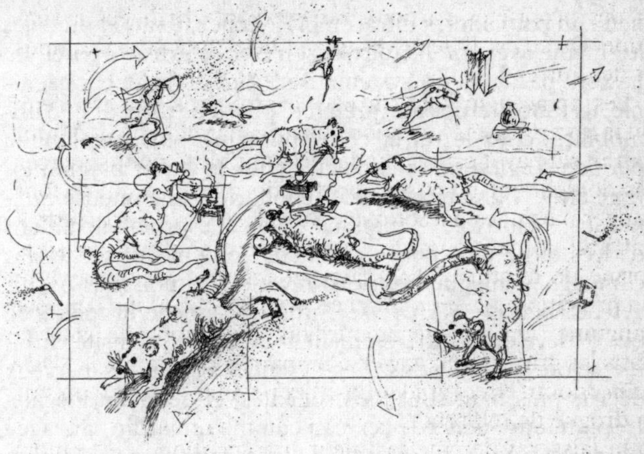

Figure 28 — Le rat, dont l'univers est moins riche que celui d'un poète anglais.

de l'intelligence ». Mais, venant après les orages sereins, s'avancent l'inquiétante étrangeté des songes et les maléfices de l'enchantement : les huit mille gouttes journalières de laudanum, la lutte terrible contre ce que les psychiatres appellent compulsion, qui désigne la contrainte irrésistible à répéter un acte, jusqu'à la prise de doses presque mortelles, la souffrance indicible, *suspiria de profundis* !

Le rat, dont l'univers est moins riche que celui d'un poète anglais, peut devenir lui aussi toxicomane *(figure 28)*. Il s'injecte lui-même, à l'aide d'un cathéter placé à demeure dans ses veines et relié par une pédale à une pompe, de la drogue à la fréquence et à la dose qu'il a choisies. Les comportements du rongeur se résument à une activité locomotrice à laquelle s'ajoutent, dans des conditions d'excitation particulière, ce que l'on désigne sous le nom de *stéréotypies*. Ce sont des comportements normaux, anormalement répétés : le rat se met debout, il renifle, lèche, mordille.

Les effets de la drogue sont fonction de la quantité, de la qualité (morphine, héroïne), du mode de prise (intraveineux ou par canules intracérébrales chez le rat) et du sujet lui-même avec son histoire et son espace extracorporel, Ils ne sont pas faciles à systématiser. A dose forte, par exemple, ils font alterner une première phase de torpeur et d'immobilité (chez le rat et chez l'humain), puis une longue période d'agitation locomotrice chez le rat et psychomotrice chez l'humain qui mêle l'euphorie à une intense excitation. « Horrible situation ! avoir l'esprit fourmillant d'idées et ne plus pouvoir franchir le pont qui sépare les campagnes imaginaires de la rêverie des moissons positives de l'action[7]. » La prise chronique amène la tolérance qui se développe différemment et avec une intensité variable selon les individus. Les systèmes et centres nerveux décrits plus haut sont tous sollicités, et de façon inégale. L'opium ensemence le cerveau comme un jardin sauvage ; il y pousse des ronces à côté de roses superbes : l'aversion et l'horreur mêlées de plaisir et d'extase.

Le noyau accumbens est le nœud du dispositif au cœur des systèmes opposants. La dopamine en provenance de l'aire tegmentale ventrale vient y exercer ses effets. Les souvenirs, les émotions et les savoirs y ont rendez-vous avec les actes. Le système est, nous l'avons vu, le support du désir. Aucun des événements passés ou présents ne le laisse indifférent et, quand la drogue le sollicite, il entraîne avec eux le sujet et son monde. Comment passer de ce dernier à un petit morceau de cerveau maintenu en survie dans du liquide salé pour servir à satisfaire à la curiosité des chercheurs ?

Voici un exemple de ce réductionnisme que dénoncent ceux pour qui l'esprit ne saurait se loger ailleurs que dans des principes philosophiques. A l'aide d'injection locale de morphine, d'enregistrements électrophysiologiques et d'agents chimiques capables de mimer ou de bloquer les actions des neurotransmetteurs, on peut comprendre comment l'aire tegmentale ventrale est excitée par la morphine[8]. Celle-ci, en se liant à des récepteurs spécifiques (dits : μ) situés sur des neurones à Gaba, inhibe leur activité ; étant donné que ceux-ci exercent un freinage sur les neurones à dopamine, cette inhibition d'inhibition revient donc

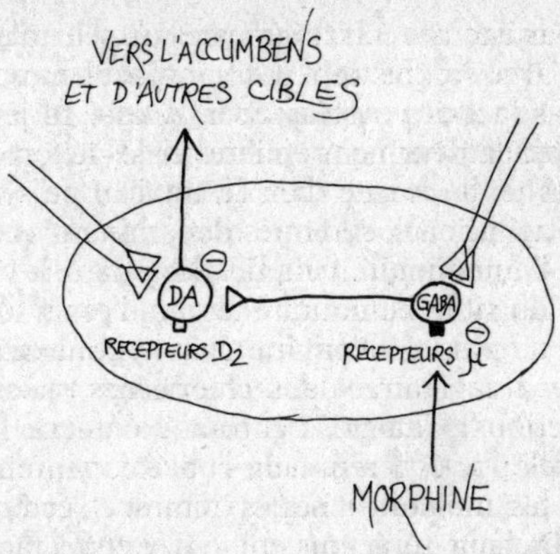

Figure 29 — Schéma illustrant l'action des opiacés sur l'aire tegmentale ventrale et montrant comment les neurones dopaminergiques (DA) de l'aire tegmentale ventrale sont excités par ces derniers.

Les neurones DA sont inhibés à la fois par des autorécepteurs D2 et par des neurones gabaergiques (GABA). Ces neurones sont à leur tour freinés par les opiacés agissant au niveau de récepteurs de type μ. L'inhibition d'une inhibition conduit finalement à une excitation.
(D'après Di Chiara G. & North R.A. (1992). « Neurobiology of Opiate Abuse ». *TiPS*, 13 : 185-193.)

à exciter la voie qui relie l'aire tegmentale ventrale au noyau accumbens *(figure 29)*. On ne peut trouver plus bel exemple d'un processus opposant et de la dialectique diabolique à l'œuvre dans le cerveau.

Mais ce schéma simple, sinon simpliste, nous renvoie à la multiplicité des effets et à leurs caractères souvent contradictoires. Les opiacés comme l'autostimulation activent les deux versants, appétitif et consommatoire, du plaisir : le désir et le jouir confondus au-delà de toute satiété. Question de latence ? de seuil ? ou de durée d'action ? Comment rendre compte, au niveau de quelques neurones, de la tolérance qui se développe au cours du temps et qui dépend non seulement de l'histoire, mais aussi de l'environnement du sujet ? Et de la sensibilisation qui fait l'inverse et coexiste avec la tolérance au sein d'une même structure ? Il n'y a pas de réductionniste heureux. Jamais le bouquet ne rendra compte de la beauté du jardin, mais il faut couper la fleur pour en étudier les détails.

Les cibles de la drogue dans le cerveau ne se résument probablement pas aux systèmes dopaminergiques et opiacés. J'ai déjà mentionné l'implication, dans les processus opposants, du système noradrénergique et du locus cœruleus, qui en constitue l'origine en même temps qu'il est l'objet récent de l'intérêt des chercheurs spécialistes de l'étude de la toxicomanie. On peut y observer au niveau d'un neurone l'action aiguë de l'opiacé qui, en se fixant sur les récepteurs morphiniques, diminue l'excitabilité des neurones. Dans la durée, on suit le développement au sein de la cellule des processus opposants qui rendent compte de la tolérance et du syndrome d'abstinence. J'ai essayé de montrer *(figure 30)* de façon « simplifiée » les cascades des événements chimiques qui interviennent dans la genèse de ces processus [9].

Il faut enfin savoir que les opiacés changent la forme des neurones en agissant sur les gènes et les protéines qui construisent le squelette de la cellule [10] Si les drogues et principalement les opiacés sont aussi redoutables pour le cerveau, c'est qu'ils interviennent sur sa nature plastique même, agissant à la façon d'apprentissages qui viennent s'inscrire dans les cartes qu'ils peuvent déformer, modifiant en outre non seulement les dimensions corporelles et extracorporelles de l'état central fluctuant, mais aussi la dimension temporelle. Pour reprendre la métaphore jardinière, on peut représenter les drogues bêchant et piétinant à leur gré les plates-bandes du cerveau. L'opium épargne peu de places ; ses récepteurs sont partout ! D'autres substances ont des effets plus partiels qui diffèrent entre eux, malgré un caractère commun : toutes interviennent au sein des systèmes opposants.

Je traiterai ensemble de la cocaïne et des amphétamines, qui partagent des effets psychostimulants à peu près comparables, et insisterai sur la première en raison de son utilisation massive actuelle. Freud, dans son article sur la

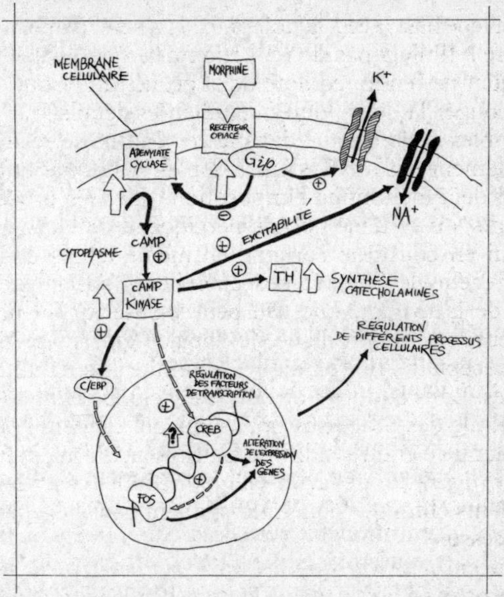

Figure 30 — Action des opiacés sur le locus cœruleus.

La morphine inhibe l'activité des neurones d'une part en freinant l'activité d'une enzyme, l'adénylate-cyclase, qui contribue indirectement à l'excitabilité de la cellule en phosphorylant un canal sodique (Na+) qui permet la genèse des potentiels d'action, et d'autre part, en activant un canal potassique (K+) qui au contraire inhibe les potentiels d'action. Par l'intermédiaire de la cAMP-kinase, bien d'autres processus régulateurs sont affectés, notamment ceux qui interviennent dans les effets chroniques, c'est-à-dire dans l'addiction et la sensibilisation. Ces effets chroniques sont « résumés » par des flèches noires dirigées vers le haut. Un lecteur non spécialisé ne pourra avoir qu'une vision « impressionniste » des phénomènes destinée à lui faire entrevoir la complexité de ce qui se passe dans la cellule, lorsqu'une molécule de morphine vient frapper à sa porte.

(D'après Nestler E.J., Hope B.T. & Widnell K.T. (1993). « Drug Addiction : a Model for the Molecular Basis of Neural Plasticity ». *Neuron*, 11 : 995-1006.)

coca qui paraît en 1894, rapporte les propriétés de la cocaïne. Il indique l'origine de l'usage de cette drogue donnée aux Indiens du Pérou par « le fils divin du soleil descendu à l'aube des temps pour apporter aux pauvres habitants la lumière ». Bien vite, le vice-Roi déclara que cette plante n'était « qu'une idolâtrie diabolique qui ne fortifie qu'en apparence par la volonté du malin ». Freud donne une description des effets de la drogue qu'il a pu expérimenter sur lui-même : « un travail mental ou musculaire de longue haleine peut être accompli sans fatigue [...] j'ai constaté la protection que la coca offre contre la faim, le sommeil et la fatigue et comment elle favorise la vigilance nécessaire au travail intellectuel[11] ».

Les stimulants, et particulièrement la cocaïne, déclenchent parfois une réaction immédiate de type orgasmique, appelée *rush*. Dans la suite s'installe l'état d'excitation décrit par Freud. L'euphorie et le sentiment de bien-être sont moindres que lors de l'utilisation d'opiacés[12] et l'on observe souvent un débit verbal accéléré, une sudation et des douleurs musculaires. Le « crack » (dérivé de la pâte-base de cocaïne) se présente sous la forme de cristaux qui sont fumés. Il provoque de graves troubles respiratoires et cérébraux et une forte dépendance s'installe rapidement. Les effets de la prise chronique de cocaïne (intraveineuse, intranasale, orale ou par inhalation) sont très diversement appréciés et les frontières entre usage et abus demeurent le sujet de discussions. Parmi les troubles psychiques, les perturbations de l'affectivité et de l'humeur sont au premier plan et peuvent aboutir à des états psychotiques avec hallucinations et délires centrés sur des thèmes de persécution. A ce stade de gravité, les attaques de panique, l'instabilité émotionnelle et toutes sortes de désordres physiques témoignent de l'extrême toxicité de la cocaïne et des psychostimulants en général.

La tolérance est diversement appréciée. On n'observe pas, notamment, les désordres corporels survenant lors du sevrage aux opiacés, et les signes de somnolence, fatigue et dépression, observés après arrêt de la cocaïne ont été attribués à l'amaigrissement et à la privation de sommeil[13].

Il paraît indéniable toutefois qu'il existe une tolérance qui joue un rôle notamment dans l'escalade dans les doses et pousse les individus à continuer leur consommation sous l'empire d'une compulsion irrépressible à la recherche de l'orgasme cocaïnique.

Les mécanismes d'action des psychostimulants se situent au niveau des synapses à dopamine. L'amphétamine et la cocaïne, de façon un peu différente *(figure 31)*, entraînent une accumulation du neurotransmetteur dans la fente synaptique et exacerbent ainsi la transmission dans les systèmes utilisant la dopamine comme messager. On assiste alors à un emballement des voies du plaisir et à une forte pression des facteurs de récompense.

L'accumulation de dopamine conduit à une désensibilisation des récepteurs (comme si ceux-ci se lassaient de répondre devant tant d'insistance) et à une perte d'efficacité dont témoigne la tolérance présentée par le sujet. En revanche, l'arrêt de psychostimulants se traduit par une chute de la concentration en dopamine dans la synapse que l'on peut mesurer, à l'aide d'une canule implantée dans le noyau accumbens d'un rat, dix jours après l'administration chronique de cocaïne[14]. L'évolution de la concentration synaptique en dopamine est donc la traduction fidèle de la courbe théorique des processus opposants (voir *supra*, *figure 24*).

La dopamine n'intervient pas seule dans les effets des psychostimulants ; l'autre catécholamine, la noradrénaline, est vraisemblablement impliquée dans les effets de psychostimulants sur l'acuité mentale, l'humeur, voire l'augmentation apparente de la force musculaire que signalait déjà Freud.

L'excitation physique est un des traits marquants de l'action des psychostimulants. Elle se traduit par une augmentation de l'activité locomotrice et des stérotypies, et fait appel à un phénomène que j'ai déjà signalé sous le nom de sensibilisation ou tolérance inverse. Les mécanismes, encore trop hypothétiques pour être discutés dans le cadre d'une présentation générale de l'action des psychostimulants, ne seront évoqués ici qu'à titre de mise en garde con-

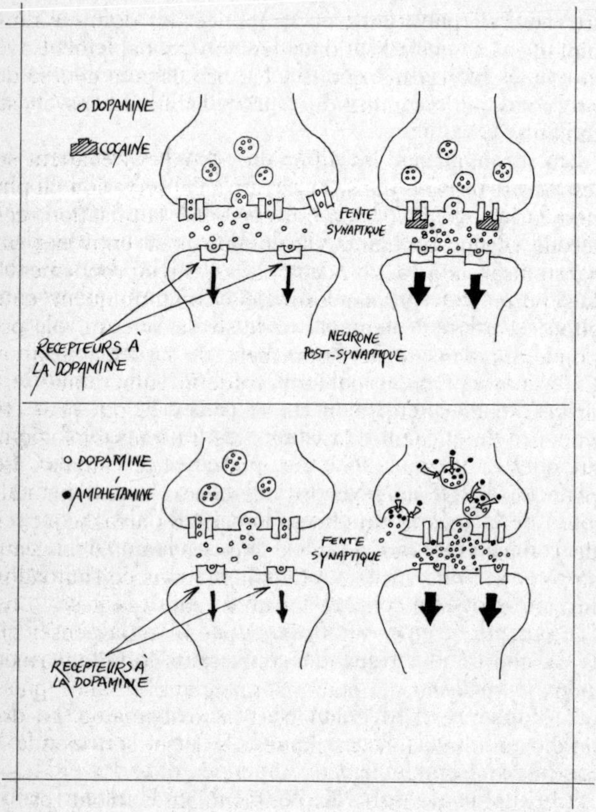

Figure 31 — Actions de la cocaïne et de l'amphétamine sur la synapse dopaminergique.

Partie supérieure : La cocaïne se lie au transporteur de la dopamine et bloque ainsi la recapture. La dopamine s'accumule dans la fente synaptique où elle continue à stimuler le neurone post-synaptique.
Partie inférieure : L'amphétamine non seulement bloque la recapture, mais encore favorise la sortie de la dopamine des vésicules synaptiques, amplifiant de la sorte la transmission dopaminergique et la présence de neurotransmetteur dans la fente synaptique.

tre une interprétation trop simplifiée des données de la biologie. La sensibilisation intervient probablement avec la même dangerosité que la tolérance dans la genèse des processus pathologiques associés à l'abus des psychostimulants.

On reconnaît que les différentes drogues s'ébattent sur les mêmes terrains dans le cerveau, à l'observation du phénomène de *sensibilisation croisée*. Ainsi, l'utilisation répétée de psychostimulants est connue pour entraîner une sensibilisation à l'action des opiacés et réciproquement [15]. Les portes des paradis artificiels communiquent entre elles. On pense également que le stress joue un rôle prépondérant dans le développement de la sensibilisation. Celle-ci rend compte notamment de la vulnérabilité à la drogue, changeante selon les individus, et qui peut être mise en parallèle avec la variété des facteurs biologiques et sociaux, comme cela a été montré chez l'animal. Des petits rats manipulés par les chercheurs après leur naissance (imaginez le stress d'un nourrisson arraché au sein de sa mère pour être promené dans les mains d'un géant) succombent plus facilement aux tentations de l'autoadministration d'amphétamine lorsqu'ils sont adultes [16]. Chez l'homme, sans qu'on en ait la preuve, il est à penser que l'exposition à des événements stressants lors de périodes critiques de la vie, et notamment pendant l'enfance, puisse prédisposer certains individus à la toxicomanie. La drogue, encore une fois, implique le sujet et son monde, le sujet et son passé.

D'autres substances psychostimulantes n'ont pas la réputation maléfique des amphétamines et de la cocaïne : la *nicotine*, extraite du tabac (l'herbe à Nicot), la *caféine* et la *théophylline*, présentes dans le thé, le café et le cacao. La dangerosité du tabac, venin qui introduit le germe du cancer dans le corps d'innocentes victimes, en fait la cible favorite des ligueurs qui militent pour la santé de l'homme ; on en oublierait presque que les raisons de sa consommation se trouvent dans ses effets psychostimulants. La nicotine possède ses propres récepteurs dans le cerveau ; ils reconnaissent dans les conditions physiologiques un des principaux neurotransmetteurs, l'*acétylcholine*. La cible de la nicotine est, comme pour les drogues précédentes, les voies dopaminergiques avec une prédilection pour la branche à destination du cortex préfrontal, dont j'ai déjà signalé qu'il participe aux processus d'attention, à la planification de l'action et à ce qu'on désigne plus généralement comme l'activité intellectuelle de l'individu. La nicotine active la transmission dopaminergique en favorisant la libération du neurotransmetteur ; elle intervient donc au cœur même des processus opposants. Il n'est que d'évoquer le calvaire des malheureux qui n'ont pas renoncé à s'arrêter de fumer pour mettre en lumière l'intensité de l'addiction à ce qu'il faut bien appeler une drogue. Il n'est pas juste toutefois d'oublier, à côté des vertus apaisantes du tabac, son rôle de « bonne compagnie ». On fait du cortex préfrontal, si développé chez l'homme, le support de la socialisation et la marque de l'humain. Le singe, et à plus forte raison le rat, n'ont pas pour coutume de fumer avec les copains : « Donnez-moi une cigarette » ; « Avez-vous du feu ? » ; voile de fumée qui attise le désir dans les regards ; discussions scandées par les bouffées de la pipe ; cigare métaphysique des fins de soupers : pardonne, ô lecteur vertueux, la nostalgie d'un fumeur repenti ! Elle est bien la meilleure preuve que le tabac est une drogue.

Café, thé et chocolat enfin : je laisse aux adeptes le secret d'une jouissance dont les mœurs ont consacré l'honnêteté ; drogues, malgré tout, qui impliquent la participation des systèmes de désir et de récompense sous l'impérieuse contrainte des processus opposants. Il est vrai que la pression relativement faible qu'elles exercent sur ces derniers, jointe à leur extrême socialisation qui peint de couleurs attrayantes les cartes cognitives qui leur sont associées, font que ces drogues ont un parfum d'innocence et qu'on n'a jamais vu un affamé de chocolat forcer pendant la nuit les grilles d'une pâtisserie.

Les drogues psychomimétiques ou hallucinogènes ont moins bonne réputation et voyagent dans les fourgons de Satan sous la conduite des poètes. D'abord, le *cannabis* ou chanvre indien, dont est tiré le haschisch (l'herbe des Arabes) à base de résine ou l'« herbe » des Américains, feuilles séchées auxquelles les Mexicains donnent le nom de marijuana. Les effets du cannabis sont variables selon la dose, le sujet, sa personnalité, ses attentes, ses habitudes et aussi la présence des autres — le haschisch se consomme souvent en société — qui intervient dans des phénomènes de perception collective et d'induction interindividuelle.

Un état euphorique, ponctué d'éclats de rire sans raison, un sentiment de flottement, de légèreté sont avec le sentiment de bizarrerie les effets le plus souvent décrits. « Le démon vous a envahi ; il est inutile de regimber contre cette hilarité, douloureuse comme un chatouillement[17]. » Très vite, le sujet ressent une intensification des perceptions sensorielles avec une augmentation de la sensibilité aux stimulus externes : l'audition devient plus discriminative, le toucher plus sensible. C'est alors que commencent chez certains utilisateurs les hallucinations. Elles ont la particularité de se former sur des sensations réelles qui sont déplacées, amplifiées et prennent un caractère despotique. « Le son parlera, dira des choses distinctes, mais il y avait un son. L'œil ivre de l'homme pris de haschisch verra des formes étranges ; mais, avant d'être étranges ou monstrueuses, ces formes étaient simples et naturelles[18]. »

La tendance générale du cannabis est d'accentuer les dispositions de la personnalité : le déprimé s'enfonce dans la tristesse et l'optimiste éclate de générosité satisfaite. On observe également souvent une distorsion du temps vécu et de l'espace. Les hallucinations ont un caractère qui les éloigne des formes pures, qui n'ont aucun appui sur la réalité. L'hallucination du haschisch a un prétexte, un support extérieur.

Certains auteurs se fondent sur ces observations pour récuser le caractère hallucinogène du cannabis et insister sur le rôle de l'imagination et de la personnalité du sujet : n'hallucine pas qui veut et à n'importe quel moment comme sous l'action d'hallucinogènes vrais de type LSD. Comme le remarquent F. Trévoro, S. Pirot et J.-P. Tassin, « les effets psychotropes du cannabis sont donc relativement doux, fortement subjectifs et sujets à une forte variabilité. C'est en ce sens que l'usage du cannabis est dangereux, car même si cette toxicomanie se distingue des autres par son caractère nettement moins tyranique, des effets euphorisants jugés trop faibles ou peu satisfaisants peuvent mener à l'emploi de drogues plus dures [19] ».

La révélation décrite par Baudelaire dans *Les Paradis artificiels*, c'est la chute éblouissante dans l'imaginaire. « Le démon de la drogue, comme le remarque Y. Florenne [20], du moins dans la phase de l'extase, est proche parent du démon de l'analogie qui hantait Mallarmé », et le cerveau adore se vautrer dans l'analogie ! Mais il ne faut pas voir dans l'œuvre de Baudelaire une apologie ; le poème est construit comme les processus opposants sur une architecture antithétique. Les mêmes visions, les mêmes états versent soudain de l'extase dans l'angoisse et la lumière des premiers enchantements ne parvient pas à éclairer la profondeur du gouffre : « Il lui semblait, chaque nuit, qu'il descendait indéfiniment dans des abîmes sans lumière, au-delà de toute profondeur, comme sans espérance de pouvoir remonter [21]. »

Dans la clarté néonée des laboratoires, se poursuit la rassurante besogne des chercheurs qui, en peu de temps, ont découvert les récepteurs sur lesquels se fixe la molécule active extraite du cannabis (le delta-tétra-hydro-cannabinol) et étudié leurs structures [22]. La belle histoire scientifique qui avait conduit, après la découverte des récepteurs de la morphine, à celle de morphines endogènes fabriqués par le cerveau vient de se reproduire avec l'isolement d'une marijuana naturelle fabriquée par les membranes des neurones [23] : l'*anandamide*, dont le nom vient du sanskrit *ananda*, « béatitude ». C'est peut-être une nouvelle classe de neurotransmetteurs qui s'annoncent et une fenêtre qui s'ouvre sur la chimie des processus opposants. Il ne fait en tout cas aucun doute que le cannabis agit sur les voies dopaminergiques, mais *où* et *comment*, cela reste à déterminer.

Les autres substances, la *mescaline* (la drogue qui fait les yeux émerveillés), le LSD (tapis magique de la génération hippie) et la *phencyclidine* (poussière d'ange), sont moins connues dans leurs effets et dans leurs mécanismes d'action. « Misérable miracle », dit à propos de la mescaline Henri Michaux : « Les drogues nous ennuient avec leur paradis, qu'elles nous donnent un peu de savoir, nous ne sommes pas un siècle à paradis. »

Non, il n'est pas un siècle à paradis, notre XXe siècle qui s'achève. Comme dans les tableaux flamands de l'enfer, la cohorte pitoyable des drogués se presse à l'entrée du gouffre. La morale ne permet pas que l'on fasse l'éloge du plaisir, seulement celui du désespoir, qui conduit, paraît-il, à la grâce.

Je viens de croiser le regard d'un jeune drogué et ma science me devient soudain obscène. Mais ce soir, je boirai à la santé de mes amis et l'éthanol, drogue douce, coulera dans mes veines ; demain, je retrouverai mes compagnons d'embouteillage, bourrés, pour au moins 20 % d'entre eux, d'alcool, de benzodiazépines [24] et de bonne conscience. Non, ce ne sont pas eux qui se drogueraient. Alors, ces drogués, ces pesteux, ces flambeaux de désespérance, faut-il les brûler *(figure 32)* ? J'y reviendrai plus loin, quand il sera question des juges.

S'il en est la figure emblématique, le drogué n'est pas la seule victime de la contrainte par corps. Voici maintenant le joueur éclairé par les reflets de l'or des casinos.

LE JOUEUR

Le jeu ou la face brillante de la drogue : l'éclat factice des lustres remplace l'ampoule glauque qui éclaire la seringue. Dans la salle du casino, les tables de roulette m'apparaissent comme des cages où s'agitent des rats ; ce sont les mains des joueurs. Chacune exprime une vie différente : les unes, frappées d'immobilité entrecoupée de secousses brutales ; les autres, sans repos, qui se tordent, se crispent et luttent entre elles, leurs doigts fébriles poussant des jetons comme autant de cris de détresse [25].

Figure 32 — Faut-il brûler les drogués ?

J'ai signalé le phénomène des stéréotypies chez le rat. Le joueur est sensibilisé par le jeu comme le rat après une injection d'amphétamine. Ses mains expriment, par des mouvements normaux répétés anormalement, l'irritation de son noyau accumbens. Il ne s'agit plus d'une molécule étrangère qui vient se fixer sur les systèmes opposants du cerveau, mais du *sujet qui se drogue lui-même avec son propre désir.*

On retrouve le double versant des voies du désir et de la récompense : d'une part, le système incitatif, aiguillon sans but pointant vers l'objet offert ; d'autre part, le système consommatoire, lié aux besoins du corps ; l'un et l'autre confondus dans le sein du plaisir. On imagine facilement que le premier est seul concerné par le jeu. Quels besoins la roulette ou le baccara viseraient-ils à satisfaire ? Mais l'attrait du gain n'est pas toujours dépourvu de fin consommatrice. Casanova[26], comptable avaricieux de ses ressources ordinaires, dissipait en quelques minutes les profits d'une nuit. Il le répète dans ses Mémoires : c'est un argent qui ne compte pas, il faut s'en débarrasser au plus vite afin de raviver le désir par le manque. Dans le jeu, le système de récompense est de pure appétence, dégagé de toute faim qui se puisse satisfaire, et, paradoxalement, ce gain qui ne sert à rien se charge de tous les prestiges à mesure qu'il augmente.

Dans sa boîte, le rat apprend à appuyer sur un levier pour obtenir une boulette de nourriture, autrement dit un renforcement positif. L'animal associe récompense et acte ; donc, il tend à reproduire celui-ci. Le parallèle est facile avec l'appui répété et obstiné du passant de fortune sur le levier d'une machine à sous. Le gain potentiel correspond au renforcement de l'animal. Placé devant son appareil, chaque joueur adopte un débit de jeu extrêmement stable. Mais comme il est possible de modifier la fréquence des réponses de l'animal en espaçant les récompenses (une boulette de nourriture tous les cinq, dix ou quinze appuis), les gains effectifs sont susceptibles de modifier la fréquence du jeu : les gains faibles tendent à accroître la fréquence du jeu, tandis que les gains élevés la réduisent de façon considérable[27].

Un phénomène de tolérance comparable à celui de la drogue s'observe chez les grands joueurs. On joue d'abord un peu : petites mises, petits gains ou pertes légères donnent du piquant ; puis on se prend au jeu ; on gagne, on perd, on joue pour se refaire, on se ruine, on promet de fuir à jamais tripots et casinos, et on revient dès la première tentation... Cela se termine par la misère, parfois le suicide. J'ai toujours imaginé que le purgatoire devait ressembler aux jardins d'un casino : des hommes et des femmes en habits de gala parcourent des allées ordonnées et tristes devant les portes de l'enfer. Mais comme pour la drogue, la souffrance des damnés fait oublier l'immense foule des gagne-petit du plaisir, ceux qui lancent quelques jetons et s'en vont, indifférents à la perte légère ou heureux d'un petit gain.

Le jeu appartient à la grande famille des processus opposants ; cela signifie qu'on y pénètre par le renforcement positif, le gain, mais que le renforcement négatif, le manque, peut aussi y conduire avec la même force. On a souligné le pouvoir de la perte chez le joueur qui génère dans son creux les vagues répétées et insatiables du désir. L'analogie du jeu et de la masturbation est manifeste chez Dostoïevski : les mains du joueur encore une fois, désespérément seules sur le bord de la table. Comme le remarque à ce propos Dominique Fernandez, « les deux (onanisme et jeu) renvoient à quelque chose qui les dépasse infiniment, à un sentiment de culpabilité qui a besoin d'un châtiment sans cesse renouvelé. En se livrant à son vice, il ne cherche qu'à se punir pour une faute ancienne, irrationnelle et inexpiable, ainsi que Freud l'a indiqué au sujet de l'écrivain russe[28] ».

L'univers morbide de la faute, comme le désigne Hesnard[29], ne serait-il que le chantier toujours en train des processus opposants et des systèmes de renforcement ? L'entrée par le mode du renforcement négatif (la perte) impliquerait alors l'intervention des systèmes aversifs qui occupent les régions médianes du tronc cérébral et de l'hypothalamus[30].

La dépendance du joueur est selon toute vraisemblance liée à une sensibilisation des structures dopaminergiques et notamment du nucleus accumbens. Le système mésolimbique apparaît donc comme le support de l'addiction chez l'esclave des casinos. Cette sensibilisation ne survient que sur un cerveau préparé par les aléas de l'enfance et par la génétique : il suffira ensuite d'une rencontre. La fumure du terrain favorise l'éclosion d'autres addictions : toxicomanie dans 13 % — les joueurs drogués sont plus drogués et plus joueurs (sensibilisation croisée) —, alcoolisme dans 50 à 60 %[31].

Je reviendrai sur les prédispositions individuelles au jeu et, d'une façon plus générale, aux addictions. Le jeu est nouveau venu en psychiatrie et bénéficie d'une place de choix dans les classifications qui permettent d'étiqueter les maladies mentales comme des produits de consommation. Dans le DSM III R[32], il figure parmi les troubles du contrôle des impulsions, à côté d'autres conduites addictives, et se caractérise par les critères suivants : préoccupation fréquente pour le jeu ou pour l'obtention d'argent pour jouer, enjeux importants ou jeu se prolongeant au-delà de la durée prévue, besoins d'augmenter l'importance ou la fréquence des paris pour atteindre l'état d'excitation désiré, agitation ou irritabilité quand il est impossible de jouer, pertes répétées d'argent au jeu, efforts répétés pour arrêter ou restreindre cette activité, jeu fréquent lorsque des échéances sociales ou professionnelles sont imminentes, sacrifice d'importantes activités sociales, professionnelles ou récréatives pour le jeu, poursuite du jeu en dépit d'une incapacité à acquitter le montant de ses dettes ou de problèmes sociaux, professionnels ou légaux.

Le joueur est moins menacé par la loi que le drogué, car l'Etat est pour lui un souteneur puissant. Comme pour l'alcool et le tabac, celui-ci s'instaure tuteur et gestionnaire du vice : casinos et tripots réglementés sont les lieux réservés pour cultiver l'addiction. Les formes collectives du jeu comme la loterie et le Loto, limitées par la fréquence des tirages, ne conduisent qu'à des dépendances superficielles. Ne peut-on penser toutefois que la nationalisation des jeux de hasard, même sous leurs formes bénignes, a pu sensibiliser les noyaux accumbens à l'échelon de la société tout entière et préparer celle-ci à l'éclosion d'addictions individuelles ? Les jeunes drogués qui vont en nombre croissant sont les enfants d'une nation qui joue deux fois par semaine au Loto, Bingo et Morpion.

LE GOURMAND

Péché mignon, la gourmandise ? Péché capital, dit l'Eglise *(planche IV)*. Ce n'est pas à moi d'en débattre. Il ne me soucie pas, non plus, de faire le portrait de l'obèse et du cachexique, qui hantent l'enfer des peintres et peut-être aussi l'imagination de l'enfant, quand apparaît dans ses cartes cognitives l'*image du corps*. Je parlerai du boulimique ; littéralement, celui qui a une faim de bœuf !

Mais peut-être serait-il préférable de parler de *celle* qui a faim ; pour plus de 80 % des cas, il s'agit en effet d'une adolescente ou d'une jeune femme. On est d'ailleurs en droit de se demander pourquoi les perversions sexuelles sont la spécialité des mâles et les troubles du comportement alimentaire touchent principalement les filles. Le Diable serait-il sexiste ? Je ne crois pas qu'il s'agisse, tout au moins au premier degré, d'une question d'hormones ou de câblages différents dans les cerveaux de l'homme et de la femme. J'avancerai l'hypothèse que ce sont les vitesses de maturation du cerveau, plus rapide chez la fille que chez le garçon, qui sont ici responsables[33]. De même que l'éveil sexuel et les comportements désirants qui l'accompagnent fonctionnent sous le contrôle de cartes cognitives que j'ai appelées « cartes du tendre », la faim et les comportements alimentaires dépendent de représentations dessinées dans le cerveau : des « cartes d'alimentation » en quelque sorte ! Il est possible que les cartes cognitives se

Planche IV — Taddeo di Bartolo : *L'Enfer* ; détail : «Les Gourmands », fresque ; San Gimignano, Collegiale (Italie). C. 1394.

forment plus tôt chez la petite fille et que les déchirures qui s'y produisent surviennent à une période où la nourriture et l'image du corps forment le centre des préoccupations de l'enfant. Quand les cartes du petit garçon sont en voie d'achèvement, le sexe a pris la vedette et les cartes du tendre qui se forment alors sont menacées en priorité par les heurts de la vie. Voici donc de nouveau côte à côte le jeune Adam embarrassé de son pénis emmailloté de feuilles, et Eve, une pomme à la bouche.

Comme dans tous les processus opposants, l'entrée est double, par la porte du renforcement positif ou par celle de l'aversion. Le boulimique associe à sa compulsion alimentaire et à ses « bouffes [34] » l'usage de laxatifs et de diurétiques qui vidangent son corps. L'anorexie mentale représente l'autre version de ce qui n'est peut-être qu'une même affection. Dans les deux cas, les systèmes désirants, tout entiers asservis à la nourriture, envahissent le cœur de l'être.

L'humain et son image du corps, quelle affaire ! Le rat ne fait pas autant d'embarras ; il garde tout au long de sa vie adulte un poids constant, au point qu'il pourrait servir de mascotte à la cohorte des misérables qui subissent leur vie durant l'enfer des régimes. Le rat est en matière d'alimentation un comptable modèle. Lorsqu'on lui donne une nourriture dont la valeur calorifique est diminuée de moitié par addition de cellulose, il en consomme deux fois plus ; en revanche, en présence d'une nourriture plus riche, il réduit en proportion sa prise alimentaire. Quand on lui offre un « régime de cafétéria » — c'est-à-dire, au lieu de la boulette ordinaire, un choix d'une dizaine d'aliments variés et alléchants —, ce sage gestionnaire de son corps se met à manger de façon inconsidérée et bien au-delà de ses besoins ; le voilà qui devient boulimique et bientôt obèse [35]. La multiplication des objets de désir a emballé les systèmes de récompense du rat. Le blocage des récepteurs opiacés par l'injection de naloxone (l'antagoniste de la morphine) interrompt cette débauche du consommateur. Nous retrouvons les mêmes structures désignées lors de l'étude des processus opposants. L'attention se porte sur la *sérotonine,* qui joue sur le versant aversif et de satiété le rôle que la dopamine tient sur le versant récompense. Avec un coupable penchant au schématisme, certains psychobiologistes accusent un excès de sérotonine d'être responsable de l'anorexie et un déficit de l'activité sérotoninergique à l'origine de la boulimie [36]. Comme si la vitesse d'une voiture ne dépendait que de ses freins !

D'autres neurotransmetteurs ont été mis en cause dans la boulimie et l'anorexie mentale. La noradrénaline interviendrait, de façon opposée à la sérotonine, sur le versant incitatif et la grande bouffe traduirait l'activité débordante de ses récepteurs dans l'hypothalamus. Je n'aurai garde d'oublier les peptides : celui appelé *NPY* qui est augmenté dans le cerveau des boulimiques et la *cholécystokinine* qui intervient dans la satiété [37]. Il est toujours difficile de déterminer à quel niveau de causalité, primaire ou secondaire, interviennent ces substances. Mais qu'importe ; qui tient la substance causale tient le gène et qui tient le gène tient l'explication. Bonne génétique qui dissipe tous les mystères et entretient les espoirs de guérison : génétique-religion qui permet de quêter aux portes des télés !

Que la boulimie et l'anorexie entrent dans le cadre des addictions ne me paraît pas devoir être discuté, tout au moins au niveau global d'approche où je me tiens. La théorie des processus opposants permet de comprendre que la privation de satisfactions orales et la souffrance du jeûne puissent, comme les tortures imposées du marathon ou du saut en parachute, conduire à une jouissance et une excitation paradoxales en apparence. Et sur l'autre bord, s'agit-il de plaisir lorsque le boulimique se gave comme une oie landaise et enfourne dans sa bouche devenue plaie béante des amas de mets plus ou moins avariés ?

Sous-jacente à ces phénomènes, il existe comme dans toute conduite addictive une sensibilisation des structures nerveuses qui explique d'une part l'existence de sensibilisations croisées avec l'alcool et, d'une façon plus générale, avec la drogue [38] et , d'autre part, la vulnérabilité présentée par certains individus.

Le caractère compulsif et obsessionnel de la boulimie

est l'occasion de souligner que tout ne se résume pas à l'intervention duelle et contradictoire de systèmes de récompense et de punition. Du côté moteur, le cerveau montre, selon une pente plus ou moins marquée, une tendance à la répétition[39]. Celle-ci enclenche un acte que la volonté ne peut plus arrêter et le marteau sans maître frappe désespérément la tête du pauvre obsédé. Le passage à l'acte sur le mode répétitif est peut-être le dernier recours pour juguler le gonflement insupportable du désir.

PETITE HISTOIRE NATURELLE DES PARADIS ARTIFICIELS

Le rat de laboratoire et l'Homo sapiens ne sont pas les seules espèces animales adonnées aux délices trompeuses de l'alcool et de la drogue[40].

Les fourmis sanguines s'enivrent avec des sécrétions que leur offrent de petits coléoptères, les loméchuses, qu'elles élèvent et nourrissent avec une passion aveugle au point de sacrifier leurs propres larves à ces débitants de spiritueux. J'ai choisi cet exemple parmi les milliers que nous offre la nature, car il suffit d'observer la démarche titubante et paresseuse d'une fourmi saoule pour réaliser la méprise de La Fontaine.

Grives ivres dans les vignes à la fin d'un après-midi de septembre ; chats toxicomanes à la cataire et à ses népétalactones (chaque jour le chat revient à la plante, qu'il renifle et mâchonne jusqu'à obtenir un état assez proche de l'ivresse du haschisch) ; nuées de volatiles en état d'ébriété à la saison des baies ; babouins braillards et éléphants titubants, gorgés de fruits fermentés ; rennes qui se « shootent » à l'amanite tue-mouches et à l'urine de Lapon (l'une et l'autre contiennent de l'acide iboténique dont le renne est friand) : c'est la vie tout entière qui est plongée dans la grande beuverie sous le regard amusé et bienveillant du diable.

Il existe dans la nature d'autres sources de plaisir gratuit et d'addiction. Les étourneaux et d'autres passereaux pratiquent le bain de fourmis ou formicage — se rouler dans une fourmilière — qui provoque chez eux une attitude d'extase hypnotique. D'autres s'offrent aux caresses violentes du soleil ou aux soins irritants de petits compagnons nettoyeurs comme ces oiseaux insectivores qui picorent les grands animaux d'Afrique.

Demaret s'est intéressé au toilettage, dont la gratuité n'a d'égal que l'état de bonheur qu'il provoque chez de nombreuses espèces animales : le *grooming* dont il a été question, ou lustrage, n'obéit à aucune finalité hygiénique ou ne vise pas à la destruction de poux le plus souvent absents, mais à une stimulation sensorielle aux propriétés addictives. Le chat ou le rat s'autolustrent, mais le singe, bête sociale, a recours aux services de l'autre. Cet allo-lustrage, je le rappelle, a des fonctions sociales qui maintiennent la cohésion du groupe : hiérarchie, apaisement des conflits et invite sexuelle ; plus la société est nombreuse, plus le lustrage est quantitativement nécessaire (voir *supra, figure* 22), au point que chez les hommes l'épouillage à la main, la quête jouissive de poux que la disparition des poils a rendue d'ailleurs bien décevante, est devenu insuffisant et justifie l'invention d'autre forme de lustrage : la parole. Discours des chefs qui enivrent les troupes, récits autour des feux, mots d'amour comme des poux sur la peau de l'aimé, contes que l'on fait aux enfants pour les endormir, paroles aux mourants pour les consoler : l'humanité est dépendante des mots, la plus douce, la plus violente des drogues. Celle que les Etats hésitent à interdire, mais dont ils réglementent et asservissent l'usage, allant parfois jusqu'à la réduire au silence.

« Ce n'est pas vivre que de vivre sans objection », fait dire à son Monsieur Teste Paul Valéry. Nier, c'est donc vivre, proclame en écho celui qui toujours s'oppose. Mais alors, vivent-ils plus intensément que les autres, ceux qui s'adonnent à la drogue, au jeu ou aux excès de la chair ? Il me semble entendre ricaner le démon. Celui-ci dit à l'Homme : « Es-tu prêt à m'affronter, au risque de te perdre dans l'an-

goisse et la folie, ou à succomber à la tentation et tomber dans le gouffre ouvert par ton désir ? Il te reste, sinon, la voie de la vie ordinaire et ses petites diableries quotidiennes. Ou bien... Ou bien... Tu es (peut-être) la seule créature qui a la liberté de choisir. »

CHAPITRE III

Le Diable s'ennuie

> Jamais je ne vis d'yeux brillant plus énergiquement de l'horreur de l'ennui et du désir immortel de se sentir vivre.
>
> Charles BAUDELAIRE, *Le Joueur généreux*

Me voici à parler de la plus terrible des pestes : l'ennui, instrument ordinaire de la damnation des artistes et gens de lettres. Madame du Deffand [1] le connaît bien, lorsqu'elle écrit : « Il est comme la gelée qui fait mourir toutes les plantes. C'est un avant-goût du néant, mais le néant lui est préférable. C'est la plus épouvantable des maladies de l'âme : elle seule donne l'idée des supplices de l'au-delà. C'est un mal redoutable et il est inévitable pour ceux qui ont été agités par les passions et en souffrent la privation. » On ne peut plus élégamment parler des processus opposants. Montesquieu fait écho à la Marquise dans son *Essai sur le goût* en affirmant que « s'il faut de l'ordre dans les choses, il faut aussi de la variété : sans cela l'âme languit ; car les choses semblables lui paraissent les mêmes... Il faut faire voir à l'âme des choses qu'elle n'a pas vues ; il faut que le sentiment qu'on lui donne soit différent de celui qu'elle vient d'avoir [2]. »

Où donc se tient cet ennui qui torture les malheureux esprits que la morne contemplation du vide a rendus fous de douleur et les fait se jeter dans l'amusante compagnie de satan ? Dans le cerveau, bien sûr, où nous retrouvons les systèmes qui règnent sur le sentir et l'agir.

LE DÉMON DU DIVERS

Parallèlement aux théories de l'activation[3] qui reposent sur la notion d'un éveil de l'individu au monde, suscité par le flux des stimulations venues de son corps et de son espace extracorporel, Berlyne[4] a suggéré que ce pouvait être, de façon opposée, de l'absence ou de la rareté des affects et de leur monotonie que pouvait naître l'action. Contrairement à l'opinion courante qui veut que l'ennui conduise à la somnolence, celui-ci serait au contraire une source puissante d'activation dont la tonalité affective désagréable l'apparenterait à la souffrance et en ferait un phénomène aversif. Au contraire des autres formes d'activation interne, l'ennui naît de la carence en stimulations : il est une excitation par le manque. Dans les premières expériences de privation sensorielle[5] où le sujet était tenu à l'écart de toute source de stimulations extérieures, sonores, visuelles ou tactiles, la situation devenait pour lui intolérable : non seulement il ne dormait plus, mais il cherchait désespérément à se stimuler par tous les moyens, gesticulant, sifflant, chantant ou se parlant à lui-même pour finir halluciné et l'intelligence troublée.

L'ennui naît aussi de la répétition et de l'uniformité. Karsten[6] a demandé à des sujets d'effectuer aussi longtemps que possible une tâche simple et non fatigante, toujours la même : dessiner une barre verticale ou une figure géométrique, lire un poème ; à la longue, le sujet, au départ fortement motivé par l'annonce d'une récompense, en venait à tricher avec une diabolique naïveté, inclinant les barres, changeant la position du crayon, jusqu'à ce que la situation devenue intolérable déclenchât un comportement agressif dirigé indifféremment contre la tâche, l'expérimentateur ou le sujet lui-même. Karsten insiste sur l'absence de fatigue musculaire et sur le caractère aversif de l'ennui provoqué par la répétition.

Il ne faut pas confondre l'ennui avec le phénomène d'habituation lié à la répétition d'un stimulus qui provoque la disparition de la réponse. Cette habituation pourra conduire, si l'état du cerveau le permet, à une diminution transitoire de la vigilance. Pour Berlyne, loin d'être une perte de réactivité, l'ennui est au contraire une forme d'activation centrale de nature aversive : une tendance forte qui viendrait d'une levée d'inhibition corticale. Selon cet auteur, les structures nerveuses responsables de l'activation, qui sont situées au centre et à la base du cerveau et qui projettent leurs connexions sur le cortex, sont en effet soumises de la part de ce dernier à une rétroaction négative (freinage en retour). L'inactivité corticale, due à la rareté des stimulations ou à leur absence de nouveauté, libérerait ces structures activatrices profondes qui seraient ainsi responsables de l'état aversif désigné sous le nom d'ennui et constituerait une sorte d'éveil *(arousal)* désagréable[7].

Le sexe est aussi pour l'homme une source de divers et un remède contre l'ennui : que d'amours éphémères commencées par désœuvrement et achevées par lassitude ! Je ne reviendrai pas sur cet effet « Coolidge » observé par Beach et ses collaborateurs[8] qui montre qu'une même partenaire sexuelle présentée de façon monotone et répétitive à un rat mâle le rend après quelques copulations indifférent aux appâts de la rate (devenue pour lui ce qu'est une dose d'héroïne trop faible pour un drogué tolérant) et peut déclencher chez lui des réactions opposantes aversives.

Avec l'ennui, on désigne un état subjectif qui s'apparente à la souffrance. Peut-être au niveau des structures cérébrales sous-corticales n'y a-t-il aucune différence entre les deux et seules les cartes cognitives donnent-elles à cette aversion les traits particuliers d'une affection de l'esprit ? On peut bien sûr préférer l'accès direct au plaisir, mais celui-ci aurait-il autant de goût s'il n'était préparé par le vide torturant des journées monotones où il ne se passe rien ? Machiavel, à l'approche de la mort, disait préférer aller en Enfer, où il était sûr de rencontrer des gens intelligents, qu'au Paradis, où il craignait la compagnie des bienheureux goûtant une éternité monotone.

Quel remède contre l'ennui ? La quête éperdue du divers

le diable nous propose. Dans son *Essai sur l'exotisme*[9], Victor Segalen reprend l'esthétique du divers cher à Montesquieu : « C'est par la différence et dans le divers que s'exalte l'existence. On nommera "divers" tout ce qui jusqu'aujourd'hui fut appelé étranger, insolite, inattendu, surprenant, mystérieux, amoureux, surhumain, héroïque et divin même » ; tout ce qui est autre, avec « la part du divers essentiel que chacun de ces termes recèle ». Comme l'érotisme, l'exotisme est une recherche de l'intensité de la sensation, une exaltation du sentir, donc du vivre. Mais pour l'érotisme ! Il existe un risque de dégradation que Segalen compare à l'entropie. Le divers se dégrade et tend vers le royaume du tiède, « ce moment de bouillie visqueuse sans inégalités, sans chute, sans ressauts, figuré d'avance grossièrement par la dégradation du divers ethnographique ». Notre civilisation dite de loisirs nous offre une image saisissante et pitoyable de l'exotisme dégradé : ses hôtels enchaînés, ses cuisines continentées, ses misères colorées, ses peaux pastellisées et ses amours pasteurisées. L'ennui est le signal d'alarme, le sentiment insupportable qui peut nous arracher à l'uniformité, en bref nous ramener à la vie.

Le diable est inséparable de l'ennui. Il n'y a pas que les romantiques pour l'avoir découvert. Au Moyen Age, une chape de monotonie a recouvert les premiers ébats chrétiens du démon. Ecoutons Michelet, amoureux de sa jeune épouse, qui par l'entremise de la femme, servante de Satan, célèbre l'amour de la vie : « Pendant dix siècles, une langueur inconnue à tous les âges antérieurs a tenu le Moyen Age [...], un phénomène désolant intolérable, la convulsion d'ennui qu'on appelle : le bâillement [...], véritable maladie que la dévote Bretagne avoue, l'imputant il est vrai à la malice du diable[10]. » L'ennui, sa meilleure arme pour conquérir les âmes, Satan l'utilise avec prédilection chez les poètes :

Il me conduit ainsi, loin du regard de Dieu,
Haletant et brisé de fatigue, au milieu
Des plaines de l'Ennui, profondes et désertes

Et jette dans mes yeux pleins de confusion
Des vêtements souillés, des blessures ouvertes,
Et l'appareil sanglant de la Destruction[11] !

Baudelaire, l'ennuyé, éprouve « le désir insondable de s'affliger lui-même » : ruines et destructions plutôt qu'horreur de l'immobilité. Peut-être le poète est-il le prototype de ces « chercheurs de sensations » dont parle aujourd'hui la psychologie.

UN TEMPÉRAMENT D'ENFER

Peut-on naître affligé, avec en filigrane dans un cerveau d'enfant le dessin des tristesses à venir ? Existe-t-il chez certains individus une pente naturelle vers le plaisir, disposition plus marquée que chez d'autres, qui les conduit à une quête acharnée de satisfaction de tous ordres ? Il semble que la réponse soit oui. On les appelle hédonistes, désignation moins équivoque que celle de jouisseurs. Sur le versant opposé, des anhédonistes affichent une certaine indifférence au plaisir. Il s'agit de tempéraments, au sens que la médecine hippocratique donnait à ce terme redécouvert par la psychiatrie contemporaine[12]. Illustrant une fois de plus le couple plaisir-désir, ces sujets hédonistes sont également décrits comme des chercheurs de sensations *(sensation seekers)*, selon la typologie de Zuckerman[13]. Ces individus, plus que d'autres, sont à la recherche de sources d'activation, qu'il s'agisse de situations dangereuses, de sports à risques, de jeux, de sexe, de scandales ou de consommations diverses. Comme les drogués, ils tolèrent de fortes situations et sont insensibles à de faibles stimulations ; *surtout, ils souffrent avec acuité de l'ennui et de la monotonie qu'ils redoutent au-delà de tout*. Ces sensations recherchées sont inséparables du plaisir intense qu'elles leur procurent.

Ces sujets sont particulièrement exposés aux conduites

addictives. Cela se vérifie tant pour le jeu que pour la drogue ou l'alcool. Les profils de personnalité sont comparables, et ils font souvent l'objet d'addictions multiples. C'est également vrai dans le monde animal. Il est en effet possible d'étudier la vulnérabilité à la drogue en observant l'acquisition du comportement d'auto-administration pour de faibles doses de produits. Dans ces conditions, les animaux les plus exposés développeront un comportement d'auto-administration, alors que les individus moins vulnérables resteront indifférents à la drogue, ou présenteront une acquisition plus lente. En fonction de leurs caractéristiques génétiques, certaines souches de rats (rats Lewis) développent plus facilement que d'autres (rats Fischer) ce comportement d'auto-administration [14]. De plus, au sein de la même souche, certains animaux sont plus vulnérables à la drogue que d'autres. Dans la mesure où il s'agit alors d'animaux hautement consanguins, ces différences individuelles reposent sur un déterminisme épigénétique plutôt que génétique.

Qu'il s'agisse d'animaux de la même souche ou de souches différentes, il a été possible de caractériser en partie le « profil » comportemental et neurochimique des animaux les plus exposés aux conduites addictives. Dans le cas de l'auto-administration d'amphétamines, les principaux facteurs prédictifs qui se dégagent sont, d'une part, l'importance de l'activité locomotrice spontanée, corrélée avec le niveau d'activité du système dopaminergique mésolimbique et, d'autre part, une réactivité accrue lors de l'exposition à des stimulus stressants et notamment à la nouveauté [15] ; il s'agit de rats curieux et chercheurs de sensations *(figure 33)*. Ces rats possèdent, semble-t-il, un noyau accumbens qui fonctionne à haut régime avec la dopamine qui coule à flot dans les synapses. Cette réactivité des systèmes désirants est en partie constitutionnelle, en partie liée aux événements de l'enfance qui ont « sensibilisé » les structures nerveuses. Les hormones du stress ne sont peut-être pas innocentes. Libérées lors des agressions subies par le sujet, les hormones sécrétées par la glande cortico-surrénale (cortisone) agissent sur le cerveau et y

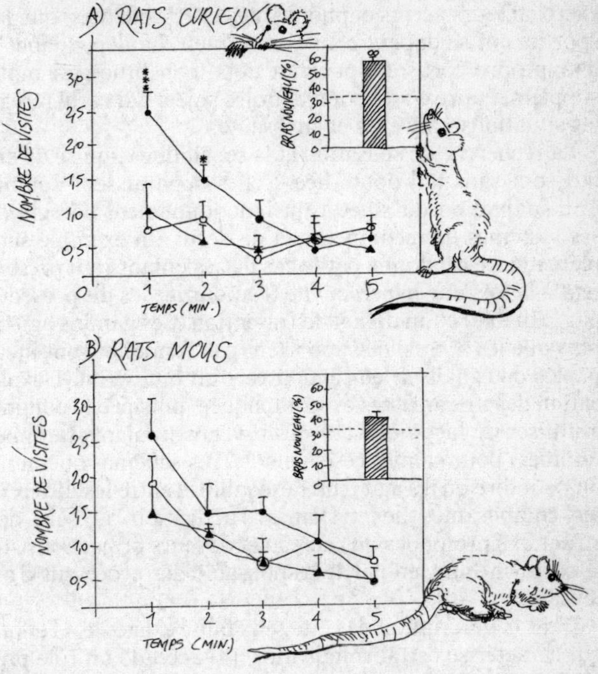

Figure 33 — Les rats « curieux » et les rats « mous » : temps d'exploration d'un labyrinthe en Y mesuré pendant les cinq premières minutes du second essai.

Une expérience consiste en deux essais : pendant le premier, un des bras est fermé par une porte à guillotine ; pendant le second essai, ce bras est ouvert, les rats l'explorent pour la première fois. On peut observer que les rats curieux précédemment sélectionnés passent beaucoup plus de temps dans le bras inconnu que les rats indifférents (rats mous).

●-----● nombre de visites dans le bras inconnu ; o-----o et ▲-------▲ nombre de visites dans les deux bras précédemment explorés. Dans le cartouche est représenté le pourcentage de temps passé dans le bras inconnu.

(D'après Dellu, F., Mayo, P., Piazza, P.V., Le Moal, M. et Simon, H. (1993), *op. cit.*)

exercent leurs vertus euphorisantes et stimulantes, que les sportifs qui se dopent connaissent bien. La dépendance à leur propre cortisone pourrait donc constituer un motif supplémentaire d'addiction chez les sujets qui recherchent les situations nouvelles et stressantes.

La recherche de sensation et la sensibilité exquise à l'ennui sont sans nul doute liées ; elles apparaissent comme une adaptation du sujet à un fonctionnement déréglé de ses systèmes de récompense et de désir. Un exemple supplémentaire est donné par le cas de ces enfants qui présentent à la fois une hyperactivité (l'entourage les dit possédés par le diable) et un déficit de l'attention. Ces gamins agités, plus que les autres, ne supportent pas l'ennui et sont incapables de canaliser leur action vers un but défini. L'explication des mécanismes est compliquée, puisqu'elle conduit à utiliser de façon efficace des psychostimulants (amphétamines) pour calmer ces sujets[16]. Très schématiquement, on peut dire qu'il s'agit d'un déséquilibre entre les différentes composantes des systèmes d'activation au sein des structures profondes du cerveau et de leurs projections sur le cortex frontal, en partie responsable des processus d'attention.

Dans la description de cette sensibilité exagérée à l'ennui qui caractérise certains individus, j'ai accordé un rôle prépondérant à la dopamine. Cela revient, d'une façon que je reconnais excessive, à attribuer à une molécule et à ses modalités de libération dans le cerveau tout le poids non seulement de la personnalité du sujet, mais plus largement de son destin. Il est vrai que les médicaments ou les drogues visent essentiellement cette molécule ou d'autres, la sérotonine par exemple, et que leurs effets sur les conduites humaines sont souvent spectaculaires. En réalité, cette approche n'est que faussement réductrice ou ne l'est que si l'on réduit le terrain au seul point de vue d'où l'on se place. Observer qu'une rivière coule au milieu d'une région n'exclut pas l'immense diversité des reliefs qui l'entourent. Le cerveau n'est pas une carte postale, mais un paysage vivant et singulier qui varie à chaque instant, au gré des saisons et des jours et selon les humeurs de ses habitants.

Bien au contraire, cette connaissance du fleuve dopaminergique a permis de faire sortir l'étude des affections mentales du cadre rigide des maladies classifiées et de tenir compte des dimensions singulières de chaque malade. C'est dans cette perspective trans-nosographique [17] que se situe, par exemple, ce que des médecins ont appelé l'*émoussement affectif* [18]. On entend par là un état d'indifférence dans lequel est plongé le sujet vis-à-vis de ce qui l'entoure, une inertie intellectuelle qui conduit à une sorte de retrait du monde avec aussi, parfois, l'impression que le temps se ralentit, voire qu'il se fige sans que jamais le sentiment d'ennui apparaisse.

Ce tableau s'observe dans de nombreuses maladies psychiatriques ou neurologiques traditionnelles, schizophrénie, dépression et maladie de Parkinson, qui diffèrent radicalement par ailleurs sur le plan des symptômes. Le lien étroit qui unit ces trois groupes d'affections est un déficit dopaminergique supportant l'émoussement affectif. Le malade n'a plus les moyens chimiques dans son cerveau pour s'ennuyer, mais cela ne veut pas dire que sa maladie se résume à un déficit en dopamine. Dans un pays dévasté par la guerre, le fait que les rivières soient à sec ou débordent n'est jamais qu'un des éléments du désordre dont la réparation aidera peut-être à ramener la paix. Cet émoussement affectif peut aussi être considéré comme une adaptation ; un moyen de lutter contre une souffrance plus profonde, plus incurable peut-être : la mort, par exemple, que le mélancolique désire obtenir plutôt que d'en souffrir l'attente qui est l'issue désespérante de la vieillesse.

La dopamine paraît, avant les autres, être touchée par l'avancée de l'âge. Le tarissement de sa sécrétion, la raréfaction de ses récepteurs ne sont pas les seuls témoignages du déficit en dopamine qui se traduit aussi par une perte de souplesse dans le fonctionnement du système incapable de suivre, par le jeu balancé de ses différents compartiments, les fluctuations de l'environnement. A un brusque écart de ce dernier, à une agression, le cerveau répond par une sécrétion massive et inappropriée de dopamine dans le cortex cérébral ; à l'image de ce vieillard amidonné et avare de mouvements qui éclate parfois en gestes soudains et violents. Des cellules de l'enfant, il ne reste rien chez le vieillard, à l'exception des neurones incapables de se renouveler et qui ont survécu. Ce sont les seules cellules à accompagner le sujet tout au long de sa vie, au bout de laquelle, il est vrai, elles arrivent parfois en bien piteux état. Cette révélation du soi défiguré, véritable faillite de la représentation, provoque chez l'être âgé une crise de la subjectivité : le « je » devient transi dans l'attente de la mort. Il n'a de goût pour rien, celui qui n'en a pour lui-même. L'affaiblissement progressif du désir desserre les liens du corps et de l'espace extracorporel.

On considère généralement que la vieillesse vient de l'usure accumulée du corps : un cœur qui flanche d'avoir trop battu, des artères qui s'encrassent d'avoir trop charrié de sang, des articulations écrasées par des frottements continus, un cerveau encombré de trop de savoir et délabré par les coups de bélier des émotions. Mais c'est l'inverse qui est vrai : le corps vieillit de ne plus servir. Les os se fragilisent d'avoir à supporter un poids réduit par la fonte musculaire ; les articulations se raidissent d'être immobilisées ; les artères se bouchent soumises au flux réduit du sang ; et, dans le cerveau, les chemins s'effacent à n'être plus parcourus. L'affaiblissement des fonctions produit une sorte d'atrophie de l'espace extracorporel. Il est vrai qu'animé par un désir défaillant, avec des cellules programmées pour mourir et qui meurent, le corps sécrète un environnement raréfié, rétréci et frileux, adapté à ses infirmités, comme un membre brisé s'enveloppe d'un plâtre pour éviter la souffrance. Le milieu appauvri désactive en retour le désir, l'entraînant dans un cercle vicieux qui conduit au désamorçage et au tarissement de la source.

Dans la rivière asséchée le temps ne coule plus et le vieillard ne le sent plus passer. Il ne s'accélère pas comme on le pense généralement ; il n'est qu'un mince filet d'heures. On dit quelquefois : mourir d'ennui ; mais avec la vieillesse, c'est de ne plus pouvoir s'ennuyer que l'on meurt.

L'ennui, je viens d'essayer de le montrer, est au cœur même des procédés diaboliques. Il n'est pas interdit de penser que Lucifer, l'ange porteur de lumière, se fit diable par désœuvrement ; lassé de contempler la tranquille perfection des cieux, le rebelle se mit à la recherche de sensations nouvelles ; de là vient qu'on lui prête l'invention du mal. « La dernière disgrâce de l'homme, dit M. Ouine, est que le mal lui-même l'ennuie[19]*. » Comme si le plus grand malheur de l'homme était, à la fin, de n'avoir plus les moyens de s'ennuyer.*

C'est l'ennui qui pousse les enfants des banlieues dans la violence et le crime ; c'est l'ennui qui achète la drogue aux débitants de malheur ; l'ennui qui détruit les foyers, l'ennui qui transforme un paisible voisin en assassin. Si l'ennui est l'expression même de la vie, alors la vie est diabolique... Heureusement qu'il est d'autres façons de conjurer l'ennui : l'art, la poésie et la guerre, lorsqu'elle est en dentelles et ne blesse que les cœurs tendres.

Un dernier point : on pourrait croire à la lecture des deux précédents chapitres que la dopamine est l'agent exclusif du diable dans le cerveau. Ce serait une erreur. Il est d'autres molécules, la sérotonine par exemple, dont le rôle va nous apparaître essentiel dans les ouvrages de Satan : la haine et la violence. Loin du plaisir et des sensations fortes, il est temps pour nous de regarder en face le masque du démon.

CHAPITRE IV

Le Promeneur de l'Abîme

> Le crime se cache et ce qui nous échappe est le plus affreux. Dans la nuit qu'il propose à notre peur, nous sommes tenus d'imaginer le pire.
>
> Georges BATAILLE,
> *Le Procès de Gilles de Rais*

Comment dire l'indicible ? Comment ne pas tomber dans l'obscène ou pire, dans le littéraire ? Dans ce chapitre, je voudrais faire obstacle à toute intrusion descriptive et à l'étalement de l'horrible sous le prétexte d'instruire. On ne sait que trop bien de quelles violences privées ou collectives il est question. La haine et le crime n'ont pas seulement régné avec une belle insistance au cours de l'histoire, ils ont aussi servi de matière à ce que l'art a conçu de plus sublime. « La violence porte en elle cette négation échevelée qui met fin à toute possibilité du discours [1] », dit Bataille, qui n'a cessé de parler d'elle. Le sadisme, qui se situe dans l'artificialité du discours et vient distraire le sujet de ses disgrâces secrètes ou de souffrances profondes, bascule parfois dans l'horreur du passage à l'acte dans lequel le « je » se perd et l'homme se défait.

A. Le Brun, dans son magistral ouvrage sur Sade [2], montre, à propos des *Cent vingt journées de Sodome*, comment, lors de l'avancée dans l'horreur, les personnes et jusqu'aux quatre libertins instigateurs du projet s'effacent dans les ténèbres, et comment la mécanique des mouvements remplace peu à peu la gestualité du désir. Le pronom impersonnel devient le seul acteur : on brûle, on coupe, on broie, on arrache, on enfonce des fers brûlants... « Soudain, nous n'avons plus rien à quoi nous raccrocher, pas même aux bords incertains d'une conscience de soi qui s'est effacée sans que nous y prenions garde. Sade nous jette dans le vide d'un espace que nous avions la naïveté de croire intermédiaire entre le réel et l'imaginaire, mais qui est l'intolérable infini de notre liberté[3] » et l'indicible catalogue de l'abjection se termine soudain par l'alignement de chiffres :

« Compte du total :
Massacrés avant le 1er mars et les premières orgies 10

Depuis le 1er mars 20
Et il s'en retourne .... 16 personnes
—
Total 46

A l'égard des supplices des vingt derniers sujets et de la vie qu'on mène jusqu'au départ, vous le détaillerez à votre aise. Vous direz d'abord que les douze restants mangeaient tous ensemble et les supplices de votre choix[4]. »

Si j'insiste sur Sade, malgré ma volonté affichée de ne pas céder à la tentation littéraire, c'est parce qu'il convient avant tout de traiter cet auteur en philosophe. Mieux qu'aucun autre, Sade nous montre le basculement dans le gouffre des processus opposants représentés ici par les couples haine/amour et violence/apaisement. Cette « mise en abîme » dont nous avons parlé à propos du toxicomane, Sade l'a parfaitement formulée. Elle doit faire oublier le prétexte sexuel auquel se résume souvent un sadisme superficiel[5]. Dans son acception générale, celui-ci « rentre dans une catégorie plus vaste et plus importante, comprenant des phénomènes assez complexes et tenant, enfin, d'une orientation existentielle élémentaire[6] ».

Pour Sade, tout dans la nature est violence et destruction. L'ouvrage de Dieu appelle meurtres, désolation, et la société ne représente que le crime organisé. Face à cette loi universelle de l'entropie (un mot qui naîtra plus tard, mais qui a des racines profondes dans la désespérance sadienne), l'homme est seul et livré à son propre arbitre : il lance un défi au Dieu mauvais qui est un défi à la nature. En ce sens, Sade est satanique. Sans que cela soit jamais dit dans son œuvre, sauf dans sa correspondance intime, Sade sait bien que cet être singulier ne peut vivre que dans la jouissance du désir qui le porte vers l'autre. S'il est contre la peine de mort, c'est que la loi qui l'établit a un fondement utilitaire qui vise le bonheur collectif, alors qu'il n'en est que de particulier : celui qui est confronté à la gestion de la haine ordinaire au cœur de notre cerveau. Qu'importe l'arbitraire des lois si leur seule fonction est de nous retenir au bord du précipice au moment le plus exaltant de notre quête du plaisir ! L'antinature proposée par Sade n'est peut-être rien d'autre qu'une économie du bonheur individuel ou « de la perversion comme une socialisation douce[7] ». Qui parle en Sade ? Est-ce l'esprit du mal : celui qui sait, un matin, transformer un Serbe en assassin, un représentant de commerce en violeur de petite fille et un Hutu missionné en mangeur de Tutsi *(figure 34)* ? Simplement le cerveau avec ses neurones, ses humeurs et ses mystères.

RATS MURICIDES ET HOMICIDES EN SÉRIE

Du rat à l'homme, il s'agit maintenant de montrer que tuer est une composante « naturelle » des comportements animaux. Tuer n'est que la forme la plus spectaculaire de l'acte général d'aversion. P. Karli[8] a observé en 1955 que, en présence de souris, certains rats dits « tueurs » adoptaient un comportement muricide, alors que d'autres ne tuaient pas les victimes qui leur étaient offertes... Après avoir cédé au paradigme de l'époque qui résumait les mécanismes neurobiologiques des comportements à l'affrontement de structures inhibitrices et facilitatrices, Karli

Figure 34 — L'esprit du mal.

comprenait qu'il fallait dépasser l'acte agressif, que celui-ci soit de nature offensive ou défensive, pour considérer l'état affectif (passion) dans lequel il s'inscrit, et, plus généralement, l'environnement et le passé de l'individu. « Ce qui déclenche et oriente le comportement, ce n'est donc pas l'événement extérieur en tant que tel (considéré comme un « stimulus-déclencheur » susceptible d'activer un système motivationnel donné), mais bien plus sa signification qui, elle, est endogène ; car elle naît de la confrontation de l'information sensorielle présente avec les traces laissées par le vécu individuel, et plus précisément avec les représentations internes forgées et mises au jour par — et pour — le dialogue avec l'environnement[9]. » Le dialogue et la mise en perspective historique du comportement correspondent à l'état central fluctuant. On pourrait s'indigner, et l'on aurait raison, que je misse[10] sur le même plan les rats et les hommes ; il n'est pas à exclure toutefois que les tueurs en série ou les massacreurs génocides n'aient au moins pour la durée de leurs actes criminels renoncé à la dignité humaine.

Je ne prendrai qu'un exemple de ces fameux « serial killers » qui, par la place qu'ils occupent dans l'imagination populaire et dans les médias, incarnent aujourd'hui la face satanique du rêve américain[11]. Richard Ramirez dit le « night stalker » est né en 1960 à El Paso. Dernier d'une famille de sept enfants, père et mère d'origine mexicaine, il grandit dans le quartier sordide de la ville, le plus souvent seul ou associé à une bande de petits trafiquants ; il se drogue (colle, haschisch) et affiche une indifférence méprisante aux événements et aux gens. Il se rend à Los Angeles où il est initié au crack et au satanisme. Il erre dans le quartier des clochards et fait deux séjours en prison à l'issue desquels semble avoir commencé la carrière du « chasseur de la nuit ». Sa première victime est une femme âgée de soixante-dix-neuf ans, trouvée morte dans son lit, violée et égorgée. Un an plus tard, Ramirez tue un entrepreneur dont il cambriolait l'appartement ; mais il épargne la vie d'une jeune Mexicaine à laquelle il s'est heurté en s'enfuyant. Celle-ci peut faire une description du tueur : un homme grand et maigre qui porte une casquette de base-ball avec le logo du groupe de hard-rock AC/DC. Il tue ensuite une étudiante, puis un couple d'Asiatiques : la femme est violée avant d'être abattue. Une semaine après, il poignarde deux frères et leur arrache les yeux. Trois jours plus tard, ce sont deux vieilles dames qui sont massacrées avec une barre de fer ; l'une survit à ses blessures. Dans les deux mois qui suivent, le « night stalker » va commettre un véritable carnage : neuf adultes assassinés, dont quatre épouses violées devant le cadavre de leur mari, et un petit garçon. A toutes ses victimes, il fait jurer « gloire à Satan ».

Après d'autres meurtres et une course-poursuite dans le quartier latino de Los Angeles, c'est la police qui sauve Ramirez des griffes de la foule prête à le lyncher. Le procès s'annonçait bref, il dura deux ans et coûta deux millions de dollars à l'Etat de Californie. Lors de sa plaidoirie, l'avocat tenta de jeter le doute sur la responsabilité de son client. Peut-être était-il possédé ? Peut-être était-il victime de pulsions sexuelles maladives ? Il essaya de rassurer le jury : « Si vous le condamnez à perpétuité, il ne sortira pas. Il ne verra plus jamais Disneyland... » Après cinq jours de délibération, le jury décida de la peine de mort par dix voix contre deux. Ramirez se contenta de déclarer à la lecture du verdict : « Rendez-vous à Disneyland. »

Il y eut des psy-shows à la télévision, des livres qui firent de Ramirez une « vedette ». Dix ans après la fin de son parcours meurtrier, il attend son exécution à la prison de San Quentin. Il y reçoit des lettres d'amour passionnées et des propositions de mariage. Pujol et Simon racontent que l'affaire du « night stalker » lança un débat sur la dangerosité du hard-rock. Le tueur appréciait particulièrement le groupe AC/DC. « Les intégristes américains, qui soutiennent que le hard-rock est une musique d'inspiration satanique, firent immédiatement le lien et encouragèrent les familles des victimes à porter plainte... On peut également penser que son dégoût de la religion lui est venu dans la petite église d'El Paso qu'il fréquentait étant jeune, où les prêtres enseignaient le calme et la soumission aux milliers de Mexicains entassés dans des quartiers sordides [12]. »

Cet exemple n'est pas destiné à provoquer un débat sur la responsabilité de la société américaine dans la genèse du phénomène des tueurs en série. Il s'agit seulement de montrer que ce type de meurtre répond parfaitement au schéma d'une addiction dans son expression la plus horrible, puisqu'elle conduit à la néantisation de l'individu. « L'autre » n'est plus qu'une projection absurde de lui-même que le tueur met en pièces. On retrouve la sensibilisation des structures du cerveau liée à l'action d'une société délétère où la famille ne joue plus son rôle de protection pendant la période fragile de formation des cartes cognitives. Le recours à la drogue sous ses multiples formes entraîne par ailleurs un phénomène de sensibilisation croisée. Il s'agit bien d'un dialogue avec l'environnement, mais d'un dialogue de sourds. L'isolement social conduit à l'emballement des systèmes opposants et la haine, seule au monde, éclate désormais dans une impulsivité sans frein.

Mais le plus terrible reste à dire et le recours au rat tueur (animal innocent, car sans parole, des crimes qu'il commet) servira à masquer mon embarras. Comme le note Karli : « Dans de nombreuses situations, un comportement d'agression se renforce lui-même de façon positive dès lors qu'il permet à l'animal de maîtriser la situation et de s'imposer[13]. » La violence offre alors un véritable renforcement positif qui traduit la mise en jeu des systèmes de récompense. Chez un rat tueur, on a observé que la stimulation de l'aire tegmentale ventrale ou des voies qui en partent amplifiait et accélérait le délai d'accomplissement du comportement muricide. Etait-il interdit alors d'extrapoler que le rat tuât par plaisir ?

Nous voici de retour dans ces structures du cerveau qui gèrent les processus opposants. Aux couples plaisir/souffrance et besoin/satiété vient s'ajouter celui de haine/amour qui s'élève du caractère sexuel pour atteindre à l'universel dans le lien qui lie le sujet à l'autre (objet d'amour).

LES VOIES DE LA HAINE ORDINAIRE

Nous nous trouvons sur l'autre versant des processus opposants, au niveau des régions médianes de l'hypothalamus qui se prolongent en arrière par un feutrage de neurones occupant la zone centrale du tronc cérébral *(figure 35)*. La stimulation électrique de ces structures dites aversives provoque l'immobilisation du rat et, selon les cas, des con-

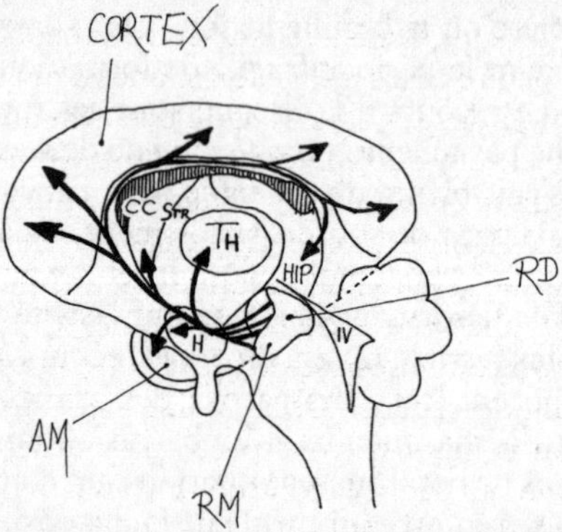

Figure 35 — Représentation des voies sérotoninergiques dans le système nerveux central avec leurs noyaux d'origine dans le raphé dorsal (RD) et le raphé médian (RM) et leurs principales régions de projection. Abréviations : AM : amygdale ; CC : corps calleux ; H : hypothalamus ; Hip : hippocampe ; Th : thalamus ; Str : striatum.

duites d'attaque ou de fuite. Ces territoires sont connectés aux systèmes de récompense latéraux — dont nous avons déjà commenté les fonctions — et sont également au centre d'échanges avec les aires corticales, frontales en particulier, et le cerveau limbique dont font partie l'hippocampe et l'amygdale.

Un neurotransmetteur, la sérotonine, qu'on désigne par les initiales de son nom savant, 5-hydroxytryptamine (5HT), y tient un rôle vedette comparable à celui de la dopamine dans les systèmes de récompense. Au milieu des années 70, M. Asberg a observé que le taux du métabolite de la sérotonine dans le liquide céphalorachidien (le 5HIAA), qui est un témoin indirect de la production de sérotonine par les neurones, était fortement diminué chez des sujets décédés après un suicide[14].

Par la suite, il s'est vérifié qu'il existait un lien étroit entre la sérotonine cérébrale, un trait comportemental (le suicide) et une dimension de l'individu (l'agressivité, la perte de contrôle et la violence). Mais le suicide n'est-il pas le meurtre de soi ? Dans « Deuil et mélancolie », Freud écrit que la torture que s'inflige le mélancolique représente « la satisfaction des tendances sadiques et haineuses qui, visant un objet, ont subi de cette façon un retournement sur la personne propre [15] ». Fénichel, qui reprend le schéma freudien, observe que « le suicide du mélancolique porte la marque d'un sadisme qui s'est tourné contre le sujet. C'est là une preuve de la thèse qui veut que l'on ne se tue pas sans s'être proposé de tuer l'autre [16] ». On se souvient du chant désespéré d'Oscar Wilde : « On tue toujours celui qu'on aime pour n'avoir plus à en souffrir » ; c'est le même écrivain qui décrit la folie de Dorian Gray, meurtrier de sa propre image. Dans l'autre que l'on tue, ce n'est souvent qu'une projection d'une partie de soi-même qui est visée, comme l'ont souligné M. Bénézech et M. Bourgeois [17] qui ont montré, par ailleurs, la forte corrélation entre la dépression et le crime.

Basse la sérotonine dans le cerveau de l'incendiaire impulsif ; basse la sérotonine chez celui qui tue sans préméditation [18] ; basse encore la sérotonine cérébrale de la mère qui tue son enfant : il n'est pas trop de penser que la sérotonine est un ingrédient important dans la cuisine du diable. Les expériences chez l'animal confirment et explicitent l'implication de la sérotonine dans la violence et l'impulsivité. Chez les souris tueuses, une lésion des neurones à sérotonine amplifie leur activité meurtrière. Certes, chez la souris, la tendance au crime est héréditaire (souche muricide), mais l'isolement social qui fait chuter la sérotonine accentue aussi le trait de comportement [19]. Chez la souris, comme chez l'homme, les manifestations meurtrières sont le produit des gènes et de la société [20].

LE CRIMINEL-NÉ

Avoir une tête d'assassin n'a jamais été une preuve de culpabilité, mais n'aide pas le prévenu à convaincre un jury de son innocence. Lombroso[21], à la fin du XIXe siècle, a cherché à rassembler les preuves et les indices d'une nature délinquante chez les individus porteurs de stigmates de dégénérescence. Il est curieux d'observer qu'à l'époque une telle conception pouvait passer pour progressiste et « de gauche », tendant à dégager la responsabilité de pauvres hères produits d'un passé misérable. En plus du criminel-né, on reconnaissait d'autres catégories nosologiques encore utilisées, comme le fou moral et épileptique, le criminel par passion, le criminel fou, le criminel d'occasion. On a ensuite essayé de fonder scientifiquement l'innéité de la prostitution, puisque classiquement la prostitution serait à la femme ce que le crime est à l'homme. Là aussi, en plus des stigmates anthropométriques (faible capacité crânienne et orbitaire, forte mandibule, etc., le tout rapprochant la prostituée de la femme primitive), les chercheurs avaient cru trouver des critères physio-biologiques comme la précocité pubertaire, l'obtusité, la lascivité, etc. Selon les conceptions de l'époque, cette dégénérescence physique et psychique conduisait irrésistiblement à la folie morale et à la perversion constitutionnelle décrite par Dupré dans son célèbre rapport au Congrès des Aliénistes et Neurologistes de France en 1912. La théorie des perversions instinctives a fait place à la notion de personnalité psychopathique, puis à celle de sociopathie et enfin à l'hypothèse de l'existence d'une « personnalité criminelle ».

M. Bénézech, clinicien et criminologue, fait justement remarquer que la notion de crime est fonction de l'époque où il se situe. Il donne comme exemple le crime félinicide puni de mort chez les Egyptiens, qui considéraient le chat comme un animal sacré. « Si l'on suppose un facteur génétique, il faut admettre que le "gène du crime du chat" n'a disparu ou ne code plus depuis que les bases religieuses égyptiennes se sont modifiées ! Or les Egyptiens tuent encore, à l'occasion, des chats, ce qui prouve l'absurdité de l'hypothèse[22]. » Plus sérieusement, on s'est efforcé grâce aux progrès de la cytogénétique de rechercher des anomalies chromosomiques associées à un comportement criminel. Dans la mesure où la violence est souvent masculine, on a cherché à faire de l'assassin un surmâle porteur d'un chromosome Y plus long ou double. Avec les progrès de la biologie moléculaire, ces pistes trop globalisantes ont été abandonnées et l'on a vu resurgir, au niveau génétique, le rôle de la sérotonine.

Une famille hollandaise, connue pour la violence impulsive de ses hommes transmise sur plusieurs générations de violeurs, pyromanes, voleurs et exhibitionnistes, a permis à une équipe de généticiens[23] de montrer que l'anomalie se situait sur le chromosome X, dans la région p11-p21 ; elle entraînait la production d'une enzyme MAO anormale et n'intervenant plus dans le métabolisme de la sérotonine. Cette mutation n'affecte que le comportement des hommes et reste silencieuse chez les femmes qui en sont porteuses. Chez la souris, on a pu obtenir des animaux mutants qui ne possédaient pas le gène codant pour un récepteur de la sérotonine (de type 5HT1B)[24]. Sans recepteur, le neurotransmetteur n'agit plus. La souris mutée est devenue méchante et agresse violemment les intrus...

De la souris à l'homme, le pas est vite franchi. Trop vite. Un gène défectueux, c'est l'espoir de pouvoir un jour le réparer : thérapeutique-fiction qui alimente les espoirs des chercheurs et donne à la science ce caractère promotionnel qui n'est pas son aspect le plus sympathique. On se réjouit de la reconnaissance des dysfonctions d'un neurotransmetteur dans la genèse de troubles affectifs et comportementaux et de la possibilité d'y remédier à l'aide de molécules venant corriger les défaillances. Derrière l'agressivité et l'impulsivité présentées par certains individus se dessinent un profil particulier de dépression et la mise au point de médicaments qui ont la sérotonine cérébrale pour cible. Traiter la maladie est une obligation ; protéger la personnalité vulnérable en essayant de la corriger est déjà plus discutable. Le problème se pose avec acuité chez l'enfant au moment où s'établissent des modes réactionnels qui conduisent chez l'adulte à une véritable pathologie. J'y reviendrai à propos de la peur. Mais doit-on se réjouir du repérage d'un gène impliqué dans l'impulsivité et la violence ? Soumettra-t-on les habitants des banlieues à risques au dépistage systématique et que fera-t-on de ceux que la génétique aura montrés du doigt ? Le gène du crime va-t-il remplacer la tête d'assassin ? Et lorsqu'il sera en face de ses juges, le criminel plaidera-t-il l'irresponsabilité pour la raison qu'il est victime de son hérédité ? Je ne suis pas sûr que ce débat intéresse le diable, qui a peu de cas à faire de ces considérations et n'a garde que du fonctionnement des systèmes opposants.

Ce qui a été dit précédemment pour la dopamine peut être répété pour la sérotonine. Son activité n'a aucun sens si elle est examinée en dehors de l'état central fluctuant, c'est-à-dire du corps, de ses relations avec le monde et de son histoire à la fois génétique et personnelle. Il me faut donc aborder maintenant, d'une part, le rôle de certaines hormones et, d'autre part, l'influence des émotions, expression de cet état central.

LES HORMONES DE LA VIOLENCE

Sexe et violence font bon ménage et souvent on associe le crime à la main velue de celui qui tient le poignard. Chez de nombreuses espèces, y compris l'humaine, la sensibilité individuelle à la frustration, à la menace et à la provocation varie en fonction du taux de testostérone dans le sang[25]. La validité des données expérimentales chez l'homme est hélas inversement proportionnelle à la force de l'imagination populaire. L'usage d'anti-androgènes chez les délinquants sexuels conduit non seulement à un blocage de la libido, mais aussi à une diminution des pulsions agressives. Il est toutefois difficile à leur sujet d'affirmer s'il s'agit d'un effet spécifique ou indirect. Que le taux de testostérone plasmatique soit plus élevé chez un joueur de tennis qui vient de gagner un match[26] ne signifie pas non plus grand-chose, même si la virilité de nos têtes de série ne fait de doute pour personne.

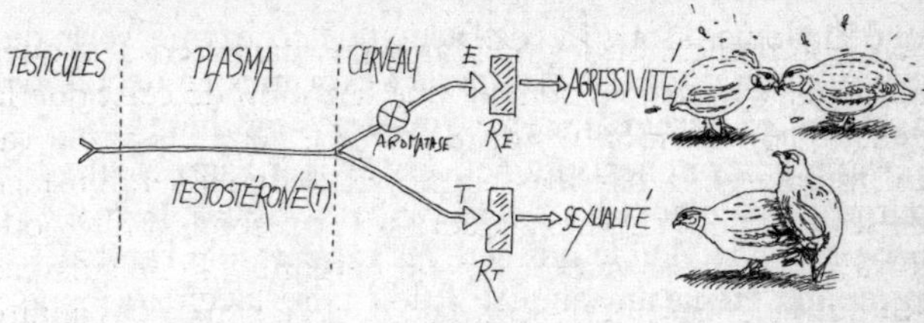

Figure 36 — Le comportement du mâle chez la caille : il dépend de la présence d'une aromatase dans le cerveau qui transforme la testostérone (T) en œstradiol (E). Cette hormone est reconnue par des récepteurs des œstrogènes RE responsables du déclenchement du comportement agressif. Sous sa forme native, T est reconnue par des récepteurs spécifiques RT responsables du comportement sexuel.
(D'après Schlinger, B.A. et Callard, G.V. (1989), *op. cit.*)

Chez les rongeurs et chez les singes, l'administration de testostérone augmente les conduites agressives, mais d'une façon modulée selon la position sociale de l'individu et son histoire personnelle. On peut s'étonner que la testostérone n'agisse sur le cerveau qu'après y avoir été transformée par une enzyme *(aromatase)* en hormone femelle, l'œstradiol. Tout se réduit finalement à une question d'organisation des structures nerveuses, celles de la femelle ne réagissant pas à l'œstradiol comme celles du mâle. Il y a, en plus, chez la femelle, une autre hormone sexuelle, la progestérone, qui exerce vraisemblablement un frein sur les comportements agressifs. Les hormones sexuelles interviennent dans les rapports sociaux et dans l'organisation hiérarchique. Celle-ci repose principalement sur des rapports de force. L'agressivité exerce une fonction sociale d'autant plus efficace qu'elle est mieux contrôlée. Le jeu complexe des hormones et de leurs récepteurs cérébraux ordonne ces relations. Le niveau d'expression de certaines enzymes permet des ajustements qui autorisent les compromis entre sexe et violence. Chez les cailles, la testostérone qui règle l'activité sexuelle des mâles n'agit sur leur agressivité qu'après avoir été transformée en œstradiol, grâce à l'aromatase *(figure 36)*. La violence du mâle est donc finalement fonction de l'activité de l'enzyme, sorte de verrou qui permet à la virilité de s'exprimer en dehors de l'agressivité[27] : un mâle certes, mais pas méchant !

D'autres hormones sont concernées par l'agressivité. Ce sont principalement les stéroïdes que sécrètent la cortico-surrénale, une glande qui gère les rapports de l'animal et du monde menaçant auquel il doit faire face. Hormones des émotions, les *corticostéroïdes* préparent l'économie de l'organisme à une riposte adaptée aux menaces et organisent les réactions du cerveau[28].

LE PASSAGER DE LA PEUR

« *Timeo ergo sum* » (j'ai peur donc je suis), constate le philosophe M. Vienne[29]. La peur est « une sommation à être » ; elle est « créatrice d'être et on accède au monde par la maîtrise de la peur ». La peur est génératrice d'action et la notion de culpabilité qui lui est associée crée une tension qui peut être féconde. Au propre comme au figuré, la crainte du péché peut permettre le salut. « Mais, versant négatif, une peur trop forte et un langage de culpabilisation trop appuyé peuvent paralyser, décourager, désagréger[30]. » De ce découragement, de ce moi déprécié, froissé, fané dans l'horreur des cartes cognitives vandalisées, émerge le crime ! Gérer sa peur, voilà la vocation du compagnon du diable. La peur nous permet de sortir du piège répugnant de la haine, elle restaure la présence de l'être au centre de son monde et nécessite pour cela la participation du cerveau.

J'utiliserai pour illustrer mon propos les expériences effectuées au Centre de Primatologie du Wisconsin[31]. Des jeunes macaques sont placés dans trois situations : arrachés à leur mère et isolés dans une cage ; confrontés à un étranger qui ne les regarde pas ; mis en présence d'un observateur qui les fixe. Dans la première situation, le jeune s'agite et émet des cris pour attirer l'attention de sa

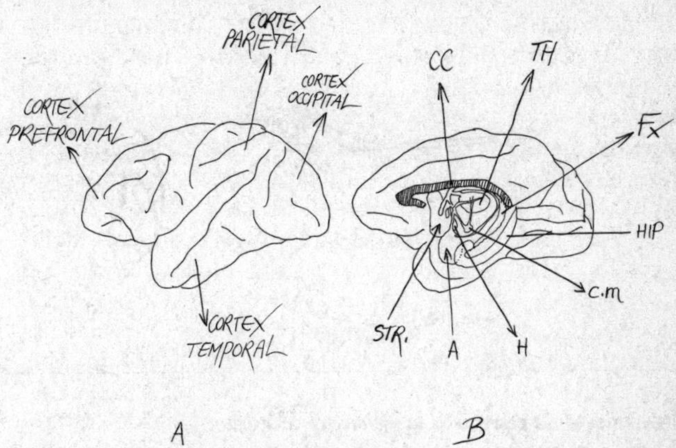

Figure 37 — Le cerveau des émotions.

A : face externe ; B : face interne. Abréviations : A : amygdale ; CC : corps calleux ; Cm : corps mamilaire ; Fx : fornix ; H : hypothalamus ; Hip : hippocampe ; Th : thalamus ; STR : striatum.

mère ; dans la deuxième situation, il se gélifie pour passer inaperçu ; en présence du regard fixe enfin, il manifeste des signes d'hostilité, aboiements et mimiques menaçantes. Un tel ensemble de réponses adaptées n'est possible qu'à partir d'un âge avancé (neuf à douze semaines) qui témoigne de la nécessaire maturation des structures cérébrales concernées : le cortex préfrontal, l'hypothalamus et l'amygdale *(figure 37)*.

Le cortex préfrontal participe au traitement des informations sensorielles et à l'évaluation du danger. L'amygdale constitue le véritable cœur des processus émotionnels en association avec l'ensemble du système limbique. L'hypothalamus enfin commande la mise en jeu de l'axe hypophyso-cortico-surrénal *(figure 38C)* qui libère dans le sang les hormones stéroïdiennes chargées de préparer l'organisme à se défendre. Dans cet ensemble, le cortex préfrontal fait le point sur la situation, le noyau amygdalien décide de la stratégie et met en œuvre la riposte dont l'hypothala-

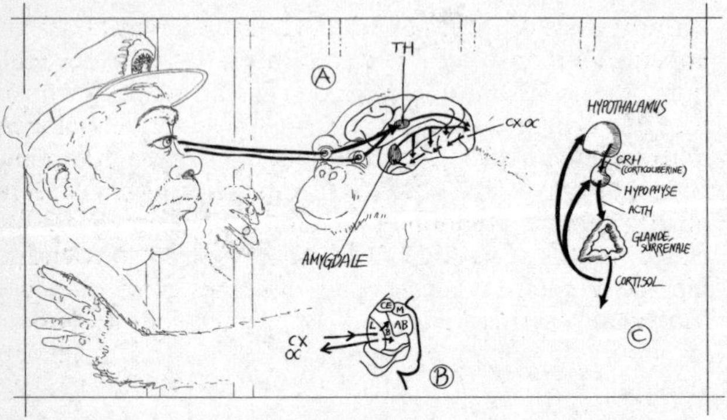

Figure 38 — Le cerveau de la menace et de la peur.

En A : Le singe voit le gardien et évalue le danger, le regard échangé est traité par le thalamus (Th) qui transmet un signal immédiat à l'amygdale. Parallèlement, après avoir été informé, le cortex occipital transmet des renseignements plus élaborés à l'amygdale.
En B : Organisation de l'amygdale. Le noyau latéral reçoit les informations venant du cortex visuel qu'il transmet aux autres noyaux, notamment au noyau basal B et central. Ce dernier déclenche les différentes réponses dans le corps. L'information est ensuite répercutée sur le cortex.
En C : L'axe neuroendocrine de réponse au stress.

mus dirige l'exécution et évalue la réalisation. Plusieurs systèmes de neurotransmission interviennent : les voies opiacées, qui supportent les comportements affiliatifs (provoqués par l'absence de la mère), et les systèmes utilisant le Gaba, sensibles aux benzodiazépines (type Valium !), qui contrôlent les comportements défensifs. Dans ce dernier cas, le cortex préfrontal droit semble plus impliqué que le gauche. Son activité, chez le jeune singe confronté à un stress, est responsable d'attitudes phobiques qui persisteront parfois chez l'adulte. Un traitement aux benzodiazépines appliqué à ces animaux évite ces sensibilisations. Faut-il traiter les jeunes enfants exposés à des situations comparables ?

L'amygdale offre la scène de ce drame adaptatif où règne la peur. Le monde y est perçu à travers la griffe des émotions. Celles-ci sont porteuses de sens au point de constituer un véritable langage qui permet au sujet de dialoguer non seulement avec l'autre, mais aussi avec lui-même. Grâce à l'amygdale, il apprend à associer le plaisir à un objet ou à une situation et à estimer la valeur hédonique d'un stimulus : cela m'a fait plaisir et je m'en souviendrai. Lieu de mémoire du désir et des systèmes de récompense, l'amygdale est aussi la chaudière ou recuisent à feu doux les motifs de sa haine : c'est mon ennemi et je m'en souviendrai ! (voir *supra, figure* 37).

Face à la haine, la violence du désir n'a plus qu'à se confier à l'amour. J'ai décrit ailleurs[32] *les structures nerveuses et les hormones qui gèrent celui-ci au sein de l'état central fluctuant. A la puissante inclination envers l'autre, la haine oppose son désir de mutilation et de destruction de cet autre.*

Animée par la puissance créatrice du diable, la haine jette les fondations de la société. Freud a toujours affirmé que « c'est la haine et non l'amour qui est la relation de sentiment primaire entre les hommes[33] *». La biologie n'est pas éloignée d'une telle affirmation, lorsqu'elle nous montre les forces de l'aversion au centre des réseaux cérébraux du désir. Comme la douleur qui protège l'individu et lui signale les menaces qui pèsent sur son intégrité, la haine, paradoxalement, affiche son pouvoir conservateur : « bonne haine » qui torture le cœur des amants et féconde leur étreinte, bonne haine qui brise les miroirs et déchire les solitudes ; bonne haine qui enterre les morts et fait danser les voisins ; bonne haine qui fait marcher le commerce et tourner les usines — « Bonne haine que célèbre le triomphe du diable ! » Heureusement, il y a l'amour. L'amour, qui s'écrit parfois avec un H comme haine.*

Chapitre V

Le Diable amoureux

> Mais toutes ces choses qui adviennent par une opération cachée de la nature et continuent en la métamorphose d'un seul sexe ne doivent être mises en ce lieu, auquel seulement nous expliquons, autant qu'il nous est possible, les fausses et soudaines formes, ensemble les impostures des Diables.
>
> Jean WIER, *De l'imposture et de la tromperie des diables*

Quelques lecteurs ont peut-être encore en mémoire l'histoire du *Diable amoureux* de Cazotte[1]. On y rencontre un jeune capitaine aux gardes du Roi de Naples qui, au cours d'un dîner avec des étourdis de son âge, fait le pari d'évoquer le diable. Celui-ci lui apparaît sous la forme d'une énorme tête de chameau et l'interroge : *che vuoi ?* Le jeune homme prie le Diable de prendre une apparence plus séduisante. Un page charmant se présente alors à la place du chameau et se met aux ordres de son jeune maître dont il réalise le vœu : un souper en compagnie de ses amis avec les plus grands musiciens du monde et la plus illustre danseuse d'Italie. Puis, le banquet terminé et les convives rentrés chez eux, le page reste à la suite de son maître. Celui-ci veut le renvoyer, mais le page se jette à ses pieds et lui avoue qu'il est une femme et non un homme. « Mais alors, tu es une femme et le diable tout à la fois. » Cela semble évident, mais le page n'en convient pas ; il persuade le jeune homme que sa magie est blanche et le suit désormais dans ses voyages. La tête de chameau continue de hanter son imagination et le doute demeure dans son esprit sur l'identité de son page.

L'illustre danseuse devient amoureuse du héros ; jalouse du page dont elle devine le sexe, elle le poignarde au moment où il monte en gondole pour accompagner son maître. Voilà que l'épreuve devient dangereuse pour ce dernier. Le page, blessé au sein, est vraiment une femme et souffre comme un être mortel et qui va mourir. A force de soins, on la sauve et le maître, enfin convaincu de sa nature féminine et de la sincérité de son amour, se décide à l'épouser ; il se met en route avec elle pour aller demander le consentement de sa mère.

Mais le voyage traîne en longueur et la séduction continue sous diverses formes, car le jeune homme est pudique et craintif comme une pucelle ; enfin, un certain soir, la voiture se brise près d'un village inconnu et notre héros se retrouve avec sa fiancée dans la seule chambre vacante d'une ferme où une noce se célèbre. La nuit sera fatale à la vertu du héros. En effet, à peine s'est-il abandonné aux ardeurs de sa séductrice qu'un vaste éclat de rire remplit la chambre et l'énorme tête de chameau réapparaît sur le corps d'un démon terrible.

« — Qu'as-tu donc à la fin ?

— Mon pauvre ami, je suis le Diable.

— Quoi ! Pas même une diablesse ?

— Hélas ! Non, excepté en prenant telle forme qu'il me plaît de choisir... »

Alors le jeune homme fait un signe de croix et se retrouve sur la route, couché dans sa voiture brisée. Il est si honteux qu'il finit par se faire capucin [2].

Ce récit, parmi bien des romans ayant Satan pour héros, me paraît illustrer à merveille les traits qui caractérisent l'état amoureux du diable : tantôt bête, tantôt homme ; tantôt mâle, tantôt femelle ; ou les deux à la fois.

LE SEXE DU DIABLE

La chose est-elle concevable ? On sait que le diable est un ange déchu et que les anges n'ont pas de sexe. On s'est beaucoup disputé sur ce point et jusqu'à une époque récente. Le diable pouvait-il engendrer ? C'eût été lui accorder le pouvoir de créer, qui n'appartient qu'à Dieu. Luther, ce paragon de bon sens, hésite sur la question : « C'est souvent que le diable entraîne dans l'eau des filles ; il les engrosse, les garde avec lui jusqu'à ce qu'elles accouchent, et met leur enfant dans le berceau d'un autre. Il n'est pas non plus impossible que le diable fasse l'amour avec de vieilles putains de sorcières et qu'il satisfasse leurs lubriques besoins. Mais je ne crois pas qu'il ait des enfants avec elles, car seul Dieu notre créateur peut faire naître des hommes selon les règles établies. Mais il est bien vrai que ces garces de femmes échangent souvent les enfants des jeunes accouchées et mettent dans le berceau des diablotins plus insupportables que dix enfants à la fois, tant ils se conchient, dévorent et braillent[3]. »

On est tenté de faire confiance au théologien allemand qui « connaît le diable aussi bien qu'on puisse le connaître, *intus et in cute,* car [dit-il] j'ai mangé avec lui plus d'un boisseau de sel : il se promène dans ma chambre, se pend à mon cou, couche avec moi plus souvent et *proprius* que ma Catherine[4] » ; et de s'interroger sur les capacités génésiques de Satan. Force est seulement de reconnaître que le diable et le sexe ont toujours fait bon ménage et qu'ils ont occupé ensemble les esprits au point que l'Eglise de Rome a consacré à combattre ce dernier — depuis ses origines, jusqu'à nos jours — une grande partie de son énergie. Pourquoi ?

La question est capitale et mérite que les réponses ne se limitent pas à des échanges d'anathèmes. A trop d'hommes et de femmes, le sexe est cause de souffrance et de culpabilité pour que l'on ne cherche pas à savoir pourquoi ils souffrent et forniquent dans l'inconfort. On comprendra que, n'étant pas théologien, mon parti sera de m'en tenir à de la biologie plutôt que de participer à un débat dans lequel il n'est pas facile de démêler la foi de la « mauvaise foi ». Qu'on me permette toutefois d'observer que l'homme ayant été créé *ad imagem Dei*, il ne paraît pas pensable, *a priori*, qu'il puisse s'accoupler comme il le fait, à la façon d'une bête, sans porter gravement atteinte à l'image de celui qui l'a conçu. La venue au monde de son Fils par le truchement d'une vierge est là pour témoigner de l'incompatibilité théologale de Dieu et du sexe. Il en découle que la sexualité, dans sa nature duelle et contradictoire, ne peut être que d'essence diabolique [5], dont l'effet paradoxal est à la fois de rabaisser l'homme au niveau de la bête et de le hisser, grâce au langage, à la domination du monde.

De la fin du IIe siècle à celle du XIXe siècle, la position de l'Eglise romaine n'a pratiquement pas changé : tout ce qui vient de la chair est condamnable et la fornication est insupportable au regard de Dieu. Le désir-convoitise de l'Autre, perçu comme un instrument de plaisir, ne peut être que d'inspiration diabolique. Le mariage, dans sa sacralité, a été édifié comme un rempart contre le sexe et, dans sa forme idéale, le lit conjugal est une annexe de la chapelle. On aurait tort de considérer la condamnation de la chair par les chrétiens comme une invention doctrinale soudaine, destinée à ensevelir à jamais les hommes sous le poids du péché. Il s'agit, parmi d'autres tentatives avortées, d'une adaptation particulièrement efficace au climat idéologique des époques troublées qui précédèrent et suivirent la naissance du christianisme [6]. La force et la réussite de « l'organe idéologique », développé par le christianisme, traduisent admirablement les contraintes exercées sur l'espèce humaine par le sexe. On a vu ces pressions évolutives résolues par d'autres stratégies adaptatives, dans d'autres sociétés, avec d'autres rites, d'autres interdits, mais qui laissent à chaque fois les organes génitaux désespérément coincés, dans leur face à face, entre le plaisir et la souffrance. L'image d'une Antiquité ou de sociétés primitives propices aux ébats joyeux entre partenaires sexuels que seraient venus interrompre de maussades chrétiens en posture de missionnaires reste une vision sans grande réalité. On ne peut évoquer Athènes où, selon la formule de J.-L. Flandrin, « on paraît avoir pensé que l'épouse était faite pour procréer, les courtisanes pour le plaisir et peut-être, les éphèbes pour l'amour[7] », sans mentionner les stoïciens, réfractaires à l'idée de plaisir sexuel et dont les doctrines influencèrent tellement les premiers chrétiens. Il n'est que de citer le beau titre du livre de P. Quignard, *Le Sexe et l'Effroi*[8], pour décrire l'attitude tragique des Romains devant les choses de la chair.

Dans le bouillonnement des sectes gnostiques et les courants qui emportent les hommes ballottés d'une hérésie à l'autre, contre la doctrine de Mani qui abandonne la chair aux forces du mal — « Béni est le ventre qui n'a jamais conçu et les poitrines qui n'ont jamais allaité[9] » — et refuse tout commerce sexuel, la doctrine chrétienne sacralise le mariage comme un compromis inévitable avec la chose détestée. Selon J.-L. Flandrin, « saint Augustin fonde l'hostilité chrétienne au plaisir charnel sur sa théorie de la concupiscence. Ancrée dans la chair de l'homme depuis la chute, cette force intrinsèquement mauvaise n'en peut être chassée par le baptême. C'est elle qui arrache nos organes génitaux au contrôle de la raison. Et, dans l'accouplement charnel, un moment vient inévitablement où la concupiscence submerge notre esprit. Aussi l'acte conjugal n'est-il légitime que s'il a pour fin un bien — la procréation — qui contrebalance ce mal[10]. »

La vérité est que l'Eglise catholique a chassé l'amour du mariage en faisant de celui-ci une serre obscure et close où le sperme de l'homme peut s'épandre dans le vase naturel de la femme à des fins exclusives de procréation. *Proles, fides, sacramentum* sont les trois biens du mariage. *Proles* : pour avoir des enfants. *Fides* : par la fidélité que les époux se doivent entre eux. *Sacramentum* : par le sacrement qui rend indissoluble ce mariage. « Dans ce cadre, on peut avoir des relations charnelles, mais le mot d'amour n'est jamais prononcé, la chose jamais évoquée[11]. » Saint Augustin, l'ancien amoureux de l'amour, a chassé celui-ci de la sexualité et de sa forme licite la conjugalité. « Rien n'est plus infâme que d'aimer une épouse comme une maîtresse », dit aussi saint Jérôme, son contemporain et égal contempteur de « l'amour, oubli de la raison, folie, vice hideux, convenant peu à un esprit saint ». La haine de l'amour dans le sexe (ou l'inverse) ira son train au long des siècles jusqu'au nôtre. L'Eglise ne pourra admettre « l'amour humain autrement qu'émasculé et métamorphosé en charité [12] », dans la perspective épicière de rendre le dû au partenaire sexuel, d'éviter l'incontinence et de procréer.

Le jansénisme bénéficie dans l'opinion libérale d'une sympathie qui confond gallicanisme et anticléricalisme. Il n'a cependant cessé d'amplifier la condamnation augustienne de la chair. On glorifie Pascal pour sa rigide bigoterie, alors que l'on devrait l'aimer pour ses faiblesses. Combien est isolé, en revanche, le grand esprit réformateur que fut Thomas Sanchez (1550-1610), directeur du noviciat des Jésuites de Grenade ! Cet ascète, qui ne supportait pas la chaleur d'un siège et allait s'asseoir sur un banc de marbre pour garder l'esprit au frais, possédait une science sexuelle exceptionnelle qu'il tirait d'une rigueur théorique non moins vigoureuse et qui lui fit recommander aux époux la recherche du plaisir pour autant que celle-ci ne fût pas une fin en soi et se pratiquât dans l'usage des « vases idoines » et avec les « organes convenables ». Plus tard, Alphonse de Ligori fit triompher l'esprit d'indulgence de Sanchez sur le rigorisme augustinien. Ce saint n'est sûrement pas étranger à la révolution dans l'Eglise qui, au cours du XXe siècle et jusqu'à Vatican II, a placé l'Amour à la base du sacrement du mariage et du modèle chrétien de la vie conjugale. En 1925, D. von Hildebrand écrit que l'acte conjugal « n'a pas seulement pour fonction la procréation », mais qu'« il possède aussi une signification pour l'homme, comme être humain ». Le grand théologien reconnaît la fonction ontologique du sexe. Il ampute d'autant la part du diable. Est-ce à dire que celui-ci a perdu définitivement l'exclusivité de la chair qui lui fut concédée jadis par les Eglises ? La question est toujours matière à débats et encycliques. Pour l'heure, et pour autant qu'on veuille bien ne pas le diffamer, le diable reste le gestionnaire privilégié du sexe.

Cette charge, il l'assure depuis plus d'un millénaire. L'histoire en serait trop longue : je donnerai seulement quelques repères et anecdotes. Au *phallos* joyeux des Grecs et au *fascinus* inquiétant des Romains a succédé la vulve béante et dentée de l'enfer chrétien. Le diable en femme-bouche engloutit les damnés dans le ventre de la bête. La représentation satanique officielle demeure celle du *Pan ithyphallique* ou du bouc, mais sa forme la plus efficace est devenue la sorcière. « Cependant, où paraît la femme, c'est l'unique objet de l'amour. Tous la suivent, et tous pour elle méprisent leur propre espèce [13]. »

Le diable n'en est pas moins bisexuel dans ses manifestations érotiques, changeant d'enveloppe à volonté, *sub forma viri aut mulieris habet* selon saint Alphonse de Ligori : il se fait incube pour posséder les femmes et succube pour pénétrer les hommes [14].

Les confessions, les récits de procès forment un fleuve monotone d'accouplements monstrueux, un ragoût fétide de chairs et d'excréments dont le pittoresque lasse vite malgré la délectation que l'on sent chez les scribes : il y a de l'érection cachée sous la robe de l'inquisiteur qui regarde le corps nu et déchiré de la jeune sorcière, pauvre Dionysia abandonnée.

En incube, le diable visite Françoise Fontaine, il la fait « dépouiller toute nue, jusqu'à lui faire ôter sa chemise, l'ayant jetée sur le lit, et par après ledit grand homme s'était mis sur elle et eut sa compagnie charnelle par quatre fois tout de suite, étant à chacune des fois environ une demi-heure sur elle, lui faisant grand mal et sentant comme un glaçon qu'il rendait sur la fin, qui lui venait jusque dans l'estomac et au-dessus des tétins, fort froid ; et comme il l'avait fait, voulant ôter son membre viril demeurait dans la nature de ladite Françoise comme celui d'un chien fait quand il a la compagnie d'une chienne, ayant ladite Françoise et ledit grand homme grand-peine à faire sortir son dit membre de la nature d'icelle Françoise [15] ».

A la nuit, ce ne sont que cohortes de succubes qui pénètrent les monastères ou promeneuses égarées qui s'offrent au voyageur. Clerc ou laïc, châtelain ou vilain, aucun n'est protégé des attentats du démon *(figure 39)*. Villeneuve cite le *facetarium liber* du Pogge qui conte la mésaventure survenue à Rome au cardinal Angelotto : « [...] il se promenait la nuit dans la ville déserte ; une femme de formes avenantes se présente à lui et naturellement il la connut. Il la tenait encore dans ses bras, quand elle se métamorphosa tout à coup en un homme aux traits hideux. — Hé ! Qu'as-tu fait ? dit ce démon, comme je t'ai bien trompé ! — Si tu m'as maculé l'âme, répondit [l'intrépide cardinal], moi je t'ai souillé le cul [16] ». De succube en incube, le passage de l'une à l'autre forme est bien vite accompli.

Les représentations sexuelles du diable sont construites selon les modèles de sexe en place dans la société à chaque époque et y occupent la position dialectique qui revient au grand négateur.

HOMME OU FEMME

L'homme est incertain de son genre [17] au point qu'il lui faille, dans beaucoup de sociétés, effectuer un difficile travail d'initiation et de rites pour s'en assurer [18]. « Passant à Vitry-le-François, raconte Montaigne, j'ai pu voir un homme que l'évêque de Soissons avait nommé Germain en confirmation, lequel tous les habitants de là ont connu et vu fille, jusqu'à l'âge de vingt-deux ans, nommé Marie [...]. Il était à cette heure-là fort barbu, et vieux, et point marié. Ce n'est pas tant de merveille, que cette sorte d'accident se rencontre fréquemment : car si l'imagination peut en telles choses, elle est si continuellement et si rigoureusement attachée à ce sujet, que pour n'avoir si souvent à rechoir en même pensée et âpreté de désir, elle a meilleur compte d'incorporer, une fois pour toutes, cette virile partie aux filles [19]. »

Figure 39 — A la nuit, ce ne sont que cohortes de succubes...

De l'Antiquité à la fin du XVIIIe siècle, l'observation scientifique s'est efforcée de réduire les différences entre l'homme et la femme, selon le modèle du sexe *unique* et des *deux genres*. On désigne par *genre* une catégorie culturelle qui assigne à l'individu sa place dans la hiérarchie sociale. On vérifiera une fois de plus la prééminence de l'idéologie au sein même de la science. Des observations anatomiques de plus en plus précises et savantes ont confirmé, en effet, l'opinion de Galien selon laquelle les organes féminins sont le résultat inachevé d'un chantier qui atteint seulement son aboutissement chez l'homme : un pénis flanqué de deux testicules enfouis dans leurs bourses auxquels correspondent respectivement chez la femme le vagin, les ovaires et l'utérus, demeurés à l'intérieur du corps. Sexuellement, la femme était donc un homme inachevé, ce dont rendait compte sa position sociale inférieure. A un sexe unifié correspondaient deux genres, l'un dominant (masculin) et l'autre dominé (féminin).

Au début du XIXe siècle, une révolution culturelle, dont T. Laqueur a montré les conséquences et les causes[20], aboutit à l'affirmation d'une différence radicale entre les deux sexes. Pour J.-L. Moreau, l'un des fondateurs de l'anthropologie morale, les relations de l'homme et de la femme reposent sur « une série d'oppositions et de contrastes » qui existent dans tous les compartiments du corps et de l'esprit. Un professeur de biologie de la fin du XIXe siècle, P. Geddes, explique que cette différence radicale entre l'homme et la femme vient de l'opposition entre les cellules mâles, à caractère catabolique (actives et consommatrices d'énergie), et les cellules femelles, à caractère anabolique (passives et conservatrices d'énergie) ; à cette position correspondent les qualités de l'homme, actif et conquérant, et celles de la femme, passive et stable. A cela, clame notre savant, nul ne peut rien opposer : « [...] ce qui a été décidé chez les protozoaires, il y a des millions d'années, ne peut être annulé par un décret du Parlement[21] ». Et surtout, il n'appartient pas aux femmes d'en décider autrement ! L'identité sexuelle, femme ou masculine, a subi bien des avatars au cours de l'histoire. Notons que le terme d'identité reflète bien l'ambiguïté des situations. Le mot possède en effet deux sens contradictoires : le premier décrit la similitude des choses, le second établit ce par quoi un individu est différent des autres et peut être « identifié ». L'identité est donc ce qui nous fait à la fois identiques par les traits qui signent notre appartenance au troupeau et singuliers comme en atteste la « carte » du même nom, propriété d'un seul. E. Badinter[22] a récemment montré l'évolution des mentalités et analysé de façon subtile et documentée comment le sexe fort est devenu fragile, soutenu par une idéologie scientifique qui proclame la nécessité pour le masculin de s'affirmer après effaçage du féminin.

Fausse reconnaissance, confusion des genres ou encore marque inimitable du diable ? Le sexe biologique ne serait-il que le comparse muet d'un jeu de société ? Mais n'est-ce pas la vie, commencée il y a trois milliards d'années, qui continue à se jouer de l'être ? L'étude des gènes nous permettra peut-être d'y voir plus clair.

LE BON GÈNE ET LE MAUVAIS GENRE

L'époque est au « tout génétique » : montre-moi ton génome, je te dirai qui tu es. Tout citoyen éclairé sait aujourd'hui que son sexe est déterminé par ses chromosomes, dont la vingt-troisième paire, la plus petite, selon qu'elle est XX ou XY, produit une femelle ou un mâle. Une autre certitude bien ancrée dans l'opinion est que le sexe féminin correspond à l'état neutre, passif et spontané, et qu'il faut l'intervention effective du chromosome Y porteur de la masculinité pour construire un garçon. Remarquons que, malgré le caractère originel du sexe féminin — donc sexe fort selon certaines interprétations —, la génétique ne laisse pas de considérer, selon la vieille idéologie du sexe unique, que l'on est femme par défaut, c'est-à-dire par absence du gène masculin.

J'ai montré au début de ce livre que la sexualité représentait à plus de 95 % le mode favori de reproduction du vivant, mais qu'il n'existait pas de formule universelle et que la plus grande diversité régnait parmi les espèces et les classes évolutives. Chez les mammifères, la fabrique du sexe répond dans son ensemble à la théorie organisationnelle résumée dans la *figure 40*. Selon ce concept, le sexe de l'animal — en l'occurrence la nature de ses gonades — est déterminé au moment de la conception par la formule chromosomale héritée de ses parents : un chromosome X vient de la mère ; l'autre, X ou Y, est donné par le père. C'est donc le spermatozoïde, selon qu'il est porteur de X ou Y, qui décide du sexe de l'embryon. Les gonades (testicules et ovaires) produisent des hormones qui circulent dans le corps de l'embryon et sculptent dans sa chair les traits mâles ou femelles : la testostérone (chef de file des androgènes) pour les premières, l'*œstradiol* et la *progestérone* pour les secondes. Toujours selon la théorie, en l'absence de chromosome Y les testicules ne se forment pas et les ovaires se développent spontanément, avec pour conséquence l'apparition de caractères sexuels femelles. Dans un tel scénario, le féminin représente le sexe neutre ou par défaut, et le masculin, le sexe organisé.

Avant de voir comment les hormones construisent le deuxième étage de la différenciation sexuelle, je voudrais considérer le premier étage, celui des chromosomes dépositaires, selon l'idéologie du jour, de toutes les certitudes. Répétons la leçon : l'humain possède quarante-six chromosomes groupés en vingt-trois paires dont la dernière est formée des chromosomes sexuels XX pour la femme et XY pour l'homme. La fusion des deux gamètes, le spermatozoïde et l'ovule, possédant chacun une demi-part de chromosome, amène parfois la reconstitution chez l'embryon d'une paire sexuelle anormale : XO *(syndrome de Turner)*, quand le chromosome Y est manquant, ou XXX, avec un X de plus, donnent des sujets de type féminin ; à l'opposé, XYY ou XXY *(syndrome de Klinefelter)* donnent des types masculins, mais avec des organes sexuels atrophiés dans le dernier cas. Le sexe masculin nécessite donc la présence

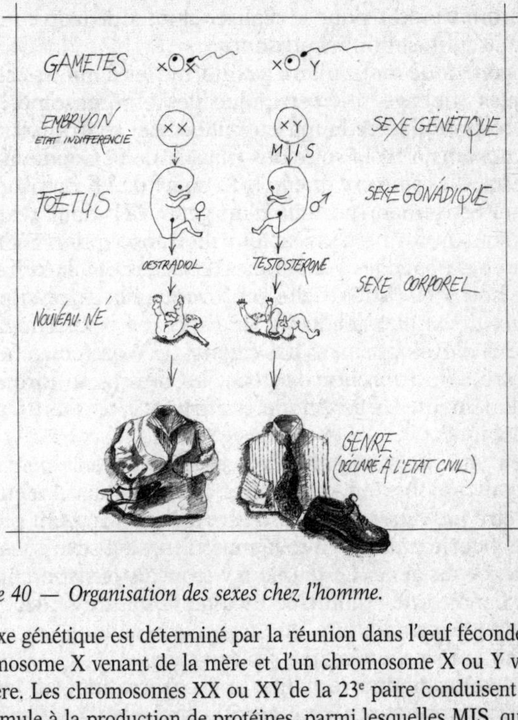

Figure 40 — Organisation des sexes chez l'homme.

Le sexe génétique est déterminé par la réunion dans l'œuf fécondé d'un chromosome X venant de la mère et d'un chromosome X ou Y venant du père. Les chromosomes XX ou XY de la 23e paire conduisent selon la formule à la production de protéines, parmi lesquelles MIS, qui permettent la formation soit de gonades femelles (ovaires), soit de gonades mâles (testicules). Celles-ci sécrètent des hormones, œstradiol ou testostérone, responsables respectivement de l'apparence féminine ou masculine du corps et de la sexualisation du cerveau. Encore faut-il pour cela que le métabolisme des hormones se déroule normalement et que des récepteurs spécifiques soient présents dans les cellules, sinon toutes sortes de discordances peuvent survenir entre le sexe génétique et le sexe corporel. Une dernière étape reste à parcourir après la naissance, celle du genre qui est le sexe déclaré à l'état civil et qui dépend largement de l'opinion que se font les parents du sexe de leur enfant. (On pourra consulter au sujet du déterminisme du sexe : Barbaux S., Vilain E., McElreavey K & Fellous M. [1995]. « Le point sur le déterminisme du sexe chez les mammifères ». *Médecine/Sciences,* 11 : 529-536.)

du chromosome Y pour se réaliser et un X de trop entraîne une masculinisation insuffisante[23].

La génétique moléculaire a confirmé les données carryotypiques (fichage microscopique des chromosomes) : le gène responsable de la masculinité devait se trouver sur le chromosome Y. A la suite des travaux de P. Goodfellow et P. Berta, il s'est avéré que le bras court du chromosome Y était effectivement porteur d'un gène *SRY* dont l'expression, sous la forme d'un facteur de transcription SRY, au niveau des ébauches gonadiques, aboutissait à la sécrétion d'une hormone (MIS). Celle-ci provoquait la régression des canaux de Müller (ébauche de l'appareil sexuel femelle) suivie du développement des canaux de Wolf (ébauche testiculaire). En l'absence du gène, les ovaires se formaient spontanément. La génétique confirmait : on était femme par défaut[24].

Bien vite, il est apparu, comme souvent en sciences et presque toujours en génétique, que les choses n'étaient peut-être pas aussi simples. Il est vrai que l'on était revenu à une théorie unitaire avec le masculin, seul sexe construit à la force du gène. Le diable n'y trouvait pas son compte et réclamait une reconnaissance de la nature dialectique, duelle et contradictoire du sexe. La génétique est venue récemment se soumettre à ses exigences.

La contradiction est liée à l'observation de sujets humains présentant une inversion sexuelle : XX pour des hommes et XY pour des femmes. Déjà, en 1984, J. Weissenbach et M. Fellous avaient émis l'hypothèse que les hommes XX présenteraient un fragment de Y sur le chromosome X. On a pu vérifier que certains de ces mâles XX possédaient effectivement le gène SRY. Ce n'était pas le cas pour quelques mâles XX observés dans des familles où l'analyse des pédigrees laissait supposer l'existence sur les chromosomes X d'un gène Z régulateur négatif du sexe mâle[25]. Une étude très récente vient de montrer la présence chez les femmes XY d'un gène baptisé DSS[26] situé sur le bras court du chromosome X. Le redoublement de ce gène, qui n'existe normalement qu'à un exemplaire par chromosome X, serait responsable de la féminisation des sujets XY. Il apparaît ainsi que le sexe n'est pas lié à la seule expression d'un gène masculinisant, qui opère par défaut chez la femme, mais à une balance complexe, faisant intervenir une cascade d'autres gènes, entre un gène masculinisant et un gène féminisant. Mais les amateurs de certitude ne doivent pas se réjouir trop vite : il demeure de nombreux gènes inconnus dans la cascade des facteurs qui assurent la détermination sexuelle et, en contraste avec l'importance capitale de la reproduction dans l'évolution, les molécules impliquées varient extraordinairement d'une espèce à l'autre, reflet de leur fragilité chez l'Homme[27].

Bien loin de ces inversions de sexe qui font le bonheur des généticiens, il est une catégorie d'hommes que la morale bourgeoise désignait autrefois sous le nom d'invertis. Les homosexuels mâles, par la voix de certains de leurs représentants, revendiquent aujourd'hui une origine génétique à leur goût pour les garçons. On parle d'un gène de l'homosexualité en négligeant d'ailleurs les habitantes de Gomorrhe pour ne citer que ceux de Sodome qui posséderaient donc en plus le gène du machisme. Chromosomes de la violence, de l'alcoolisme, de la toxicomanie, du tabagisme, du crime, de la pédérastie, de la gourmandise, de la paresse et de la vanité, les états du diable se couvrent d'un parterre de gènes comme autant de fleurs du mal. Les observations sur les jumeaux et les frères adoptés ne permettent pas des conclusions bien tranchées sur les rôles respectifs du génome et du milieu éducationnel et social dans le déterminisme de l'orientation sexuelle[28]. L'équipe de D. Hamer a étudié une région du chromosome X désignée sur la carte par l'appellation Xq28 chez les membres de familles comportant deux fils homosexuels. Ceux-ci possédaient les mêmes marqueurs de la région dans 82 % des cas au lieu des 50 % attendus comme le voudrait la répartition par moitié des gènes du père et de la mère[29]. Je ne reprendrai pas les critiques soulevées par l'interprétation des résultats ; elles portent sur la signification de statistiques et sur la longueur de la région étudiée qui contient plusieurs centaines de gènes dont quelques-uns pourraient concerner seulement, et très indirectement, l'orientation sexuelle. En définitive, nous sommes tous prédisposés génétiquement à être ce que nous sommes...

Une fois de plus le vieux mythe est compromis, celui d'un sexe unique : l'homme avec testicules et sans majuscule, dont la femme serait un produit dérivé ou une ébauche inachevée. Et voici que, par la grâce de la génétique, la dualité des sexes est à nouveau proclamée : SRY face à DSS. J'ajouterai, sans entrer dans la discussion, qu'il est possible que les gènes masculin et féminin descendent d'un ancêtre commun et que celui-ci ait été le gène féminin aboutissant à la formule actuelle : un exemplaire pour papa, deux exemplaires pour maman ! Mais la génétique s'expose à son tour au risque herméneutique et offre à l'interprétation de nouveaux symboles. Gardons-nous surtout de lire les séquences de l'ADN une bible à la main.

LES HORMONES DU SEXE

Une fois réglé le problème génétique, XX ou XY, avec les confusions que l'on a vues, la fabrique du sexe est l'affaire des hormones. Bien au chaud dans la matrice, les petits grandissent, femelle ou mâle, selon les sécrétions de leurs propres glandes génitales : pour les ovaires, l'œstradiol, et pour les testicules, les androgènes. Le pénis, les bourses et les canaux déférents sont l'œuvre de ces derniers. En leur absence, l'embryon acquiert spontanément des organes sexuels femelles : utérus, vagin, lèvres et clitoris. Encore une fois : seule la fabrique du sexe mâle nécessite l'intervention des hormones, celui de la femelle se construit librement. Sexe féminin, sexe spontané, sexe de base, sexe primordial, sexe neutre, sexe fort : l'idéologie n'a qu'à faire son choix !

Les choses sont évidemment loin d'être aussi tranchées, mais il est vrai que la sexualité de l'adulte peut se jouer dans l'utérus de la mère. C'est pendant cette période, suivie d'un temps plus ou moins long après la naissance, que se construisent non seulement l'appareil génital et les caractères morphologiques du corps, mais aussi l'organisation du cerveau qui gouverne les fonctions de reproduction et les comportements qui leur sont associés[30]. Les glandes de l'embryon ne sont pas seules en cause dans sa sexualisation, qui dépend aussi de l'environnement : c'est-à-dire du corps de la mère, avec ses humeurs fluctuantes, et des petits frères et sœurs compagnons d'utérus et de terrain de jeu. Pendant la grossesse, les hormones de la mère baignent le fœtus, exposant parfois sa sexualité naissante à des taux d'androgènes ou à d'autres excès hormonaux qui retentissent sur ses propres sécrétions et sur sa différenciation sexuelle.

Au début du siècle, F.R. Lillie avait observé que lorsqu'une vache portait des jumeaux mâle et femelle, la génisse était stérile et présentait des caractères masculins ; il en avait conclu que les androgènes du veau imprégnaient le corps de la velle à l'intérieur du ventre maternel et étaient responsables de la masculinisation. Une expérience récente illustre cette influence des fréquentations intra-utérines sur la sexualité du petit. Dans les espèces qui produisent de nombreux fœtus à chaque portée, ceux-ci sont alignés dans les cornes utérines à la façon des fèves dans leur cosse. On peut identifier leur sexe et marquer leur position pendant la grossesse ; on observe après la naissance que les femelles qui ont poussé entre deux mâles sont plus agressives, moins attractives et ont une puberté retardée ; les mâles entourés de femelles auront en revanche un comportement sexuel inversé et une position inférieure dans la hiérarchie sociale[31] *(figure 41)*. Un dernier exemple bien connu est celui de la hyène tachetée. Les femelles ont une allure de mâle avec une forte taille, une morphologie masculine, un pseudo-pénis et des lèvres formant des bourses, malgré des ovaires et un utérus normaux. Dans les combats, elles sont les plus fortes et exercent une position dominante dans la meute. Un de mes collègues, habitué des déserts, m'a affirmé qu'il s'agirait d'une adaptation à un milieu pauvre en ressources. Il prétendait avoir pu observer le même phénomène chez les

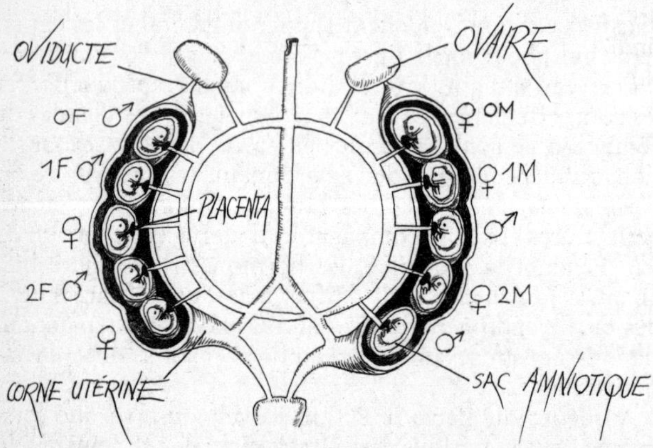

Figure 41 — L'environnement hormonal dans l'utérus influence la sexualité du futur adulte chez les rongeurs.

Une petite rate entourée dans la corne utérine de deux petits rats (2M) est exposée à une plus forte concentration de testostérone que celle qui grandit entre deux femelles (OM) ou entre un mâle et une femelle (1M). Les femelles 2M sont plus masculinisées que les autres et seront à l'âge adulte plus agressives et moins attractives pour les mâles que les femelles OM. De la même façon, un effet féminisant est observé chez les mâles (2F) entourés de deux femelles.
(D'après Crews, D. (1987), *op. cit.*)

dames touareg, dont on connaît la position sociale dominante, exceptionnelle dans le monde musulman. La cause immédiate tient à la présence d'un taux excessif d'androsténédione, un composé inactif chez la mère qui est converti dans le placenta en hormone active et capable de masculiniser le fœtus. La cause ultime, celle qui concerne l'adaptation, pourrait être l'avantage qu'il y aurait, dans un milieu où la nourriture est rare et difficile à acquérir, à ce que les femelles participent à sa quête incertaine, en l'occurrence à la chasse collective.

Les hormones, celles du fœtus et celles de la mère, jouent un rôle déterminant dans la construction des circuits cérébraux dont dépendront les fonctions sexuelles de l'individu et notamment ses conduites mâle ou femelle plus ou moins affirmées. Sans entrer dans les mécanismes de la sexualisation de certaines régions cérébrales, j'insisterai sur l'ambivalence étonnante des hormones gonadiques en remarquant que la testostérone doit être convertie en œstradiol dans le cerveau pour y exercer sa fonction masculinisante et que, dans beaucoup d'espèces, y compris l'humaine, elle peut exercer une action stimulante sur l'activité sexuelle mâle aussi bien que sur la femelle. En revanche, la progestérone, hormone femelle par excellence et qui passe pour avoir un effet inhibiteur sur l'activité sexuelle mâle, s'avère également stimulante dans certaines conditions. Ainsi, un pic de sécrétion de progestérone accompagnerait la montée de désir du mâle avec la tombée de la nuit !

Il est inutile de gloser plus longtemps sur la dualité ambiguë des hormones du sexe au niveau des organes et des structures dont elles ont la charge. Volontairement, je n'ai pas séparé le sort de l'homme de celui du rat ou de la vache. C'est que fondamentalement la sexualité possède des caractères universels. Mais, s'agissant de l'homme, la rupture en matière de sexe est aussi radicale que pour les fonctions instrumentales ou langagières et probablement pour les mêmes raisons. Quand il naît, le petit homme n'est pas fini ; son enfance et son développement durent plus longtemps que chez n'importe quelle autre espèce. A la naissance, tout est joué en matière de sexe pour un mouton ou pour un rat ; leur destin de mâle ou de femelle est tracé. Tout reste à faire, ou presque, pour le petit homme : la fabrique du sexe, avec sa part d'improvisation et de hasard, sa part d'éducation et sa part inévitable programmée dans ses gènes, se poursuit pendant de longues années. Le sexe, nous l'avons vu, fonde la parole de l'homme ; celle-ci, en retour, transforme le sexe de l'homme en jeu de société. L'homme et son sexe, quelle affaire !

CERVEAU : L'INCUBE ET LE SUCCUBE

Les fonctions sexuelles se dissimulent au cœur de l'hypothalamus. Nous y retrouvons le principe de dualité qui fait cohabiter chez un individu, à quelques neurones de distance dans le même coin d'encéphale, un centre[32] mâle et un centre femelle. Ces centres ne fonctionnent pas à la façon d'un interrupteur ouvert ou fermé ; leur seuil d'activation varie, notamment selon le taux des stéroïdes sexuels dans le sang. Il existe en outre des relations de réciprocité entre les composantes mâles et femelles. Ces faits ont été établis à la suite d'expériences de lésions ou de stimulations électriques réalisées chez l'animal et exceptionnellement chez l'homme, lors de troubles neurologiques ou d'interventions neurochirurgicales à visée thérapeutique.

Les expériences d'ablation suggèrent que l'*aire préoptique* médiane (la partie frontale de l'hypothalamus) joue un rôle clé dans le comportement mâle ; sa destruction provoque en effet un arrêt plus ou moins total de l'activité copulatoire. Ce blocage est indépendant de l'intensité du désir sexuel : les singes opérés se masturbent ou présentent un comportement femelle lorsqu'ils reçoivent un traitement par des œstrogènes.

A l'opposé, comme on pouvait s'y attendre, la stimulation électrique de la même région chez le mâle provoque une activité copulatrice intense avec une femelle pour peu que celle-ci soit en chaleur, c'est-à-dire désirable. On en conclut que la stimulation de l'aire préoptique diminue le seuil d'activation du comportement sexuel, mais qu'il ne change pas la nature de l'objet de désir.

Nous savons peu de choses sur les connexions entre l'aire préoptique médiane et les autres régions du cerveau *(figure 42)*. Il existe des sorties sur le *noyau dorsomédian* de l'hypothalamus, connu pour son rôle dans l'éjaculation, sur les régions motrices, qui commandent la gestuelle du coït, et sur les centres végétatifs impliqués dans l'érection.

L'aire préoptique médiane reçoit des informations pro-

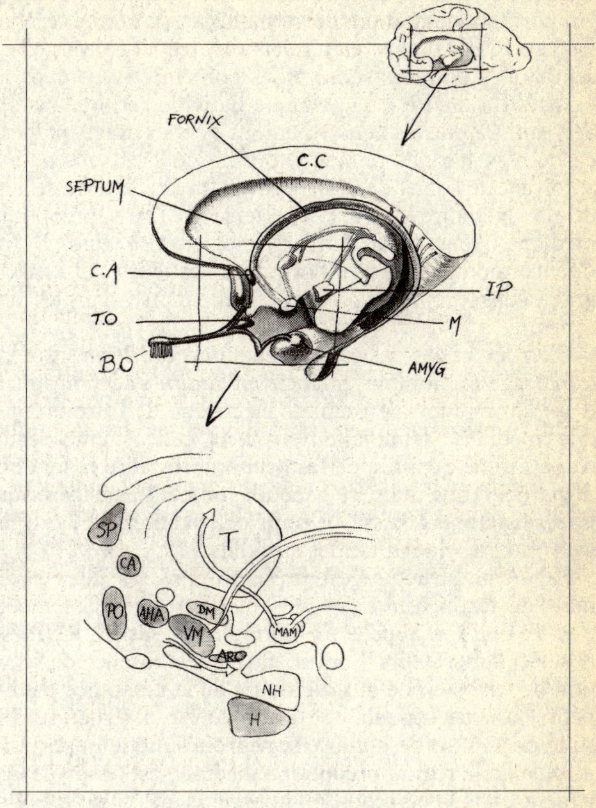

Figure 42 — Agrandissements successifs de la région centrale du cerveau.

A : amygdale ; AHA : aire hypothalamique antérieure ; arc : noyau arqué de l'hypothalamus ; BO : bulbe olfactif ; CA : commissure antérieure ; CC : corps calleux ; DM : noyau dorso-médian de l'hypothalamus ; H : hypophyse antérieure ; IP : noyau interpédonculaire ; MAM : corps mamilaires ; NH : neurohypophyse ; PO : aire préoptique ; VM : noyau ventromédian ; SP : septum ; T : thalamus ; TO : tubercules olfactifs.

venant du système olfactif, dont il est inutile de souligner l'importance en matière de sexualité, et du cortex cérébral via l'amygdale du cerveau, relais vers lequel converge l'ensemble des données sensorielles qui s'inscrivent dans les « cartes du tendre » que chaque individu recèle dans son cerveau. Ce que les yeux voient, ce que les doigts palpent, ce que les narines hument, tout ce que les sens activés reçoivent de l'objet de désir vient, à travers le filtre sélectif de la mémoire, mettre en tension l'aire préoptique médiane. Mais cette dernière est soumise aussi à l'influence modulatrice des hormones sexuelles qui s'exerce grâce à des récepteurs présents en abondance dans les neurones[33].

Chez les mâles castrés, la réduction du désir sexuel et le blocage du comportement copulatoire s'accompagnent d'une diminution de l'activité électrique de l'aire préoptique médiane. L'implantation dans cette même région d'une infime quantité de testostérone restaure la fonction disparue. D'une manière générale, on peut considérer que la testostérone abaisse le seuil d'activation de la région sans modifier la nature des stimulus.

La même structure est présente dans les deux sexes, mais de façon beaucoup plus modeste chez la femelle ; c'est ce que l'on appelle un *dimorphisme sexuel*. R. Gorski et ses collaborateurs[34] ont montré que l'absence de sécrétion de testostérone aux alentours de la naissance chez la petite rate provoquait une atrophie de la structure à la suite de la mort de nombreux neurones. Cette importance inégale de la région préoptique médiane est observée également dans le cerveau de l'homme et de la femme. Une région appelée INAH3 est trois fois plus développée chez le premier que chez la seconde *(figure 43)*. On observe aussi des différences dans le nombre des synapses et dans leur contenu : chez le rat mâle et chez l'homme, les terminaisons de fibres neuronales dans la région médiane préoptique contiennent de la vasopressine[35], qui est absente chez la femelle ou chez le mâle après castration.

A proximité de l'aire préoptique médiane, la région du noyau ventromédian (voir *supra, figure 42*) est impliquée

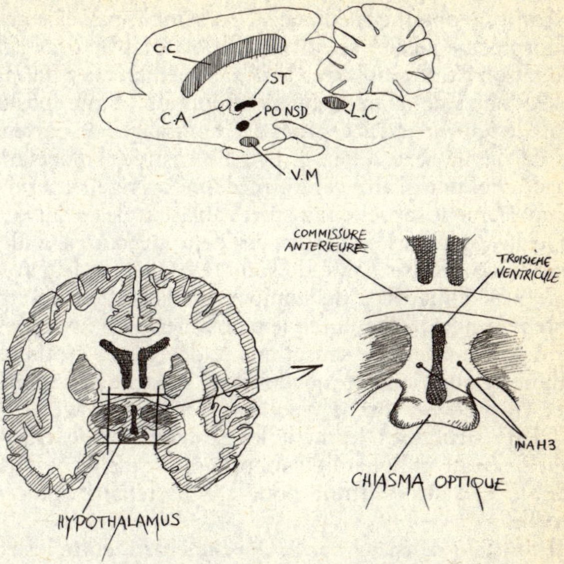

Figure 43 — Les régions sexuellement dimorphiques du cerveau.

En haut : Régions sexuellement dimorphiques dans le cerveau du rat. Les régions hachurées sont plus développées chez la femelle : CA : commissure antérieure ; CC : corps calleux ; LC : locus cœruleus et VM : noyau ventromédian. Les régions en noir sont plus développées chez le mâle. PO-NSD : région préoptique, noyau sexuellement dimorphique ; ST : stria terminalis.
En bas : Coupe d'un cerveau humain et de l'hypothalamus avec la région INAH3 qui serait trois fois plus développée chez l'homme que chez la femme.
(D'après Le Vay (1994). « The Sexual Brain ». *Scientific American*, 270 : 19-32.)

dans le comportement sexuel femelle, mais de façon non exclusive. L'aire participe également au contrôle du comportement alimentaire et d'une façon plus générale, comme je l'ai signalé dans l'étude des processus opposants, à l'aspect adversif des conduites animales. A la différence de l'aire préoptique médiane, il ne semble pas exister de dimorphisme sexuel au niveau de cette structure. L'implantation d'œstradiol dans le noyau médian chez un mâle castré entraîne chez celui-ci l'adoption d'une posture sexuelle femelle et l'acception des hommages de partenaires de même sexe. Chez la femelle castrée, l'inoculation d'œstradiol dans l'aire ventro-médiane corrige la perte du comportement sexuel qui a suivi l'ablation des ovaires.

Quelle est la part respective des deux structures, mâle et femelle, dans la sexualité de l'adulte ? Quel est leur rôle ? Sont-elles initiatrices du comportement sexuel à l'étage moteur le plus bas ou interviennent-elles à un niveau plus élevé d'intégration de sensations et des gestes érotiques ? Autant de questions auxquelles il est difficile de répondre avec certitude. A titre d'hypothèse, on peut imaginer que les deux structures forment les plateaux d'une balance dont le fléau indiquerait l'orientation sexuelle de l'individu, c'est-à-dire l'attrait pour un partenaire mâle ou femelle.

Il convient d'insister sur le cloisonnement entre les centres sexuels et les systèmes opposants. Ces derniers, non spécialisés et sans but, sont secondairement orientés et tendus vers la réalisation d'un acte sexuel à la suite de l'intervention des premiers où se fait l'intégration entre, d'une part, les données hormonales grâce à la présence de récepteurs aux stéroïdes sexuels, et d'autre part, les données affectives amenées par les voies qui convergent sur ces noyaux.

La recherche animale ignore tout des « sentiments » d'une bête incapable d'en parler. Les seules observations humaines dont on dispose ont été obtenues chez des délinquants sexuels ayant subi par neurochirurgie une destruction ménagée de leurs noyaux préoptique et ventromédian de l'hypothalamus. Ces malheureux affirmaient ne plus ressentir de désir sexuel, ni de goût pour ce qui faisait jadis l'objet de leur perversion. Un résultat comparable peut être actuellement obtenu grâce à un traitement médicamenteux, qualifié parfois de castration chimique, qui bloque l'action des androgènes dans le cerveau.

Le cerveau du sexe ne se résume pas à la confrontation dans l'hypothalamus d'un centre femelle et d'un centre mâle. Un flux d'informations circulant dans les deux sens unit l'hypothalamus et le cortex cérébral par l'intermédiaire de structures nerveuses enfouies dans la profondeur, le septum et l'amygdale (voir *supra, figure 42*).

Les aires corticales ne sont pas toutes impliquées au même degré dans la sexualité. La destruction de la partie antérieure des lobes temporaux chez le singe et chez l'homme se traduit par le syndrome de Kluver et Bucy, lequel consiste dans l'association d'une cécité psychique, d'une affectivité émoussée, d'une boulimie caricaturale et d'une activité sexuelle incontrôlée, dirigée sur les objets les plus incongrus : machine à laver, balais, aspirateur, etc. Les lésions des lobes frontaux chez des patients se traduisent souvent par une obscénité verbale et une totale impudeur qui contrastent avec une perte de l'activité sexuelle. J'évoquerai à ce propos l'exemple célèbre de Phineas P. Gage[36] dont le crâne, conservé au Musée de la Médecine de Harvard, n'a cessé de stimuler l'imagination des chercheurs[37]. L'humble et vertueux contremaître, après qu'une barre de mine lui eut traversé le front et détruit la partie antérieure du cerveau sans causer d'autre dommage à sa santé, s'était changé dans les mois et années qui suivirent en un individu grossier aux mœurs dépravées.

La destruction du septum, provoquée accidentellement par des neurochirurgiens lors de la mise en place de dérivations liquidiennes destinées à soulager certaines affections du cerveau, entraînait chez ces malades une hypersexualité. Des lésions réalisées chez le rat ont confirmé l'action inhibitrice du septum sur le comportement sexuel. De façon contradictoire, la stimulation électrique du septum lors du traitement neurochirurgical d'une forme sévère d'épilepsie provoquait, selon les dires du sujet (non anesthésié dans ce type d'intervention), un éveil sexuel et un orgasme. Celui-ci est parfois présenté comme une véritable crise d'épilepsie qui a donné lieu, dans des cas exceptionnels, à l'enregistrement de pointes-ondes dans la région du septum[38].

J'insisterai, pour terminer cette visite du cerveau, sur le rôle de l'amygdale qui constitue, je le rappelle, la clé de voûte du cerveau limbique, lequel est spécialisé dans la gestion de nos émotions. Selon la place des électrodes introduites chez des patients épileptiques en vue de détruire la cause des crises que l'on ne pouvait guérir autrement, la stimulation de l'amygdale provoquait une érection ou son inhibition. Une destruction localisée de cette région chez des sujets qui présentaient un comportement agressif criminel n'entraînait pas de modification apparente de leur sexualité. En revanche, l'observation récente [39] d'un patient souffrant d'une maladie d'Urbach-Wiethe, qui avait occasionné chez lui la destruction bilatérale et complète des amygdales, montrait l'incapacité de ce malade d'identifier une émotion d'après son expression faciale. Le sujet ne reconnaissait plus une mimique de peur et ne pouvait plus la différencier de l'expression des autres émotions. Le rôle des amygdales dans la lecture des sentiments sur le visage de l'Autre place donc cette structure au cœur de la relation amoureuse.

LES CARTES DU TENDRE

Avant d'être un contact physique, l'amour est d'abord un échange avec le partenaire d'émotions destiné à éclairer et activer un ensemble de représentations que j'appellerai « cartes du tendre », car c'est elles qui décident du choix de l'objet du désir et stimulent sa quête. Cette expression, empruntée à la littérature du XVIIe siècle, est la meilleure traduction — un peu précieuse, j'en conviens — que j'ai trouvée pour traduire le néologisme anglais *lovemaps* [40], par lequel le grand sexologue américain John Money désigne l'ensemble des représentations qui, dans le cerveau d'un individu, gouvernent ses attirances, ses choix et ses comportements sexuels. « Une "lovemap" n'est pas présente à la naissance. Comme le langage naturel, elle se développe pendant les quelques années qui suivent. C'est une représentation ou matrice qui se construit dans votre cerveau[41] et qui dépend d'entrées sensorielles spécialisées. Elle dépeint l'image de votre amoureux(se) idéal(e), et ce qu'en tant que couple vous faites ensemble dans une relation romantique, idéalisée, érotique et sexuelle. Une "lovemap" existe d'abord dans l'imagerie mentale, puis dans les rêves et les fantasmes avant d'être traduite en action avec un ou plusieurs partenaires. »

Money décrit là une forme particulière de ce que j'ai appelé les cartes cognitives. De tous les animaux sociaux, l'enfant est celui qui demeure le plus longtemps exposé à l'influence des autres et du milieu dans lequel il grandit. Parmi la multiplicité des cartes, les suites d'événements et de situations auxquels il est confronté gravent dans les neurones de l'enfant une carte du tendre : *sa* carte, qui dessine en négatif la carte de l'autre, le partenaire idéal.

Pour la majorité des sujets, la carte du tendre s'établit sur le mode hétérosexuel : sans trop de complications. Les gènes, par l'intermédiaire des hormones, dessinent en traits appuyés le câblage neuronal du cerveau sexuel, mâle et femelle, selon les espèces. Beaucoup d'entre elles, comme le mouton, sont des robots hormonaux pour lesquels les trois phases du comportement reproducteur (*attractivité, proceptivité* et *réceptivité*[42]) sont exclusivement gouvernées par une programmation hormonale du cerveau intervenue avant la naissance et que rien de ce qui advient après ne pourra modifier. Pour les rongeurs, et surtout pour les primates, le cerveau sexuel est à la naissance une structure inachevée. La carte qui nous guide pendant notre vie d'adulte est pour chacun d'entre nous l'aboutissement d'une longue histoire pleine de bruit et de fureur dont nos neurones ont conservé les traces. Soumises aux contraintes duelles et parfois contradictoires des centres cérébraux et des hormones, la carte se révèle le terrain favori pour l'expression du génie diabolique.

Comme l'homme, leur cousin, les grands singes illustrent l'importance du milieu social de l'enfant dans la genèse des actes sexuels de l'adulte. Un chimpanzé élevé seul, en captivité, et mis en présence de compagnons, se révèle incapable de répondre par le coït aux invitations d'une guenon : il ne sait que l'agresser ou se blottir dans ses bras en se masturbant. Le plus grand éthologue ne peut prétendre pénétrer la subjectivité des chimpanzés. En les observant dans leur milieu naturel, et par inférence d'après leurs comportements, il pourra toutefois conclure que « quelque chose » appartenant d'abord à la vision, à l'odeur et aux sons, puis aux sensations tactiles, entraîne un mâle et une femelle l'un vers l'autre et qu'ils sont guidés par un irrépressible besoin d'altérité. Money donne l'exemple d'un couple de chimpanzés en captivité dont la léthargie sexuelle désespérait les propriétaires du zoo. La présentation de films érotiques qui mettaient en scène des chimpanzés déclencha chez eux une intense excitation sexuelle et les réveilla de leur torpeur amoureuse[43].

Toujours chez les singes, le jeu avec les congénères est le précurseur indispensable d'une sexualité adulte normale. D'abord hésitant et confus, l'acte sexuel, après de multiples répétitions maladroites avec les petits camarades des deux sexes, prend son allure définitive au moment de l'adolescence. La mixité favorise la qualité de l'apprentissage : élevés seulement avec des camarades du même sexe, les adolescents n'acquièrent jamais totalement un comportement sexuel adapté à un partenaire du sexe opposé. Donc faire correctement l'amour s'apprend ; bien qu'il s'agisse manifestement d'un comportement instinctif, comme marcher, voler ou parler.

Les humains, comme les singes, ont besoin d'un apprentissage et de la présence de modèles pour construire leur carte du tendre. Le petit garçon, dès avant sa naissance, présente des érections périodiques associées d'abord avec les phases de sommeil PMO (mouvements oculaires rapides, correspondant aux périodes de rêves), puis, progressivement, à tout un monde de sensations. A l'âge de quatre à cinq ans, l'enfant s'engage dans les premières répétitions de l'acte sexuel. Le jardin d'enfants, pour autant qu'on ne le regarde pas avec des lunettes teintées de fausse innocence, apparaît comme un champ clos d'expérimentations érotiques qui se poursuivent en famille avec les frères et les sœurs, parfois même avec les parents.

L'enfance est donc à l'amour ce qu'elle est à toutes nos conduites, comme le langage par exemple : le temps où l'enfant découvre spontanément sa capacité à parler en imitant son entourage avant que l'école ne vienne lui imposer des règles de grammaire codifiées par la société ; le temps aussi où il construit d'instinct sa carte du tendre originelle ; avec tous les risques auxquels ces fabriques s'exposent, de mal parler ou de mal aimer. C'est entre l'âge de cinq et huit ans que la carte est la plus vulnérable et menacée par ce que Money appelle les vandalismes. Violences, contraintes, sévérités excessives ou dilemmes insupportables sont autant de dégâts et d'injures qui, au lieu d'une carte aux contours bien tracés, laissent à l'adolescent un plan raturé et truqué pour le guider sur le terrain redoutable de la sexualité. Toutes les pathologies sexuelles[44] qui se manifestent après la puberté sont les conséquences d'une carte du tendre abîmée. Je décrirai plus loin quelques-unes de ces perversions qui sont comprises dans le cadre des processus opposants. Il ne saurait être question d'y inclure la situation reposant sur une carte du tendre particulière mais non pathologique, qui désigne comme partenaire un amoureux de même sexe. A la différence des paraphilies, la carte du tendre n'y est ni truquée, ni abîmée ; elle conduit à une sexualité sans finalité génétique, mais qui n'empêche pas la création de liens forts et durables entre individus du même sexe (couple ou famille épigénétique). Il existe des paraphilies homosexuelles, qu'on ne doit pas confondre avec l'homophilie elle-même. Celle-ci, selon les sociétés et les cultures[45], est dissimulée ou découverte, mais n'entre pour rien dans la nature diabolique de l'homme ; comme le dit Charles Bukowski : « Il n'y a pas plus de pédés en enfer qu'au paradis[46]. »

Cependant, certains, y compris dans la communauté « gay » américaine[47], s'acharnent à voir dans l'homosexualité un excès d'ambivalence : trop de masculin chez la femme et trop de féminin chez l'homme. Cette dernière option, surtout, est l'objet d'assertions scientifiques ou données comme telles.

Le postulat de ces recherches repose sur l'affirmation que l'orientation sexuelle est chez l'humain un caractère dimorphique gravé dans le cerveau au cours de sa différenciation sexuelle : les hommes sont programmés pour s'accoupler avec les femmes et celles-ci avec ceux-là. Selon cette hypothèse, les homosexuels mâles recevraient une programmation de type femelle et les lesbiennes une programmation de type mâle. Il en découle qu'un cerveau homosexuel devrait présenter des caractères du sexe opposé. A en croire cette théorie, le cerveau sexuel de l'homme serait tout aussi strictement programmé que celui d'un robot, d'un mouton ou d'une vache. L'homosexualité serait une erreur de programmation, soit d'origine génétique, soit liée à des sécrétions hormonales inappropriées pendant la grossesse de la mère. Les observations anatomiques de Le Vay sur des cerveaux de malades décédés du sida concluent à la taille plus faible des noyaux interstitiels de l'hypothalamus antérieur[48] chez les homosexuels mâles, taille qui rend leur cerveau comparable à celui des femmes. Une autre structure, la commissure antérieure, qui fait communiquer les cerveaux droit et gauche, serait plus développée chez les homosexuels mâles et chez les femmes[49]. L'inégalité de taille recouvrerait par ailleurs des performances « cognitives » différentes, la femme et l'homosexuel étant de ce fait moins latéralisés que les « vrais » hommes !

Le plus embarrassant, dans ce déterminisme neuroendocrinien de l'orientation sexuelle, est qu'il oublie complètement les femmes. Si l'on admettait la réciprocité, il conviendrait que le cerveau des lesbiennes fût masculinisé et que l'on y observât des centres hypothalamiques antérieurs de forte taille, ce qui n'a jamais été vérifié. Et comment serait-il possible qu'elles eussent, comme c'est le cas, des cycles menstruels et des grossesses normales avec un cerveau de garçon ? Il est vrai que chez l'humain la fonction reproductrice est détachée du contrôle cérébral ; mais à ce point ? Si l'on admet en revanche que les conduites et l'orientation sexuelles sont gouvernées par la carte du tendre de chaque individu, on peut concevoir que l'homophilie se manifeste aussi bien chez l'homme que chez la femme et dépende principalement du terrain éducationnel et social que viennent occuper divers avatars plus ou moins dramatiques qui participent à l'édification de la carte. Il n'est d'ailleurs pas interdit de proposer que les vitesses de maturation différentes des cerveaux féminin et masculin, soumis à des taux dissemblables d'hormones sexuelles, puissent offrir des supports distincts pour la construction des cartes. Money[50] observe que les cartes du tendre chez les garçons sont plus vulnérables aux dérives paraphiliques que chez les filles, moins enclines dans leur ensemble aux perversions. Pour cet auteur, la vulnérabilité plus grande des hommes serait due au rôle prédominant des afférences visuelles dans la formation de leur carte qui rendraient celle-ci plus fragile aux dislocations que celle des femmes, chez lesquelles prédominent les afférences tactiles.

Qu'en est-il finalement du point de vue du diable ? Si l'on s'accorde à établir ses bases sur l'affrontement des contraires, il faut admettre que l'homosexualité, qui tend à effacer les différences en faisant le mâle imiter la femelle et la femelle imiter le mâle, se situe plutôt du côté de l'ange. Mais cette conclusion n'est pas non plus acceptable. La diabolisation des homosexuels est une ruse de Satan pour faire oublier que son empire ne se tient pas dans les choix érotiques de quelques-uns, mais dans la nature, où sont tous les goûts ! De bien mauvais goûts quelquefois, comme la suite va le montrer.

LE PERVERS

Au moment d'aborder la version érotique des processus opposants, je ne peux me défaire d'une certaine appréhension. Comment montrer les pratiques perverses du diable sans risquer d'encourir le reproche de faire de la réclame à des pratiques qui non seulement compromettent la dignité de l'homme, mais encore exposent la société à la décadence la plus complète ? Je pourrais, bien sûr, arguer avec Choderlos de Laclos que « c'est rendre un service aux mœurs que de dévoiler les moyens qu'emploient ceux qui en ont de mauvaises pour corrompre ceux qui en ont de bonnes ». Mais on sait bien que c'est là, souvent, une attitude hypocrite et la ruse qu'ont trouvée certains moralistes pour étaler au grand jour leurs propres turpitudes. Une fois de plus, on dénoncera la luxure et les élans coupables de la chair pour accorder à l'esprit l'exclusivité de l'Amour. Comme si ce dernier tenait ses instances ailleurs que dans le cerveau et loin de l'emprise permanente des processus opposants ! Mon propos, comme pour la drogue et le jeu, se veut donc à l'écart de toute considération morale. C'est à tort, je crois, que l'on décrit des désordres sexuels. Il vaut mieux parler de *paraphilies* ou de *désordres de l'amour*.

Sous la voûte crânienne est rangée la carte du tendre dessinée pendant l'enfance. Les systèmes désirants, avec leurs tendances propres, qui tiennent à l'histoire et aux prédispositions de chacun, viennent y puiser motifs et incitations. Il suffit d'un pas de trop, d'une rencontre, pour que se rompe l'équilibre précaire et commence le cercle du vice.

Cet affrontement de l'amour et de la luxure, notre vieille culture dualiste n'a jamais su le résoudre. Toutes nos cartes en portent l'empreinte. Elles traduisent l'histoire singulière du sujet selon les modèles contrastés que lui offre la société : la madone ou la putain pour les femmes, le pur ou le débauché pour les hommes. Le saint amour s'élève sans souillure au-dessus de la ceinture, au-dessous de laquelle se vautrent saleté et péché. La luxure veut les ténèbres de la chambre ou la lumière confuse des bordels ; l'amour appelle l'éblouissante clarté du jour.

L'enfant, sous l'insistante pression de ses systèmes désirants qui croît avec l'afflux des hormones, doit réconcilier les contraires. Si les événements de sa vie le permettent, si la complicité discrète de son entourage s'y prête, il y

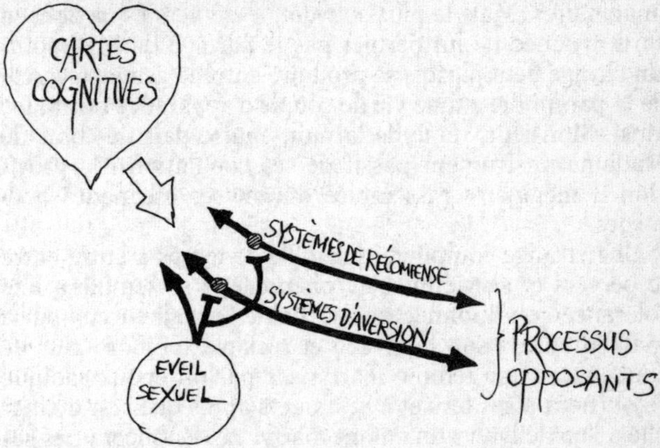

Figure 44 — Cartes du tendre : représentation schématique des relations entre les systèmes centraux support des processus renforçateurs positifs et négatifs et des structures limbiques et néocorticales responsables à l'élaboration des cartes cognitives.

parviendra et sa carte du tendre alimentera normalement son désir. Les processus opposants qui sous-tendent ce dernier oscilleront de façon amortie et ne tomberont jamais dans l'abîme de la compulsion.

Lorsque la chair et l'amour sont dissociés dans les cartes, les troubles apparaissent. Dans l'impuissance, la frigidité (ou hypophilie), l'amour et le lien d'amour restent possibles, mais en sacrifiant les organes génitaux dont le fonctionnement est perturbé. Dans l'érotomanie (ou hyperphilie), l'inverse se produit ; l'activisme des génitoires s'accomplit aux dépens de l'amour. Dans la solution perverse (ou paraphilique), enfin, les cartes saccagées et faussées pendant l'enfance révèlent un enchevêtrement monstrueux de l'amour corrompu et de la luxure ; les systèmes désirants emballés au rythme compulsif des processus opposants parcourent aveuglément les chemins de traverse et les voies sans issue de la sexualité *(figure 44)*.

Dans quelques cas, un lien entre partenaires pervertis se crée sur l'échange de cartes et la complémentarité des deux imaginaires. Mais le plus souvent, le pervers est seul et sa carte truquée ne lui permet pas le partage dans l'amour. Un clivage peut parfois se produire entre la gestion secrète de la paraphilie et une vie de couple d'apparence normale ; ainsi, Monsieur, reine de la nuit, épuise dans les bras de Madame, instrument passif de ses copulations, la provision d'imaginaire rassemblée durant ses escapades nocturnes.

Une étrange complicité s'installe de temps à autre entre le pervers et sa victime. Ce phénomène ressemble à une tolérance conditionnée qui enchaîne le malheureux ou la malheureuse à son bourreau et réclame toujours plus de souffrance. Une femme martyrisée par un époux sadique retournera à ses fers et à ses fouets après que l'on a cherché à l'en délivrer ; un enfant martyr ne dénoncera pas ses bourreaux.

Le lien qui s'établit entre la victime d'un rapt et les truands ou entre un otage et les terroristes est désigné sous le nom de *syndrome de Stockholm.* Il rappelle l'histoire d'une jeune femme suédoise qui, après avoir été retenue en otage par un voleur de banque, rompit avec son fiancé pour épouser le bandit en prison. On connaît aussi le cas célèbre de la fille du magnat de la presse, Patty Hearst, enlevée par l'« Armée symbionèse de libération », qui devint par la suite un membre actif de la bande. Ce syndrome s'observe plus banalement chez les enfants martyrs et les femmes battues. Ce sont deux systèmes opposants qui entrent en résonance, celui du bourreau et celui de la victime. Arthur Goode, tueur pédophile de Baltimore, vivait avec un gamin qu'il avait enlevé et qui n'ignorait rien de ses crimes. Le pervers change une tragédie en triomphe, comme le rescapé d'une catastrophe qui ne cesse ensuite de célébrer sa victoire sur la mort. De sa carte du tendre abîmée, il a fait une nouvelle carte qui donne au désir une seconde chance ; mais à quel prix ! un clivage consommé entre l'amour et la luxure qui laisse cette dernière livrée à la répétition compulsive.

Le motif de la perversion plonge le sujet dans l'addiction. Objet de désir, il brille par sa singularité et sa spécificité :

pour une femme du monde, ce sera la drague dans des bars mal famés ; pour d'autres, un lieu public, un sauna ou une fête foraine. Un exemple parmi la multitude : un homosexuel avait été à plusieurs reprises surpris dans des toilettes ; lors de l'entretien qu'il eut avec un médecin, il révéla que l'objet de son addiction était les gros pénis ; les dégâts de sa carte s'étaient produits lorsque, âgé de cinq ans, il avait vu son père montrant son sexe à sa grande sœur ; jamais sa quête insatiable ne lui permettrait de retrouver une taille en proportion de celle d'un adulte pour un regard d'enfant. Autre exemple, celui d'un travesti qui ne pouvait pratiquer l'acte sexuel qu'en sous-vêtements féminins. Il avait dans l'enfance été exhibé en vêtements de fille au cours d'une fête. La punition et la mortification qu'il avait alors vécues étaient devenues depuis l'occasion répétée d'un triomphe du désir : cas typique d'un renforcement négatif changé en source de jouissance selon le procédé général des processus opposants (voir *supra, figure 23*).

Avant de décrire quelques paraphilies dans le cadre des processus opposants, je voudrais rassurer le lecteur. Il existe aussi (rarement ?) des addictions tournées vers la personne aimée, objet d'une obsession et d'un unique amour — désir qui se nourrit de lui-même et jamais ne s'épuise. Bien plus souvent (heureusement ?), les tièdes élans des amours domestiques écartent du couple tout danger d'addiction.

Rien n'est plus fastidieux qu'une liste des pratiques paraphiliques. Les perversions sont ennuyeuses, surtout celles des autres, et il faut tout le courage du moraliste ou du philosophe pour traverser sans lassitude les cent vingt journées de Sodome. La carte du tendre est une idiosyncrasie[51], mais il existe une bonne cinquantaine de prototypes qui se répètent et appellent inventaires et classifications. Le sadisme et le masochisme désignent des ensembles flous où se distinguent des paraphilies plus spécifiques[52] : flagellés et flagellants, torturés et torturants ; ceux qui se pendent aux espagnolettes comme le duc d'Enghien, s'asphyxient dans un sac, se strangulent, se « bondagent » jusqu'à ce qu'orgasme ou mort s'ensuivent ; les esclaves, les soumis, les violeurs, les éventreurs, les disséqueurs et les découpeurs ; les coprophiles et les urophiles ; les soupeurs et les frotteurs. Ailleurs, on trouve les kidnappeurs, ceux qui ne jouissent que dans la prédation : l'hybristophilie, syndrome de Bonnie and Clyde ou le bonheur dans le crime partagé ; les téléphonicophiles ; les voyeurs et exhibitionnistes ; les fétichistes et talismanistes, qui ne jouissent que d'un objet précis, une chaussure, un sous-vêtement, une odeur ; les klismaphiles, qui atteignent l'orgasme grâce à un lavement ; les travestis ; les pédophiles ou les gérontophiles, violeurs d'octogénaires ; et pour finir, les zoophiles et les nécrophiles. Il en est de plus spécifiques encore — je ne citerai que les acrotomophiles, qui n'atteignent l'orgasme qu'avec un partenaire amputé, et les formicophiles, qui ont besoin de fourmis ou de petits insectes sur les parties génitales pour être excités.

Toutes ces paraphilies témoignent d'une carte abîmée ; encore celle-ci existe-t-elle, même défectueuse. Dans les hyperphilies, il n'y a plus rien que le sexe dans sa nudité obscène. L'érotomane est drogué de sexe comme d'autres de cocaïne[53]. Ces athlètes sexuels dont on célèbre les exploits dans les banquets de garçons ne sont que des toxicomanes dont le pénis inépuisable fait office de seringue.

La prison est la sanction des paraphiles. Sa durée est fonction du tort fait à autrui. « Surveiller et guérir » pourrait être la démarche idéale. Mais surveiller est difficile autrement qu'en privant de liberté celui qui est visé, et guérir n'est jamais assuré d'être définitif. On ne remplace pas une carte du tendre vandalisée. Le traitement par les stéroïdes anti-androgènes et par d'autres substances[54], qui freinent l'éveil sexuel au niveau du cerveau, donne des résultats encourageants mais que rend suspects le terme inapproprié de « castration chimique », qui évoque une amputation et un châtiment biblique. La psychothérapie — un mot pour désigner des méthodes multiples —, individuelle ou portant sur des groupes, a une efficacité variable selon les détériorations de la carte et la profondeur de l'addiction. Aux juges finalement reste la mission la plus difficile : *comprendre*.

Les juges ! Ils ont longtemps formé un couple avec les suppôts reconnus de Satan, les sorciers et sorcières qu'ils avaient pour mission d'envoyer au bûcher. Pour parler de ces commensaux du diable et de quelques autres, il me faudra oublier la biologie ; ce sera l'affaire d'un dernier chapitre. Maigre compensation pour ceux qui attendaient que je consacrasse l'essentiel de ce livre à ce que l'on désigne habituellement sous le nom de diableries !

CHAPITRE VI

Les Commensaux du Diable

Celui qui dîne avec le diable doit utiliser une longue cuillère.

Proverbe anglais

Le diable étant au cœur de toutes choses animales, on peut s'étonner de voir certains individus prétendre bénéficier auprès de lui de complaisances ou d'attentions particulières. En vérité, le diable hait tous ces soi-disant serviteurs ou persécuteurs. A ses yeux, les juges ne valent pas mieux que les possédés qu'ils poursuivent et qui se réclament de lui. Ce ne sont que les serviteurs minables des grands instituteurs qui régentent le monde. Il se moque des mots qui servent à bâtir des systèmes ou à écrire des livres sur le diable. Cependant, me direz-vous, un mot doit toujours contenir une idée. Fort bien ! Mais il ne faut pas trop s'en inquiéter, car, où les idées manquent, un mot peut être substitué à propos (plagiat ! s'exclamera le connaisseur de Faust. Qui osera s'en plaindre ? Le diable passe son temps à faire des imitations).

LES JUGES

Loin de moi l'intention de vouer au diable l'honnête magistrat, mon prochain, qui veille au respect des lois et exerce sur les processus opposants ses contraintes bénéfiques. Je voudrais seulement montrer comment ceux-ci ont pu, au cours d'une période qui va de la fin du XVe à la première moitié du XVIIIe siècle, submerger le monde chrétien. « Pendant un siècle et plus, Satan va capter les intelligences, harceler les volontés, obnubiler les esprits ; il attirera à lui une foule de fidèles pour les maintenir sous son joug, souvent jusque dans la mort horrible du feu ; il aura son culte avec ses initiés, ses ministres et ses pontifes ; bref, l'édifice de sa religion s'élèvera au sein même de la chrétienté. Ni hérésie, ni superstition, plutôt inversion dogmatique [1]. » Il ne faisait alors aucun doute que le diable fût le principal responsable des maux qui s'abattaient sur les hommes. Le nier revenait à s'exposer au châtiment qui était réservé à ses suppôts, le bûcher, et à apporter une preuve supplémentaire de sa malignité.

Les causes de cette présence démoniaque étaient nombreuses : au malaise de la société, dû à l'effondrement non seulement des anciennes fortunes foncières et de la hiérarchie féodale, mais aussi à la constitution de nouvelles richesses ayant le commerce pour origine, à la décadence morale de l'Eglise enfin. A cela s'ajoutaient les guerres et les épidémies. La peste noire anéantissait des populations entières. Les sectes pullulaient et des bandes de fanatiques de l'Apocalypse parcouraient l'Europe. La sorcellerie, longtemps restée une pratique agraire, envahit les cités nouvelles ; il y eut un diable des villes et un diable des champs. L'inquiétude généralisée et le désarroi conduisirent l'élite à la Réforme et à la Contre-Réforme. Mais aux masses, Satan, seul, pouvait apporter des réponses ; elles étaient fondées sur les ivresses du sabbat et la promesse d'une récompense ici-bas [2].

Un trait du fléau satanique doit être souligné : *la femme en fut la très grande victime.* L'inquiétude théologique à l'égard de la femme n'est certes pas particulière à la fin du Moyen Age. L'affirmation de la *Somme* que « la femme représente la partie inférieure de l'humanité et l'homme la partie supérieure, la raison », permet de comprendre que soit attribuée à Eve (une portion d'Adam et une espèce de diminutif [3]) la fonction d'incarner l'inquiétude ontologique : celle qui fonde l'humanité devant « l'autre si dissemblable, si désirable qui est aussi le même[4] ». Dès que l'humain est en proie à la peur, la peur de l'étranger qui se cache au fond de lui, alors revient la Femme des origines : la sorcière ou peut-être sa sœur, « la drogue[5] ».

« La femme est plus charnelle que l'homme, ce qui ressort de la formation même de la première femme, car elle a été formée d'une côte courbe de l'homme, c'est-à-dire d'une côte de la poitrine qui était tordue, ce qui fait que, étant un animal imparfait, elle est toujours trompeuse », avertit le *Malleus malificarum*[6] ou marteau de sorcières, qui est l'ouvrage de référence pour le chasseur de diables. On comprend pourquoi le nombre de sorcières excède largement celui des sorciers : un pour cinq cents selon Bodin ; un pour dix mille pour de Lancre. L'opinion du XVIe siècle ne s'en choque pas : bannie, bafouée, la femme traverse la Renaissance sous les quolibets paillards des poètes et des érudits[7].

Combien de sorciers et sorcières périrent sur un bûcher pendant cette longue période où le fléau s'étendit sur l'Europe ? Si l'on extrapole à partir de comptes fragmentaires ou de quelques archives conservées, on peut estimer que le nombre dépasse le million. Le bilan des brûlés ne recouvre pas celui des sorciers, dont beaucoup échappaient aux griffes de la Justice. En 1609, Jean Filesac de la Sorbonne parlait de plusieurs millions « du fait qu'on ne les poursuit pas assez ». Il serait erroné de penser que l'Eglise catholique ait eu le privilège de la poursuite des sorciers. La Réforme épousa la hantise satanique. Luther, Melanchthon et Calvin croyaient à Satan et à ses œuvres, et leurs disciples ne firent qu'aggraver, longtemps après que l'Eglise romaine se fut calmée sur ce point, la crédulité naturelle des populations converties au nouvel Evangile. Le puritain descendu du *MayFlower* ou d'autres vaisseaux évangéliques est demeuré en ses descendants un inflexible brûleur de sorcières[8].

Les petits princes-évêques, pour lesquels la sorcellerie fut une source intarissable de revenus, ont continué de brûler furieusement. Comme le raconte Michelet, « le procédé est simple. Employer la torture contre les témoins, créer des témoins à charge par la douleur, l'effroi. Tirer de l'accusé, par excès de souffrances, un aveu et croire à cet aveu contre l'évidence des faits [9] ».

Les choses allèrent si loin que le bigot et fanatique Ferdinand II de Habsbourg s'écria : « Arrêtez ce feu : vous finiriez par brûler tous mes sujets. » La justice d'Eglise, dont Sprenger, auteur du *Malleus Malificarum,* fut le plus illustre représentant [10], s'est trouvée progressivement dessaisie de la charge de lutter contre le diable, qui devint une affaire d'Etat et de justice civile [11].

Je consacrerai une rapide analyse aux travaux des plus connus parmi ces juges. Loin de moi l'intention d'attirer sur eux une quelconque vindicte posthume. Ils étaient d'honnêtes magistrats, habiles à traquer le crime qu'ils avaient la mission de punir. Sans extrapoler au-delà de limites autorisées, je crois pouvoir dire qu'ils seraient aujourd'hui des juges intègres s'efforçant d'appliquer la dure loi dans le respect de leur conscience : hier le diable, aujourd'hui la drogue, le fléau n'appelle pas de répit.

Dans son tableau de l'*Inconstance des mauvais anges et démons* (1612), Pierre de Lancre donne une description très précise de toutes les activités du sabbat des sorcières. Il avait recueilli ces renseignements grâce aux dépositions de femmes accusées de sorcellerie ; à la suite d'une plainte déposée au Parlement de Bordeaux contre l'inquiétante augmentation du nombre de sorcières dans la région du Pays basque autour de Bayonne, le conseiller de Lancre fut chargé de l'enquête ; il s'en acquitta avec zèle pendant les années 1609 et 1610. Il fit un rapport sur ses activités, écrit dans une langue élégante, et son ami Jean d'Espagnet écrivit pour la circonstance un beau poème latin en matière d'introduction.

Lancre était un Bordelais aimable et cultivé. Il jouait du luth entre les séances du procès et faisait même danser les sorcières avant de les faire brûler. Il se déclara indépendant et le fut en politique. Dans son livre *Du Prince* (1617), il dit sans ambages que « le but du traité était surtout de prouver que les procès étaient menés plus juridiquement et plus cérémonieusement que dans d'autres empires, royaumes, républiques et états ». La forme des procédures avait pour Lancre au moins autant d'importance que les crimes qu'il jugeait. Il est vrai que le conseiller au Parlement de Bordeaux fut parfois fasciné par les récits de celles qu'il jugeait. Jamais Basquaise ne fut mieux servie que par lui. « Nature les a faites sorcières. Les femmes très jolies, très hardies, imaginatives, passaient le jour, assises aux cimetières sur les tombes, à jaser du sabbat, en attendant qu'elles y allassent le soir. C'était leur rage et leur folie. » Certaines remarques du conseiller indiquent l'atmosphère de bizarreries dans laquelle se déroulaient procès et exécutions. Lancre rapporte avec étonnement qu'une sorcière, « lorsqu'elle fut exécutée à mort, mourut si dédaigneusement que le bourreau de Bayonne, voulant extorquer d'elle, comme c'est la coutume, le baiser du pardon, elle ne voulut jamais profaner sa belle bouche qu'elle avait accoutumée d'être collée au derrière du diable ». Plus loin, Lancre nous raconte qu'une jeune sorcière de quinze ans fut pardonnée après les aveux complets et une déclaration où elle s'affirmait capable de détecter tous les sorciers et sorcières par les marques du diable. Elle fut chargée d'examiner les hommes et les femmes, « et cette fille vicieuse envoya au bûcher beaucoup de braves gens ».

Le livre de Lancre a surtout été écrit en vue de montrer combien la justice en France, laïque et parlementaire, était meilleure que la justice des prêtres. Comme l'observe Michelet, « on sent [à le lire] la joie d'un homme qui s'est tiré à son honneur d'un grand danger ». Il a su se garder des pièges de Satan en lui opposant son habileté et son savoir de magistrat. Le Grand Menteur fut démenti et le magistrat put assurer qu' « à la dernière [sorcière] qu'on brûla, on vit une nuée de crapauds sortir de sa tête. Le peuple se rua sur eux à coups de pierres, si bien qu'elle fut plus lapidée que brûlée. Mais avec tout cet assaut, ils ne vinrent pas à bout d'un crapaud noir, qui échappa aux flammes, aux bâtons, aux pierres et se sauva comme un démon qu'il était, en lieu où on ne sut jamais le trouver ».

Il aurait été intéressant, sans le risque inévitable d'être

ennuyeux, de rapporter les signes objectifs et les témoignages dont on devait s'assurer pour obtenir les preuves d'une appartenance à Satan. Découvreur de sorcière devint une spécialité. Seligman raconte comment, dans la ville de Newcastle, « quiconque souhaitait déposer une plainte en sorcellerie contre une personne pouvait l'apporter au *witch-finder* : trente femmes furent amenées à l'Hôtel de Ville, déshabillées, et on leur enfonça publiquement des épingles dans le corps. La plupart d'entre elles furent estimées coupables et furent brûlées [12] ».

Le problème des sorcières avait suscité une discipline scientifique nouvelle qui occupait des groupes importants d'érudits. Ce n'étaient ni des sots ni des ignorants, mais au contraire de beaux esprits. Jean Bodin, par exemple, jouissait d'une immense autorité en matière juridique et avait par sa science envoyé au bûcher plusieurs centaines de suppôts du démon. Il fit preuve dans sa vie d'une tolérance qui faillit lui coûter la vie la nuit de la Saint-Barthélemy. Après le massacre, suspecté d'avoir défendu les protestants et d'avoir recommandé la clémence, il dut fuir la capitale.

H. Boguet (mort en 1619), jurisconsulte éminent et humaniste, juge de la province de Bourgogne et président du tribunal de Saint-Claude, fut implacable en matière de sorcellerie. Dans son *Discours exécrable des sorciers*, il a présenté une somme de détails horribles et indécents. Le livre connut onze éditions et fit longtemps jurisprudence pour les parlements et baillages de France. Boguet prononça environ six cents sentences de mort contre les sorcières.

N. Rémy (1530-1612), après avoir occupé plusieurs postes juridiques importants, fut nommé secrétaire du duc de Lorraine et devint membre de la cour suprême de Nancy. Son traité le plus fameux est la *Démonolâtrie*, énorme compilation des instructions de sorcellerie qui montre sa connaissance des charmes et sorts ainsi que des détails sur le sabbat provenant des aveux des sorcières. Cet érudit bienveillant a envoyé au bûcher environ neuf cents sorcières en quinze ans de service public, soit une moyenne de plus d'une sorcière par semaine.

Il est juste de montrer qu'à côté de l'immense cortège des juges et des combattants fanatiques, quelques esprits non conformistes et des médecins s'opposèrent à l'objectivité du sabbat. Au milieu du XVe siècle, avant que n'explose le fléau, G. Edeline, bénédictin de Lure, entreprit une croisade sur la fausseté de la sorcellerie et l'inanité des pratiques magiques. Il fut lui-même poursuivi comme sorcier.

En 1486, l'année de la parution du *Malleus*, J. de Beetz, carme flamand, professeur à l'université de Louvain, dans un ouvrage intitulé *Expositio decem catalogie praeceptum*, jugeant les sorciers avec bienveillance, défendait une position humanitaire où planaient le doute, le sang-froid et la pondération. En pleine flambée des bûchers, on pouvait lire également le pamphlet de Corneille Loos qui s'élevait contre la persécution, mais son livre censuré ne circula que sous le manteau.

A. Tanner, théologien jésuite d'Innsbruck, publia en 1626 une *Universa theologica* qui démontrait l'illusion de la magie ; son disciple, F. von Spee, dans sa *Canto criminalis*, fut le théoricien de la libéralisation et de la modération en matière de répression dans les procès de sorcellerie.

C'est par la grande figure de J. Wier (1515-1588) que je terminerai ce tableau d'honneur. Il eut comme maître C. Agripa, illustre médecin et alchimiste, qui défendit un jour une pauvre paysanne que « l'inquisiteur de Metz avait traînée en son abattoir » sous l'argument que la mère de l'inculpée avait été brûlée comme sorcière. Agripa contesta l'argument en invoquant la grâce du baptême. Les juges ne lui pardonnèrent jamais son attitude courageuse et son nom resta entaché après sa mort du soupçon de sorcellerie, malgré les efforts de Wier pour défendre la mémoire de son Maître. Reçu médecin à Paris, J. Wier entreprit des voyages en Afrique et en Orient, au cours desquels il s'intéressa aux sorciers. Son œuvre maîtresse fut le *De prostigiis demoenum et in cantationibus ac verrificiue*, connue dans sa traduction française sous le titre abrégé de l'*Imposture des diables*[13]. Jean Wier croyait-il au diable ? Il défendit l'existence d'une monarchie infernale parce que l'on ne pouvait douter de l'existence de Satan sans porter atteinte au dogme théologique. Il semble bien que Jean Wier ait, par prudence, multiplié les professions de foi pour éviter les menaces de l'Inquisition. Mais l'*Imposture des diables* est d'abord une œuvre de médecin [14]. Des renseignements sont fournis sur les symptômes présentés par les sorcières. Il décrit les hallucinations et parle à leur propos d'« esprit blessé ». Il se fait surtout l'avocat des sorcières. Pourquoi les étudier si elles sont vouées au bûcher ? C'est ainsi qu'il s'élève contre les pratiques ordaliques et demande que l'on fasse appel au médecin : « [...] premièrement et devant toute chose incontinente que l'on n'aperçoit de quelque mal engendré contre l'ordre de la nature : il faut avoir recours selon l'ordonnance de Dieu, à celui qui, étant célèbre par doctrine, profession et usage, entend fort bien les maladies, leurs différences, leurs signes et leurs causes : c'est à savoir au médecin qui sait de bonne conscience ». Il demande qu'à chaque procès on prenne le conseil d'un médecin. Il ne veut plus qu'on soumette les sorcières à la question, ni qu'elles soient jetées dans des cachots « noirs, obscurs et puants ». Toutes celles qui se repentent et reconnaissent leur folie devraient être pardonnées et, en cas d'obstination, condamnées à payer une amende. Plus de bûcher pour elles.

Les cendres des bûchers étaient à peine refroidies que le diable avait cessé d'être un personnage réel. Jusqu'à la fin du XVIIe siècle, son existence et son pouvoir n'avaient été mis en doute que par quelques rares esprits forts. Au XVIIIe siècle, navré de ne plus fréquenter les prêtoires, Satan se fit littérateur, conservant son vieux métier de faiseur de sortilèges dans l'imagination confuse de quelques névrosés urbains ou dans l'âme naïve de paysans des bocages. L'Eglise, d'une part, alertée par des hommes courageux comme le jésuite F. de Spee, avait rappelé ses inquisiteurs à plus de charité ; le pouvoir civil, d'autre part, était pénétré par un esprit nouveau qui eut pour résultat la publication, le 31 août 1682, d'un *Edit du Roi* « pour la punition de différents crimes qui sont devins, magiciens, sorciers, empoisonneurs ». Dans ce texte, le législateur, sans ajouter foi au pouvoir des sorciers, ne s'en prenait qu'à la réalité et à la nuisance de leurs crimes, ainsi qu'à leur impiété sacrilège. Dans ses *Lettres juives*, le marquis d'Argens se félicitait que les sciences « aient dissipé les préjugés et les préventions populaires », tout en reconnaissant que « le peuple croupit encore dans son aveuglement [15] ». L'idée là-dessus était que le diable cessait de se manifester aussitôt qu'on arrêtait de croire en lui : lorsque tout le monde serait bien persuadé de son inexistence, les méfaits disparaîtraient comme par miracle [16]. Voltaire était convaincu que c'était chose faite : « Enfin on a cessé de brûler les sorciers et ils ont disparu de la terre [17]. »

La tolérance fit-elle disparaître les maléfices des sorciers ? Ou celle-là n'était-elle que la conséquence naturelle de la disparition de ceux-ci ? Eternel problème de l'œuf et de la poule sur lequel s'affrontent pareillement aujourd'hui les tenants de la dépénalisation et ceux de la répression dans la lutte contre le fléau moderne, la drogue. Pour chaque sorcière que l'on brûle, c'est un crapaud noir à qui l'on donne la liberté, et il est plus facile de flamber une malheureuse que d'attraper un diable par la queue [18]. Le fléau se répand, porté par la fumée des bûchers, et les crapauds noirs se reproduisent par milliers comme autant de créatures misérables qui viennent menacer la société.

Les magistrats n'ont plus depuis longtemps la charge de juger les sorciers et ceux-ci peuvent désormais jeter leurs sorts sans s'exposer aux risques de la loi. On les rencontre partout à la ville et à la campagne avec l'accent berrichon ou celui du Mali. Ces gens-là n'intéressent guère non plus le diable auquel ils servent de petite monnaie. Les juges sont en revanche confrontés à une nouvelle peste qui fait appel aux mêmes processus opposants que ceux qui entraînaient les sorcières au Sabbat : la « drogue », dont j'ai montré plus haut les mécanismes d'action sur le cerveau.

Depuis la Première Guerre mondiale, la drogue a peu à peu acquis le statut et les dimensions d'un fléau de l'humanité. On peut en dater les débuts officiels au *Harrison Narcotic Act* de 1914, qui déclare illégal l'usage de l'héroïne et de la cocaïne. En France, la loi du 12 juillet 1916 crée le délit d'usage en société et sanctionne la production d'ordonnances fictives. La loi du 31 décembre 1970 est une véritable déclaration de guerre à la toxicomanie. La mobilisation des polices, des politiques, des magistrats, des professionnels de la santé et des autorités morales de la nation tentc de prévenir la peur chez les honnêtes gens et persécute au nom de leur propre salut ces nouveaux damnés — à la fois victimes et coupables — que sont les drogués.

Faut-il débusquer le diable caché dans l'homme au risque de le voir envahir nos cités et de ne plus savoir entraver ses progrès ? Ou apprendre à vivre avec lui : la *grudging toleration* [19] que proposent certains experts américains ? Tolérance et compréhension, tel était le message de Jean Wier. Il n'est pas interdit de penser qu'il a été entendu : le rapport sur les toxicomanies du Comité National Consultatif d'Ethique suit courageusement cette voie [20].

Comme hier face au diable, la peur rend les masses dociles et promptes à s'élancer aux flammes des bûchers. Isabelle Stengers souligne cette dimension : « Que le public français ait "peur" de la drogue traduit de façon directe la manière dont on s'est adressé à lui jusqu'à maintenant [...]. En lui suggérant d'avoir peur, on a enfermé le public dans les limites de la peur qu'on lui a suggérée [21]. »

Comme au temps des sorcières, une complicité lie le public et celui que l'on brûle. Faut-il le répéter, le grand opposant est en chacun de nous et son image ricane dans le miroir que lui tend la foule. N'en déplaise à quelques persécuteurs vertueux, qui ignorent qu'ils sont les agents hypnotisés des masses, c'est à l'individu que la drogue s'adresse. La société n'a pas à se faire l'alliée de la souffrance sous le prétexte que le plaisir est dangereux. Le rôle de la politique et de l'Etat est idéalement de permettre à chacun d'avoir accès à la santé et la santé publique ne devrait pas avoir d'autre visée que la santé privée : *ce fragile état de plaisir toujours compromis par les processus opposants, toujours prêt à renaître des larmes du cerveau.*

UN PEU D'OCCULTISME

Dans une lettre à Carrington, un des grands tenants de l'occultisme, Freud écrit : « Si je me trouvais au début de ma carrière, au lieu d'être à sa fin [1921], je ne choisirais peut-être pas d'autres domaines de recherche[22]. » Ce n'est pas à moi de dire si son regret doit être partagé ; force est de reconnaître que le fondateur de la psychanalyse n'a cessé tout au long de sa carrière de jouer avec le diable (tour à tour figuration de l'inconscient, des pulsions refoulées, pour finir dans la pulsion de mort[23]). Représentation du Père, séducteur, possesseur et paperassier (il ne cesse de faire signer des pactes), ce diable est à l'opposé de celui dont j'ai essayé d'aborder la biologie. Freud se montre assez souvent séduit par le diable ; rapprochant la croyance à l'analyse et la croyance au malin, *il s'adjuge le rôle de sorcier*. Dans son essai sur le peintre Haitzmann[24], signataire de deux pactes avec le diable au XVIIe siècle, il étudie magistralement le rôle de substitut paternel rempli par celui dont il observe qu'« il est une grande et puissante individualité, le maître de l'enfer et l'adversaire de Dieu [et ne peut être représenté] autrement que mâle, même plus que mâle avec cornes et queue et un grand pénis-serpent ». Il y a là une admiration sans réserve pour le diable, mais un diable exclusivement masculin, dont Freud se fait, sinon l'exécuteur, du moins le complaisant interprète. Le parrainage du grand homme me permettra de décrire brièvement les activités des sorciers sans trop encourir de risques, car ainsi que l'affirme en conclusion le *Livre rouge* : « N'oubliez pas le plus petit détail du cérémonial prescrit. Sans cela, vous risquez de devenir vous-même la proie de toutes les puissances de l'enfer. » Et dans ces conditions, il est à craindre que mon savoir de biologiste ne me serve à rien.

A la différence de la sorcière, qui est plutôt la servante du Démon, le magicien ou sorcier commande. « Ô hommes ! faibles mortels, tremblez de votre propre témérité ! »

lit-on dans l'introduction du *Grand Grimoire*. Les puissances infernales doivent être maîtrisées par la ruse et par la force de caractère. Elles sont comme un cheval conscient de la faiblesse de son cavalier qu'elles s'efforcent de faire chuter. Les gens faibles et impressionnables doivent s'abstenir de mobiliser les forces diaboliques, car celles-ci se manifestent par de terrifiantes visions. Quand on appelle le diable, celui-ci apparaît sous des formes diverses — un chien noir dans Faust par exemple — et ne condescent à prendre apparence humaine qu'après mille précautions. D'une façon générale, les démons n'aiment pas les hommes et n'acceptent de les servir temporairement qu'au prix d'un marché consigné dans un pacte. Voici un exemple assez simple de procédures : « Si vous voulez faire un contrat avec l'enfer, lit-on dans le *Sanctum Regum,* vous devez d'abord décider qui vous désirez appeler. » Il n'est pas nécessaire de déranger Lucifer en personne quand un prince infernal de moindre rang peut satisfaire vos vœux. « Deux jours avant l'invocation, coupez un rameau de coudrier sauvage avec un couteau neuf n'ayant encore jamais servi. Le rameau devra n'avoir jamais porté de fruits et sera coupé au moment même où le soleil se lève sur l'horizon.

« Ensuite, prenez une sanguine, comme l'appellent les droguistes qui la vendent, et deux chandelles de cire bénite, et choisissez un lieu solitaire où l'invocation puisse se dérouler sans trouble. Les vieux châteaux en ruine sont excellents, car les esprits affectionnent ce genre de bâtisses ; une pièce retirée de votre maison peut également convenir. Avec votre sanguine, tracez un triangle sur le plancher, et placez les bougies des deux côtés du triangle. A sa base, écrivez les lettres sacrées IHS, flanquées de deux croix. Prenez place à l'intérieur du triangle avec votre baguette de coudrier et les papiers portant le texte de la conjuration et de vos demandes, et appelez l'esprit avec espoir et fermeté : “Empereur Lucifer, maître des esprits rebelles, je te prie de m'être favorable maintenant que j'appelle ton ministre, le grand *Lucifuge Rofocale*, car je désire signer un contrat avec toi. Je demande aussi que le prince

Belzébuth puisse protéger mon entreprise. Ô Astaroth ! grand comte, sois également favorable, et fais en sorte que le grand Lucifuge m'apparaisse en forme humaine et avec force et sans odeur mauvaise, et qu'il m'accorde, par le traité que je suis prêt à signer avec lui, toutes les richesses dont j'ai besoin. Ô grand Lucifuge ! je te prie de quitter le lieu que tu habites, où qu'il puisse être, et de venir ici me parler. Si tu ne veux pas venir, je t'y contraindrai par le pouvoir du grand Dieu vivant, du Fils et de l'Esprit. Viens promptement, ou je te tourmenterai éternellement par la puissance de mes graves paroles et par la grande *Clé de Salomon,* dont il usa pour obliger les esprits rebelles à accepter un pacte. Aussi, apparais aussi vite que possible, ou bien je te tourmenterai continuellement par les puissantes paroles de la Clé : *Aglon Tetagram Varycheon Stimulamathon Erohares Retragsammathon Clyoran Icion Esition Existien Eryona Onera Erasyn Moyn Meffias Soter Emmanuel Sabaoth Adonai, je t'appelle, Amen."*

« Cette incantation est irrésistible. Avant que vous l'ayez finie, Lucifuge apparaîtra et vous parlera en ces termes : "Me voici, que veux-tu, pourquoi troubles-tu mon repos ? Réponds !" Le magicien doit dire alors : "Je veux faire un pacte avec toi pour que tu me donnes la richesse aussitôt que possible ; autrement, je te torturerai avec les paroles puissantes de la Clé."[25] »

J'abrège l'exposé d'une procédure dont je n'ai pu vérifier l'efficacité en laboratoire. Il existe des protocoles dont la complexité ne le cède en rien à celle de la biologie moléculaire, mais il y a aussi la « poule noire » simple et non moins efficace. Le magicien doit porter une poule noire qui n'a jamais pondu à la croisée de deux routes ; là, à minuit, il devra couper le poulet en deux et dire : *« Eloïm, Essaïm, frugativi et appelavi. »* Il se tourne alors vers l'Orient, s'agenouille et prononce le grand appel en tenant une branche de cyprès : le diable apparaîtra immédiatement.

Le roi Salomon était considéré comme le maître et beaucoup de textes émanant de lui comme la fameuse *Clavicule* circulaient parmi les sorciers. On y décrit généralement des cercles magiques à usage bien défini. Un exemple en est donné dans la scène où Faust dort et Méphistophélès doit trouver le moyen de sortir, malgré le pentagramme magique qui lui barre la porte :

MEPHISTOPHELES

Je l'avouerai, un petit obstacle m'empêche de sortir : le pied magique sur votre seuil.

FAUST

Le pentagramme te met en peine ? Hé ! dis-moi, fils de l'enfer, si cela te conjure, comment es-tu entré ici ? Comment un tel esprit s'est-il laissé attraper ainsi ?

MEPHISTOPHELES

Considère-le bien : il est mal posé ; l'angle tourné vers la porte est, comme tu vois, un peu ouvert.

FAUST

Le hasard s'est bien rencontré ! Et tu serais donc mon prisonnier ? C'est un heureux accident !

Faust s'endort.

MEPHISTOPHELES

Il dort : c'est bien, jeunes esprits de l'air ! Vous l'avez fidèlement enchanté ! C'est un concert que je vous redois. Tu n'es pas encore homme à bien tenir le Diable ! Fascinez-le par de doux prestiges, plongez-le dans une mer d'illusions. Cependant, pour détruire le charme de ce seuil, j'ai besoin de la dent d'un rat... Je n'aurai pas longtemps à conjurer, en voici un qui trotte par là et qui m'entendra bien vite.
Le seigneur des rats et des souris, des mouches, des

> grenouilles, des punaises, des poux, t'ordonne de venir ici, et de ronger ce seuil comme s'il était frotté d'huile.
> Ah ! te voilà déjà ! Allons, vite à l'ouvrage ! La pointe qui m'a arrêté, elle est là sur bord... encore un morceau, c'est fait[26] !

On trouve d'autres cercles magiques dans une série d'œuvres attribuées à Johann Faust. Depuis le *Höllenzwang* imprimé à Rome sous le pontificat d'Alexandre VI (Borgia) (1500), jusqu'au *Grand et Puissant Fantôme de la Mer* du Docteur Faust imprimé à Amsterdam en 1692.

L'art de la nécromancie est étroitement associé à la conjuration démoniaque. Les morts sortent de leur tombe à la demande de l'opérateur et lui dévoilent l'avenir et des trésors cachés. Dans cette pratique, la mort est l'associée des puissances infernales. Cette association n'a rien à voir, même symboliquement, avec la fusion du diable et de la Vie que j'ai montrée dans le première partie de cet ouvrage. L'évocation de la mort pratiquée par les sorciers n'est qu'une divagante exploitation des mots et ne sert qu'à l'aliénation des hommes à l'opposé du diable bien vivant qui m'a servi jusqu'ici de sujet. Il en sera de même dans la possession où la présence du diable me paraît totalement usurpée.

LA POSSESSION

Le paradoxe de l'hystérie, qui désigne si violemment la chair, c'est que le biologiste n'a rien à en dire. M. David-Ménard[27] dans son étude si clairvoyante sur les relations du corps au langage en psychanalyse, rapporte l'affirmation de Lacan sur la femme : « Il y a toujours quelque chose qui chez elle échappe au discours », ou encore « il n'y a de femme qu'exclue par la nature des choses qui est la nature des mots, et il faut bien dire que s'il y a quelque chose dont elles-mêmes se plaignent assez pour l'instant, c'est bien de ça — simplement, elles ne savent pas ce qu'elles disent, c'est toute la différence entre elles et moi[28] ». Il me semble que Lacan ne fait pas de différence entre la femme en général et l'hystérique en particulier. Or ce qui caractérise cette dernière est justement de s'exclure de la féminité et par là même du diabolique sur lequel est fondé l'échange de sens. La possédée, figure extrême de l'hystérique, tourne le dos à son propre corps qui acquiert, dès lors, la licence d'accomplir les pires folies *(planche V)*.

Un exemple de ces folies est donné par les possédées de Loudun et leur supérieure Jeanne des Anges qui envoyèrent au bûcher Urbain Grandier, jeune curé peu croyant et trop amoureux de ses paroissiennes, pour crime de sorcellerie le 18 août 1634. L'affaire est trop connue pour être détaillée et je me limiterai à quelques données historiques. Grandier était accusé d'avoir provoqué par magie les désordres mentaux qui agitaient depuis plus d'un an une dizaine de jeunes ursulines. Un public toujours plus nombreux suivait comme au théâtre le spectacle d'exorcistes aux noms de comédie (Père Tranquille, Père Lactance, etc.), tonnant et luttant durant des heures contre les diables qui par l'intermédiaire des nonnes leur répondaient des insultes et des prédictions mauvaises, dénonçaient les secrets des assistants, se tordaient en convulsions, roulades au sol et force arc-boutements, tout en confessant la présence de Satan en la personne du malheureux Grandier. La bouffonnerie locale devint bien vite une affaire d'Etat où intervinrent Richelieu et le Père Joseph. Grandier mort, la possession continua ; elle aurait dû disparaître avec les cendres du magicien. On fit appel aux jésuites. Le jeune Père Surin, un authentique mystique celui-ci, fut envoyé à Loudun à la tête d'une mission. Cette période de sa vie est rapportée dans l'ouvrage autobiographique *Triomphe de l'amour divin sur les puissances de l'enfer et science expérimentale des choses de l'autre vie* (1653-1660)[29]. Je donnerai quelques extraits du récit que fait M. de Certeau du combat livré par Surin : « Chargé de la prieure Jeanne des Anges, il est ému jusqu'aux larmes lors-

Planche V — Jean-Jacques Lequeu :
« Et nous aussi nous serons mères... », gravure.

qu'il la voit pour la première fois, ligotée tel un diable vaincu : lui du moins regarde comme une malheureuse celle que d'autres considèrent seulement comme une chose aliénée et agitée par Satan. Mais aussi, pendant ces mois qu'il appellera *le temps de notre combat*, il peut enfin reconnaître, nommer, affronter l'ennemi tapi depuis des années au fond d'une angoisse qui n'avait pas encore de visage. Comme il avait trouvé dans les autres le Dieu qui échappait à ses désirs, il peut localiser, devant lui, la sourde et secrète hostilité sur laquelle il n'avait jusque-là aucune prise... Habitué à l'extraordinaire, pas une seconde il ne doute de la réalité de la possession. Comment l'eût-il pu, d'ailleurs, sans trahir la cause pour laquelle il est envoyé au combat ? Mais s'il a cela de commun avec beaucoup d'autres, s'il leur prête sa plume et prend la défense des "bons" en rédigeant les récits, vifs comme des pamphlets, pittoresques comme des romans, qui vont être diffusés partout, ce n'est pas cependant qu'il soit entraîné par le côté spectaculaire de cette histoire. Il fait tout, au contraire, pour diminuer, sinon supprimer, les exorcismes publics. Pour lui, le véritable débat se passe à l'intérieur ; c'est un cas extrême de direction spirituelle. Il est convaincu, en bon théologien, que la puissance du démon se fonde sur des acquiescements secrets. La lutte consiste donc à les discerner, à révéler la complicité que supposent ces abandons à des pulsions trop vite désignées comme "extérieures" : il faut combattre ces connivences ; il faut remédier aux faiblesses intimes qui se cachent sous le masque de l'Autre et se justifient au nom de la contrainte exercée par Satan. Toute subtile qu'elle soit, Jeanne des Anges aura vite fait de capituler devant la lucidité hardie de ce jésuite naïf comme un enfant, toujours disposé à la croire, mais sans jamais transiger avec les lois de cette guerre contre les duplicités ou les somnolences qui ouvrent la porte à l'ennemi [30]. »

On peut considérer que le combat s'achève par une victoire. Mais Surin y laisse sa santé. Il sombre pour une vingtaine d'années dans la nuit et dans une sorte d'autisme qui rappelle la folie d'Hölderlin : comme s'il avait perdu la *parole* et le sens qu'il a redonné à l'autre. On voit comment l'absence du diable revient à exclure l'Amour. Car c'est bien de cette absence qu'il s'agit dans le monstrueux transfert qui vient d'être évoqué.

Selon mon hypothèse, ce qui se produit alors s'apparente

à l'*hypnose*, telle qu'elle est définie et caractérisée par François Roustang[31]. Il s'agirait d'une sorte d'éveil paradoxal par analogie avec le sommeil paradoxal[32]. Au cours de ce dernier, le sujet est coupé du monde extracorporel par une paralysie, une perte du tonus musculaire et par un blocage complet des entrées sensorielles. Le sujet est enfermé dans son espace corporel et livré aux instances autonomes de son cerveau. Les créations oniriques qui se produisent alors et qui activent de façon répétitive les systèmes désirants opposants hypothalamo-limbiques sont bien, dans le sens où je l'entends, des productions diaboliques. L'hypnose pourrait consister dans le processus inverse et amener le sujet à un état d'hyper-attention au monde et à son espace extracorporel. Par opposition au rêveur, qui est *toute intériorité*, le sujet sous hypnose serait donc *toute extériorité* ou encore en état de coupure avec son corps. Ce dernier deviendrait par là même accessible aux interventions étrangères ou influences capables de lui dicter ses actions. La possession, figure extrême de l'hypnose, serait donc, en fait, une *dépossession* dans laquelle les systèmes désirants ne fonctionneraient plus selon les modalités oppositionnelles qui caractérisent normalement les processus diaboliques et, d'une manière générale, la vie.

Il convient enfin de distinguer la possession de l'extase. Celle-ci implique, me semble-t-il, une participation intense des systèmes désirants et une mobilisation des processus opposants qui peuvent conduire à une sorte d'addiction que révèlent les étranges ressemblances entre le drogué et le mystique. Il n'est donc pas interdit de voir dans l'extase la manifestation d'un processus diabolique ou divin[33].

L'EXTASE

Ce que je dirai constitue une pure spéculation (ou divagation) qui ne doit pas être comprise dans le lot des données scientifiques présentées précédemment. Les saints ou saintes, car c'est d'eux qu'il s'agit, ne sont pas accessibles à l'expérimentation et les comportementalistes n'ont jamais eu à leur disposition une souche de rats mystiques. A la différence de la possession, qui est une spécialité à forte dominante féminine, l'extase touche aussi bien les hommes que les femmes. Selon le schéma des processus opposants, il est possible d'entrer dans l'extase par le vide ou le manque absolu : dépouillement et gouffre clair, selon Maître Eckart, et que Ruysbroeck appelle l'« *abîme sans modes de Dieu* ». Alors le divin devient « nudité pure » — « dans la clarté nue », l'âme anéantie découvre sa « *nescience abyssale* ». « Là dans cette nescience réside, remarque J.-N. Vuarnet[34], une solitude qu'il n'est peut-être pas trop fort de qualifier d'athéisme. » Le mot de nescience n'évoque-t-il pas plutôt le grand négateur, le Maître des processus opposants ?

Aux antipodes de l'histrionisme de la possession se situe la plénitude de la jouissance où s'unissent le *désir*, la *douleur* et la *satisfaction*, aussi confondus que les voies qui les transportent au sein de l'hypothalamus. « Plus il se tourne vers Celui qui est désirable, plus la blessure grandit. Quelquefois, il arrive une telle suavité intérieure que l'homme, incapable de se contenir, ne sait que devenir et que faire. Il croit que personne n'a l'expérience de ce transport. C'est la joie proprement dite : il se demande s'il va mourir, la poitrine brisée. Mais le transport se contient tant que l'extatique est en présence d'un témoin ; car Dieu veille sur l'honneur de ses amis. C'est l'ivresse spirituelle ; c'est la folie trois fois sublime[35]. » Emballement des processus opposants, qui conduit à une paix sublime où « nous devenons capables de contempler dans la joie l'éternelle arrivée de l'époux ». Cette folie sans déraison, qui fait cependant échec à la raison, pourrait être revendiquée par le diable si Dieu n'avait exercé son droit de prescription.

Avec A. de Foligno et T. d'Avila, ces présences du corps et du cerveau s'imposent avec une netteté quasi expérimentale qui n'enlève d'ailleurs rien à la qualité de l'expérience mystique. Chez la première, l'hyperthermie signe au sein de l'élévation spirituelle la libération massive d'interleukine[36] dans l'hypothalamus, alors même qu'Angèle, « fille de l'Extase, prend sur ses épaules les portes de sa prison et les emporte sur la hauteur[37] ». Lacan, à propos de la sainte Thérèse du Bernin, avec son style habituel, l'affirme : « Elle jouit, ça ne fait pas de doute. » L'éros divin est bien confondu avec l'éros génital et ses composantes opposantes ; il n'y a pas plusieurs places dans le cerveau pour jouir et pour souffrir de l'âme ou de son corps *(planche VI)*.

Nous observons là encore l'emballement des systèmes opposants[38] avec, on peut le soupçonner, la libération massive dans l'hypothalamus de l'hormone ocytocine, celle-là même qui intervient au moment de l'orgasme chez l'homme et chez la femme : une substance qui, au-delà de ses fonctions jouissives, pourrait avoir dans les réseaux neuronaux du cerveau impliqués dans la régulation des fonctions d'*attachement* et de mémoire sociale un rôle de neurotransmetteur. L'ocytocine est en effet une neurohormone synthétisée dans l'hypothalamus et libérée par l'hypophyse postérieure lors de l'allaitement : sa sécrétion sous forme de décharges pulsatiles en réponse réflexe à la tétée provoque l'éjection périodique de lait. Cette substance est aussi libérée à l'intérieur du cerveau au niveau de terminaisons nerveuses dans des régions hypothalamiques et limbiques (aire préoptique et septum). Une sécrétion massive intervient notamment au moment de l'orgasme masculin ou féminin.

En deçà de cet événement, l'ocytocine est plus largement associée aux comportements affiliatifs qui permettent l'établissement de liens entre individus au sein d'une même espèce. Des études récentes sur le genre *Microtus*, petits campagnols américains, montrent que, selon les espèces, les individus forment des couples monogames bons parents et bons époux (campagnols des plaines, *Microtus ochrogaster*) ou vivent en célibataires volages et mauvais parents (campagnols des montagnes, *Microtus montanus*). Le changement d'habitat, même avant la naissance, ne modifie pas les habitudes de l'espèce et, en plaine, le campagnol de montagne reste toujours aussi

Planche VI — Odilon Redon.
La Tentation de saint Antoine.

volage. L'analyse neurobiologique de leurs cerveaux révèle que ce dernier ne possède pas sur les neurones du septum les récepteurs spécifiques pour l'ocytocine. L'hormone est incapable chez le campagnol de montagne de déclencher les comportements affiliatifs et notamment le comportement maternel, comme elle le fait chez le campagnol des plaines. Hormone de l'extase et de la jouissance, l'ocytocine serait donc aussi, plus modestement, associée à la paix et aux liens entre les individus [39].

De ce cerveau baignant dans l'ocytocine s'élève le chant de la vie qui est aspiration à la mort, couple qui a guidé notre voyage dans la biologie du diable.

Déjà je vis hors de moi
Depuis que d'amour je meurs...

Qu'elle est longue cette vie
Qu'ils sont pesants, cet exil,
Cette geôle, ces fers,
Où mon âme est verrouillée !
Rien qu'attendre d'en sortir
Me cause d'affreux tourments
JE MEURS DE NE PAS MOURIR

Cette vie si amère
On n'y jouit pas du Seigneur
Et si l'amour est douceur
Un long espoir désespère.
Que Dieu m'ôte ce fardeau
Plus lourd que le lourd acier
JE MEURS DE NE PAS MOURIR [40].

Moralité

Il n'y en a pas ! Je ne crois pas que l'on puisse tirer une morale de l'observation du vivant. Tout entier livré au jeu des couples opposants, celui-ci n'offre pas de prise au choix entre le Bien et le Mal. Il me paraît aussi peu fondé de décréter le vice conforme aux lois de la Nature que d'attribuer à cette dernière les vertus de l'Etre suprême. Dans l'une et l'autre attitudes, on fait l'impasse sur l'existence du diable.

Evoquant la présence de Satan, Paul VI parlait d'« un être vivant, perverti et corrupteur ». Il signifiait ainsi que le diable ne pouvait être ramené à une simple dimension mythique, sorte de personnification métaphorique de l'agent universel du Mal. Le Pape avait raison : le diable est vivant et ne se paye pas de mots.

En souscrivant à l'opinion papale, j'ai affirmé à mon tour la présence vivante du diable, non certes comme une vérité révélée et un acte de foi, ce qui ne conviendrait guère à ma condition de biologiste féru de choses matérielles, mais comme une observation que chacun peut faire s'il veut bien renoncer à la représentation traditionnelle du diable qui continue d'encombrer les imaginations. Sous le prétexte que le port des cornes et de la queue est depuis longtemps passé de mode, on fait mine de le prendre pour un personnage de carnaval. Il est vrai, selon la fameuse observation de Baudelaire, que « la plus belle ruse du diable serait de nous persuader qu'il n'existe pas[1] ».

La remarque est trompeuse, car elle fait de Satan un « esprit malin » animé par l'intention de faire le mal, utilisant au besoin la ruse pour parvenir à ses fins. C'est lui ôter la vie que de le faire passer pour un esprit. Il n'est plus alors qu'une construction de l'imagination : un ensemble de formalisations que la raison utilise pour combattre le Mal. Cet esprit-là n'est qu'une vue de l'esprit.

La position inverse, qui identifie le diable à la chair, ne vaut pas mieux. Le vivant n'y retrouve ses droits que dans une animalité repoussante et si le diable et la chair ne font qu'un, c'est parce que cette dernière a été corrompue jusqu'à la moelle par le péché originel. Il me faut le dire encore une fois, le diable n'est pas plus la bête immonde qui rampe dans le cerveau de l'homme qu'il n'est l'esprit désincarné du Mal.

En attribuant métaphoriquement au diable la triade vie, sexe et mort, je n'ai pas simplement fait appel à une figure de rhétorique pour désigner les caractères fondamentaux du vivant ; j'ai essayé de ramener l'impensable à l'obsédante et immanente présence de l'opposant. Quand Satan tente le Christ par trois fois, agit-il pour le compte de quelqu'un (on imagine de qui !) ou le fait-il de son propre chef ? Dans cette dernière hypothèse, cela revient à lui prêter une intention. Partant de la prémisse que le diable est au cœur du vivant, c'est donc y placer une intentionnalité. Est-ce une raison pour dire, comme je l'ai fait, que la vie est de l'ordre du religieux ? Le lieu n'étant pas ici d'en débattre, je voudrais surtout éviter qu'on me fasse un procès d'intention.

Accepter sa présence, tout en déniant sa réalité, n'est-ce pas la condition même d'un mythe ? A l'affirmation rationaliste : « Le diable n'est qu'un mythe, donc il n'exite pas », D. de Rougemont répond : « Le diable est un mythe, donc il existe et ne cesse d'agir[2]. » Peut-être ; mais n'est-ce pas encore lui donner une fonction morale dont il est par nature incapable ? Le mythe est une chair vivante qui recouvre et anime le squelette articulé du langage. Il est une structure fondamentale qui permet à l'homme d'agir sur le monde et de rassembler en ordre les éléments épars que la raison recueille dans les provinces dispersées de l'esprit. Son rôle est d'apaiser la raison et non de lui faire un pendant déraisonnable. Le mythe, remède contre la souffrance et l'angoisse originelle, voilà qui ne peut que laisser le diable indifférent. Mais prendre le diable pour un mythe est une moindre erreur[3]. Le mythe, après tout, procède de la chair et s'adresse à la chair — la chair douloureuse ou jouisseuse, celle qui s'exprime dans la parole de l'homme. Le mythe, même s'il utilise des héros de pacotille, n'est jamais très éloigné de la vie.

Par l'installation de l'homme sur la terre, la vie a donné la parole à l'opposition : le diable ou ce contre quoi *je suis*. « Je » est unique dans le même temps qu'il appartient à un individu « social extrême[4] » ne tirant son existence que de celle des autres. La société des hommes représente une sphère nouvelle d'organisation qui englobe le cortex cérébral dont elle émane et comme lui est livrée au jeu de l'opposant. En produisant de la société, le cerveau fabrique de la morale. Les vertus et les vices ne sont pas inscrits dans les gènes et gravés dans l'architecture raisonnable des réseaux de neurones. Ils émanent des cartes de l'individu, qui est libre de gagner ou de perdre avec le jeu dont il dispose.

Ne voir l'opposant que dans l'autre ou dans les autres serait une erreur. L'adversaire est logé au sein même de l'individu. Il est cette force venue de l'origine des temps « qui tantôt veut le mal et tantôt fait le bien[5] ». L'homme est moral parce que temporel et inscrit dans une durée dont il a connaissance. Il possède une histoire qu'il peut raconter à l'autre ou à lui-même ; il est le héros de sa vie et accède comme tel au Bien et au Mal, denrées romanesques mais non biologiques.

Quand Ivan Karamazov s'écrie : « Si Dieu n'existe pas, tout est permis[6] », il se trompe. Le diable est présent, qui impose à l'homme les contraintes du corps et du monde et le jeu tragique de la vie : la joie contre la peine, l'amour contre la haine, l'exaltation de la gloire contre le déshonneur et, à la fin de la partie, la mort.

Dans ce face à face avec le démon, l'homme dispose de trois stratégies : la soumission, l'affrontement et le compromis. Dans la première, l'individu cède à la tentation. Il est entraîné dans le cercle infernal des processus opposants ; avec lui, ceux qui allument les bûchers et ceux qui se précipitent dans les flammes, tous les maudits de l'univers temporel sur lesquels pèse l'Ennui, les pauvres Tantale de banlieue livrés aux marchands d'illusions, tous les affamés du sexe, de la drogue et de la violence, les misérables victimes d'un marché de dupes qui « gagnent la mort avec tous leurs appétits, leur égoïsme et tous les péchés capitaux[7] ».

La seconde voie est celle du combat avec le démon, de ceux qui vivent dans le feu comme la salamandre, ceux qui n'acceptent que la seule compagnie d'eux-mêmes parce qu'il y est permis d'être tout à fait vrai, ceux qui ont choisi de danser au-dessus de l'abîme et d'étouffer d'un « non » chaque « oui » doucereux.

Il reste enfin la voie très ordinaire, la plus difficile peut-être : la *santé*. Celle-ci ne transcende pas l'homme. Elle « présuppose même une défense égoïste de l'individu qui se trouve contraint pour la sauvegarder sinon de se dresser contre son entourage, du moins de composer et de transiger continuellement avec les infinis nécessités, croyance et idéologies de la vie en société[8] ». Il est illusoire et dangereux de fonder une éthique sur autre chose que le soi. Il me faut savoir que le diable n'est pas l'autre et encore moins les autres : *le diable, c'est moi*. Mais ce qui est valable pour l'individu l'est aussi pour la société. Les lois ne rélèvent pas d'un ordre transcendant — et sont moins encore inscrites en lettres d'or au fronton du cerveau —, mais des efforts incessants des hommes et de leur complicité avec le diable. Reconnaître celui-ci, accepter ses ruses, ses contraintes, pour mieux les contourner, ce n'est pas s'enfermer dans un égoïsme mesquin, mais c'est refuser de céder aux idéologies qui sacrifient l'individu aux idoles et couvrent les calculs sordides de quelques damnés du pouvoir.

Lecteur, à ta santé !

ANNEXE I

Le Diable : quelques repères

Le diable est donné comme l'*incarnation* du mal ; on ne doit pas le confondre avec un principe ou avec une catégorie métaphysique. Unique ou partagée entre plusieurs personnages secondaires, sa présence s'inscrit dans les limites d'une histoire et d'un territoire.

L'histoire du diable est celle de l'homme confronté au négatif. Le (ou les) diable(s) est en général la représentation inversée du (ou des) dieu(x) positif(s). Inséparable, le problème de l'origine du mal est mêlé à celui de la création et du devenir de l'être après la mort.

A un créateur unique et bienfaisant s'oppose un adversaire qui intervient quand l'être suprême a achevé ou presque la création ; il tente de gâter l'œuvre divine ou de s'approprier quelque chose. Dans de nombreux mythes, c'est lui qui introduit dans le monde la mort qui n'avait pas été voulue par le créateur. On retrouve ce prototype diabolique parmi les Indiens du nord de l'Amérique. Chez les Algonquins, il est identifié au chien des prairies (coyote, *Canis Lyciscus latrans*). Le mythe raconte comment le Grand Esprit créa la terre et le ciel avec le soleil, la lune et les étoiles, puis les hommes et les animaux. Mais survint en secret un magicien puissant qui ne fit que des êtres mauvais comme les mouches et les moustiques. Il apporta l'injustice, le péché, le malheur avec la tempête, la maladie et la mort. Dans la suite, le mythe parle d'un *grand serpent* qui haïssait les hommes, les chassa de leur patrie et causa une grande inondation au cours de laquelle une partie des hommes furent dévorés par des monstres marins ; d'autres furent sauvés par leur ancêtre Nanaboush sur une tortue. On trouvera des exemples comparables dans l'article « L'adversaire du Dieu bon chez les primitifs » (Henninger J., 1948, In *Satan. Etudes carméli-taines*. Paris, Desclée de Brouwer, p. 107-121). On relève d'étonnantes similitudes avec notre diable, notamment l'insinuation d'une certaine familiarité existant aux temps primitifs entre l'être suprême et son adversaire. Selon le mythe des Maïdous, tribu de Californie centrale, le corps du Créateur était lumineux, mais sa face était toujours cachée, personne ne l'avait jamais vue ; seul Coyote y serait parvenu, raison possible de sa chute (?). On retrouve ici la complicité de Dieu et de Satan décrite dans le livre de Job ou, plus près de nous, dans le prologue du *Faust* de Goethe.

Dans les cultures qui entretiennent une pluralité de dieux, la séparation entre les bons et les mauvais génies n'est plus aussi évidente ; la gestion du négatif donne prétexte à une organisation à la fois plus complexe et plus superficielle. Une société anonyme ou à responsabilité limitée est préférée au pouvoir malifique d'un seul.

Le diable acquiert toute son autonomie dans les grandes religions monothéistes. Il surgit en Perse, au VIe siècle avant J.-C., dans l'émergence de la religion mazdéenne prêchée par Zoroastre. Le Dieu des ténèbres Ahriman, soutenu par ses dévots maléfiques ou *daevas,* est confronté à l'absolu de la lumière, Mazdah. La force de cette croyance en un Dieu méchant adversaire du bon Dieu tient à ce qu'elle apparaît comme la seule explication rationnelle de la présence universelle et omnipotente du mal. Ce dualisme se retrouve confondu avec le message chrétien au IIIe siècle après J.-C. chez les Manichéens.

Il y a dans le manichéisme profusion de démons ou d'entités maléfiques *(Archontes, Raksas, Avortons)* regroupés dans une hiérarchie que domine un Archidémon qui est en même temps un anti-dieu : *Roi* ou *Prince des ténèbres*. Les Manichéens ont occupé une place importante dans les premiers siècles chrétiens et saint Augustin est resté imprégné de leur enseignement. Le dualisme manichéen repose sur l'opposition absolue de deux substances, natures ou racines, de deux principes l'un et l'autre incréés et infinis, par conséquent co-éternels, égaux en tout et compatibles : le Bien et le Mal, Dieu et la Matière. La relation à cette dernière reste toutefois ambiguë. Un texte enseigne que « de la terre obscure sortit le Satan. Non qu'il ait été en soi éternel dès le commencement ; mais les substances qui le composent étaient en leurs éléments éternelles. Ces substances, issues de leurs éléments, au nombre de cinq, s'unirent alors et donnèrent naissance à la forme de Satan : tête de lion, corps de serpent, ailes d'oiseau, queue de poissons et quatre pieds ». Dans d'autres textes, Satan est identifié au Prince des ténèbres et *Roi des bipèdes* qui entraîne à la guerre victorieuse les éléments obscurs contre l'homme primordial *Osmud,* revêtu de l'armure lumineuse.

Le système manichéen s'est adapté aux différents pays en s'intégrant aux religions locales. Le Prince des ténèbres a été identifié dans l'Occident chrétien au diable, dans le monde musulman à Satan ou au démon primordial *(Iblis al Qadim)* ; dans l'Orient mazdéen, à Ahriman ; en Chine à *t'an-mo*, le démon de la convoitise. Il lui arrive parfois de se dédoubler en deux démons, l'un mâle, l'autre femelle, qui forment couple : le désir (la convoitise) et la concupiscence ; cette dernière, l'*Az*, est un démon insatiable qui dévore tout et, lorsqu'il n'a plus rien à absorber, se dévore lui-même. Henri-Charles Puech *(Satan : Etudes carmélitaines)* a parfaitement résumé l'essentiel du message manichéen dont on ne soulignera jamais assez la survivance jusqu'à nos jours dans l'Occident chrétien. Le Prince des ténèbres est la traduction mythique d'une même réalité, à la fois physique et psychologique, qui s'exprime sur le plan physique sous les espèces de la Matière et sur le plan psychologique sous celles du Désir. Matière ou Désir, le fond de cette réalité est un mouvement désordonné et furieux, ici et là éprouvé comme un mal et conçu comme constituant le Mal en soi. Mal parce qu'il est infini et irrationnel, sans commencement ni achèvement, sans cause ni but, sans raison aucune. Mal parce qu'il est, du même coup, « stupide », contingence nue, l'essence de tout ce qui — pur chaos ou instinct brut —, absurdement et perpétuellement, apparaît, disparaît, reparaît dans l'instant. Hypostase ou fils de la Matière et du Désir, le Satan du manichéisme incarne, en dernière analyse, la condition charnelle de l'homme réduite à soi seule, l'existence dans le temps saisie sous son jour le plus dépouillé, la « vie » insensée, illusoire et contradictoire, à laquelle la créature, si elle est privée de tout recours à la paix de l'Esprit, aux lumières salvatrices de la révélation et de l'Intelligence, est, aux yeux de la secte, présentement et ici-bas, condamnée, et qui, abandonnée à soi, n'est que perte, destruction, péché, enfer, mort — une nuit désespérée.

Des développements qui précèdent, il est clair que le diable ne peut être considéré comme une invention juive. Il est au contraire surprenant d'observer combien il est peu présent dans l'Ancien Testament. Les textes du Pentateuque ne contiennent aucune trace d'un principe du Mal, tout en posant clairement le problème de son origine. Le serpent qui tente Eve ne sera assimilé à Satan que beaucoup plus tard. Le travail, la souffrance, les épreuves sont une punition dont il n'y a pas lieu de discuter le bien-fondé ou d'attribuer la responsabilité à un intermédiaire chargé de mauvaises intentions. Les anges ou *benè Elohim* (fils de Dieu) sont les messagers du Seigneur pour le meilleur et pour le pire. Dans le message mosaïque, la transcendance totale de Dieu n'est même pas effleurée par le Mal.

La fréquentation des dieux babyloniens lors de l'exil introduisit dans le monde testamentaire des agents du Mal, à commencer par Lilith, démon femelle qui hante la nuit et la tempête (Isaïe 34.14). Dans Job, l'un des *benè Elohim,* le Satan (l'adversaire), accable Job de misères avec la permission du Seigneur. Le Seigneur et son ouvrier du Mal entretiennent une conversation qui évoque une réunion de chantier. Dans la traduction grecque de la Septante, le Satan devient le *diabolos*, notre diable. L'influence babylonienne est à l'origine d'Asmodée qui fait mourir les sept époux de Sara pendant la nuit (Tobie 3.8). Isaïe s'adresse à Hébel ben Shahar (Astre fils d'Aurore), symbole désignant le roi d'Assyrie. La Vulgate latine traduira par Lucifer (Porte-lumière). Ce texte sera à l'origine d'une réinterprétation tardive de la Genèse et du mythe de la chute des anges. Leur chef (l'adversaire de Dieu), devenu Satan, sera l'agent et administrateur du mal dans le monde. Dans le livre de la Sagesse, il est l'inventeur de la mort, et donc l'ennemi du genre humain (Sagesse 1,16).

Dans le livre d'Henoch, qui fait partie de la littérature intertestamentaire, on voit les anges mauvais menés par leur chef Semnazah descendre sur terre pour s'y unir aux filles des hommes et engendrer des géants malfaisants. Ces derniers inventèrent les fards, la fornication, l'astrologie, la sorcellerie et d'infâmes péchés que je n'ose pas dire. Ces agissements provoquèrent la colère de Dieu et déclenchèrent le Déluge confié aux soins des quatre archanges Michel, Sariel, Raphaël et Gabriel. A l'examen de leurs crimes, il ne fait aucun doute que les mauvais anges avaient un sexe.

La fin de l'ère préchrétienne et le Ier siècle voient des cohortes d'anges se répandre dans des récits apocalyptiques. La multitude des demi-dieux grecs se mêle à celle des démons orientaux. Le *daimon* grec n'est pas maléfique ; c'est un esprit aérien qui inspire les poètes et les philosophes et ne devient un agent du Mal qu'à l'époque hellenistique tardive.

Dans les Evangiles, les démons tiennent une place de choix et Jésus les poursuit, délivrant les possédés et enseignant ses fidèles à prier : « Délivre-nous du malin » (Mathieu 6.13). Les relations du Christ et de Satan ne se résument pas à un combat sans surprise entre le Bien et le Mal. Les deux adversaires se connaissent et Papini va jusqu'à dire que « Jésus est à tu et à toi avec le diable ». Pendant quarante jours, ce dernier a tenté le fils de Dieu. Mathieu et Luc donnent des récits concordants. La rencontre se déroula dans le désert, sans autres témoins que le sable et les bêtes sauvages. Pourquoi le fils de Dieu s'est-il commis avec son ennemi ? Pourquoi s'est-il soumis à des tentations auxquelles il est par nature incapable de succomber ? La réponse pourrait être d'ordre biologique. Le fils de l'Homme qui s'est incarné au point d'accepter la mort (la vie c'est la mort) ne pouvait éviter le jeu diabolique des processus opposants. Toujours selon Papini : « Le diable est considéré comme un des acteurs nécessaires, bien qu'antagoniste, de la tragédie de la Passion. Ses tentations sont le préambule inéluctable des supplices à venir. Le diable, sous cet aspect, apparaît comme un collaborateur du Christ. »

On ne peut résumer dans une note brève les débats qui ont occupé les Pères de l'Eglise, d'Ignace d'Antioche au IIe siècle à Isidore de Séville au VIIe siècle. A la fin du IIe siècle, l'exorcisme est introduit dans le rituel baptismal : « Je renonce à toi, Satan, à tes pompes et à tes œuvres. » La possibilité du rachat entretient un courant d'espérance dans les sombres perspectives du Mal. Pour Origène, le diable lui-même sera sauvé à la fin des temps. Grégoire de Nysse envisage sa théorie de l'*apocatastase*, selon laquelle Satan n'est pas totalement mauvais : « Le Verbe fait chair libère l'homme du mal, et même guérit l'introducteur du mal. »

Le diable occupe bien évidemment une place de choix dans la théologie classique. Le discours récurrent porte sur le caractère inacceptable du Mal et sur la liberté d'y succomber. Lucifer, créature de Dieu, était-il libre de ne pas pécher. La solution dialectique proposée par Anselme dans le *De Casu diaboli* anticipe les réponses apportées par Hegel et, plus près de nous, par Lacan, dont l'inspiration anselmienne semble avoir été négligée par les exégètes. Tenant la chute du diable pour un fait révélé, Anselme cherche à déterminer sa réponse *a priori* à partir des seules exigences de la raison. Tout venant de Dieu, est-ce également le cas du Mal ? Le vouloir du Mal est un non-vouloir du Bien. *Mais ce n'est pas Dieu qui a donné à Satan le non-vouloir.* Le Mal est-il quelque chose ? Il n'est rien ; c'est du non-être qui ne se révèle que par l'absence.

Avant que la philosophie ne se dégage de la théologie,

celle-ci a gardé l'exclusivité du discours sur le Mal. Parallèlement, le diable menait une existence historique dont on trouve de larges échos dans cet essai. Le parti pris adopté étant ici celui de l'existence du diable, on est en droit de se demander si une telle position ne revient pas à se faire l'allié de l'Inquisiteur, l'imprécateur allumé, le contristeur au teint verdâtre ? Alors, l'ignorer sous prétexte de mauvaises fréquentations ? Ce serait trop facile — vilenie, haine et cruauté s'étalent dans les journaux ; à leur aune, les enfers du nos cathédrales ne sont que bagatelles gothiques et bluettes monastiques. *Non ! Le diable existe ; mais pas le Mal.* La terrible erreur est de les confondre. Dire que le Mal existe, mais pas le diable, revient à abandonner l'Homme aux donneurs de leçons, redresseurs de torts, tenanciers de l'humanitaire et marchands de machines à massacrer les méchants. Dire que le Mal existe, c'est ouvrir la voie aux « génies du Mal » et à l'indignation fascinée qu'ils suscitent chez les gens de bien. Non, il n'existe pas ! La doctrine augustinienne affirme la non-substantialité du Mal que j'appelle ici sa non-existence. Il ne s'agit pas de nier la réalité du Mal. « Le Mal ne relève pas de l'ordre de l'être : c'est du non-être, ce qui n'est pas la même chose que le néant » (Marrou H.-I. In *Satan. Etudes carmélitaines*). Dieu ne peut se concevoir dans ce monde que pour autant qu'il aurait partie liée avec le Mal. Autrement dit, affirmer la présence divine ici-bas reviendrait à donner au Mal un statut ontologique inacceptable. Le Christ ne dit rien d'autre lorsqu'il s'écrit : « Mon royaume n'est pas de ce monde. » Dire que le diable existe, ce n'est pas succomber à la tentation, c'est accepter la vie avec sa part de négatif et reconnaître à Satan sa prétention au principat d'ici-bas.

*
* *

Dans cette annexe, j'ai fait des emprunts aux ouvrages suivants, qui offrent une abondante source de données sur le diable :

1. Minois G. (1994). *Histoire de l'enfer*. Paris : Presses Universitaires de France.
2. Ouvrage collectif (1950). *L'Enfer*. Paris : Editions de la Revue des Jeunes.
3. Ouvrage collectif (1992). *Figures du démoniaque hier et aujourd'hui*. Bruxelles : Publications des Facultés Universitaires Saint-Louis.
4. Papini G. (1954). *Le Diable*. Paris : Flammarion.
5. Tavard G. (1988). *Satan*. Paris : Desclée-Novalis.
6. *Etudes carmélitaines*. (1948). *Satan*. Paris : Desclée de Brouwer.

ANNEXE II

Sabbat, potions et onguents

Le Sabbat a-t-il existé ? Les sorciers et sorcières disposaient-ils d'agents physico-chimiques permettant leur transport sur les lieux de l'assemblée, une clairière forestière ou une montagne, comme le célèbre Brocken en Allemagne du Nord ? A ces croyances populaires, les médecins et pharmacologues opposèrent dès la fin du XVIe siècle la thèse selon laquelle « les onguents de transvection » dont s'enduisaient les sorciers ne seraient que substances à illusion dotées, outre leur pouvoir narcotique, de propriétés hallucinogènes. Pour J. Cardan, médecin de Pavie, l'onguent du Sabbat était composé de graisse d'enfant, de suc d'ache, d'aconit, de quintefeuille et de suie. Porta, dans sa *Magie naturelle*, y ajoute du sang de chauve-souris, des feuilles de peuplier et de la morelle endormante. Au cours d'une expérience, il avait observé une vieille sorcière s'enduire le corps de pommade et tomber dans un profond sommeil pendant lequel le savant et ses aides lui administrèrent une solide correction. A son réveil, la stryge avait raconté mille folies accomplies pendant le Sabbat. Porta eut beau lui montrer ses meurtrissures, elle persista dans sa version des faits. Wier, auquel j'ai rendu hommage pour son honnêteté de clinicien, a repris les recettes de Cardan et Porta dans son *Imposture des diables,* en les complétant par l'addition d'une formule d'huile assoupissante contenant ivraie, ciguë, jusquiame et belladone.

A l'ère pharmacologique succéda, au XIXe siècle, l'ère sociologique, dominée par la fougue poétique et le génie de Michelet qui, reprenant l'assimilation du *Malleus* des sages-femmes aux sorcières, lui conféra une valeur positive incarnée dans la grande figure de la sorcière (1862). Pour lui, le Sabbat était bien réel, réunion de paysans révoltés qui demandaient à des « breuvages d'illusion » l'oubli d'un quotidien désespéré. On a assisté au XXe siècle, vers les années 70, à la renaissance d'assemblées païennes communiant dans la prise de substances hallucinogènes. Le succès de Castaneda et les allusions, de valeur ethnographique douteuse, aux expériences démoniaques des Indiens du Mexique témoignent de la vogue de ce « retour au Sabbat ». La *Sorcière* de Michelet est devenue aujourd'hui la bible de cercles féministes américains et de groupes néo-païens germaniques.

En dehors de l'aspect pharmacologique, les recettes du Sabbat font surtout appel à la symbolique des ingrédients, notamment à leur caractère inversé du culte chrétien. La graisse humaine est en général le liant. Le cœur d'enfant figure comme composant de base. Dans un exemple tardif cité par M. Meurger, un assassin fut exécuté à Bayreuth pour avoir dévoré huit cœurs d'enfants ; il avait la ferme croyance qu'il se serait envolé s'il avait pu en manger neuf. Il existe tout un bestiaire rituel allant de l'épervier, emblème de Satan, et de la chauve-souris, animal des hérétiques, au corbeau, compagnon de la sorcière en sa cuisine, et au crapaud, image de la luxure ; que l'on se souvienne des sorcières du Pays basque et des crapauds noirs qui s'échappaient des bûchers.

On peut s'interroger sur le pouvoir effectif de ces ingrédients et sur la part qui revient à l'influence et à la suggestion. La jusquiame et la belladone, composants les plus populaires, ont conduit à l'isolement de l'atropine, substance qui s'oppose aux effets de l'acétylcholine, un des neurotransmetteurs majeur dans le cerveau. Plus près de nous, on a découvert dans la poudre qui sert à créer des zombies en Haïti la présence de tétrodotoxine, un poison qui empêche la production de l'influx nerveux dans les neurones et est extraite du poisson tétrodon ou fugu, délice quelquefois mortel des gastronomes japonais.

Aujourd'hui, les médecins et les pharmaciens possèdent dans leurs armoires des ingrédients à faire s'envoler des millions de sorcières. Comme le remarque en conclusion de son article M. Meurger, par leur prise de possession des jardins du diable, les médecins ont contribué au « désenchantement du monde ».

*

* *

On pourra consulter :

1. Meurger, M. (1993). « Plantes à illusion : l'interprétation pharmacologique du Sabbat ». In : *Le Sabbat des Sorcières*. Jacques Chaquin et Préaud, M. (éd.). Grenoble : Jérôme Millon.
2. Doucet, J.-C. (1985). *Histoire des médicaments*. Paris : Payot.

NOTES

Introduction

1. Pessoa, F. (1989). *L'Heure du Diable.* Paris : José Corti.

2. Etymologie contestée ; voir : *Dictionnaire des mythologies* (1981). Article : « Rome ». Paris : Flammarion.

3. « Le dernier ennemi [le diable], qui s'appelle mort, sera détruit et il n'y aura plus de tristesse, et il n'y aura plus d'*opposition*, puisque l'ennemi aura disparu. Ce dernier ennemi ne sera pas détruit dans le sens où sa substance, faite par Dieu, serait anéantie, mais en ce que la perversité de sa volonté, qui était en œuvre et non celle de Dieu, disparaîtra. » (Origène. *De Principis*, III, 6-5.)

4. Bataille, G. (1963). *Les Larmes d'Eros*. Paris : Jean-Jacques Pauvert.

5. Jonas, H. (1994). *Le Concept de Dieu après Auschwitz*. Paris : Rivages.

6. Sur l'amour de la nature chez les nazis, voir : Ferry, L. (1992). *Le Nouvel Ordre écologique*. Paris : Grasset.

7. Sur les relations historiques du Mal et du diable, voir l'Annexe I.

8. Dans ce sens, on peut également comprendre ce que la psychanalyse désigne comme le travail du négatif, qui est de l'ordre de la fonction et se rapporte « à autre chose que ce dont parle Hegel ». J'ai par ailleurs veillé à mettre de cote dans cet essai, autant que possible, les données venues de la psychanalyse. Il ne s'agit pas d'un déni et encore moins de laisser le négatif travailler à mon insu. L'amour, la haine, le plaisir et l'aversion, l'ensemble des couples opposants réunis sous les bannières d'Eros et Thanatos, « ont toujours été reconnus — sous des formulations diverses, il est vrai — comme occupant une place de premier rang dans les différents contextes des théories qui se sont succédé en psychanalyse ». J'éviterai seulement de succomber aux charmes vénéneux de la chimère biologie/psychanalyse. (Voir Green, A. (1993). *Le Travail du négatif*. Paris : Ed. de Minuit.)

9. « Quel museau désespéré ! Quels gestes de damné ! Quels cris, quelles lamentations ! Ah ! Comme cela m'effraie ! » (Leporello, *Don Giovanni.*)

Première partie
LA CHAIR ET LE MONDE

CHAPITRE PREMIER : La Triade diabolique

1. Bernard, C. (1966). *Leçons sur les phénomènes de la vie communs aux végétaux et aux animaux.* Paris : Vrin. Voir aussi Prochiantz, A. (1990). *Claude Bernard. La révolution physiologique.* Paris : Presses Universitaires de France.

2. On trouvera dans : Ruffié, J. (1995). *Le Sexe et la Mort.* Paris : Ed. Odile Jacob, coll. « Opus », un état détaillé des relations des deux derniers partenaires.

3. Sur l'origine du vivant, voir Horgan, J. (1991). « L'apparition de la vie ». *Pour la science,* 162, 92-100 ; Rebek, J. (1994). « Qu'est-ce que la vie ». *Pour la science,* 203, 40-46 ; Danchin A. (1983). *L'Œuf et la Poule.* Paris : Fayard ; Trân Thanh Vân, J. et K., Mounolou J.C., Schneider J. & McKay, C. (1992). *Frontiers of Life.* Gif-sur-Yvette : Ed. Frontières.

4. Les interactions faibles entre biomolécules reposent sur trois types de liaisons. Les *liaisons électrostatiques* sont dues à la force d'attraction entre charges électriques de sens contraire. Une molécule laisse apparaître en fonction des atomes qui la composent des charges libres qui peuvent attirer les charges opposées portées par une autre molécule, une enzyme par exemple. Les *liaisons hydrogènes* sont dues à l'interaction entre l'atome d'hydrogène légèrement positif d'une molécule et l'atome d'oxygène légèrement négatif d'une autre molécule. Les *forces de Van der Waals* sont responsables d'interactions électrostatiques très faibles et transitoires qui se produisent lorsque deux molécules sont très rapprochées et sont liées à l'influence faible exercée entre eux par les électrons des atomes voisins.

5. Cette propriété du vivant est appelée allostérie. Voir Changeux, J.-P. (1993). « Allosteric Proteins : from Regulatory Enzymes to Receptors-Personal Recollections ». *Bioassays,* 15 : 625-634.

6. Gouyon, P.H. (1994). « Le sexe, ce choix de l'évolution biologique ». *Turbulence,* 1 : 8-15.

7. Parmi les traits fondamentaux de la vie, la fonction de réparation joue un rôle essentiel. Dans les conditions « terribles » de l'origine de la vie, l'ADN, mal protégé au sein de la cellule primitive, devait se détériorer rapidement. L'introduction par conjugaison avec une autre cellule d'ADN étranger a pu servir de mécanisme de réparation.

8. Gouyon, P.H., Sandrine, M., Rebond, X. & Till-Botrand, I. (1993). « Le sexe, pour quoi faire ? » *La Recherche,* 250 : 70-86.

9. Crews D. (1994). « Animal Sexuality ». *Scientific American,* 270 : 109-114.

10. Sur l'apoptose, voir Pittman, R.N., Mills, J.C., DiBenedetto, A.J., Hynicka, W.P. & Wang, S. (1994). « Neuronal Cell Death : Searching for the Smoking Gun ». *Current Opinion in Neurobiology,* 4, 87-94 ; Martinou, J.-C. (1995). « La mort cellulaire programmée dans le système nerveux ». *Médecine/Sciences,* 11 : 367-373.

11. Hayflick L. & Moorhead P.S. (1961). « The Serial Cultivation of Human Diploïd Cell Strains ». *Exp. Cell. Res.,* 25 : 585-592.

CHAPITRE II : L'Expansion de la Chair

1. J'appelle *monde* l'espace propre et les objets dont l'individu subit l'influence et sur lesquels il agit.

2. Les étapes et les mécanismes de la construction d'un animal sont décrits dans Prochiantz, A. (1988). *La Stratégie de l'embryon.* Paris : Presses Universitaires de France.

3. Driever, W. et Nüsslein-Volhard, C. (1988). « A Gradient of *bicoïd* Protein in Drosophila Embryos ». *Cell,* 54 : 83-93.

4. Ce phénomène a été observé et décrit il y a cent ans par Bateson sous le nom de mutations homéotiques. Au cours de ces mutations, un organe est remplacé par un autre de nature homologue : une antenne par une patte, une aile par un balancier, mais jamais une antenne par une aile.

5. Duboule, D. (1995). « Vertebrate Hox Genes and Proliferation an Alternative Pathway to Homeosis ». *Current Opinion in Genetics and Development,* 4 : 525-528.

6. Simeone, A., Acampora, D., Gulisano, M., Stornaiuolo, A. & Boncinelli, E. (1992). « Nested Expression Domains of Four Homeobox Genes in the Developing Rostral Brain ». *Nature,* 358 : 687-690. Il existe d'autres homéogènes dans la tête qui ne sont pas signalés par souci de simplification.

7. Sur les origines de l'homme, voir Coppens, Y. (1994). « Histoire de l'origine des hominidés ». *Pour la science,* 201 : 64-71. Sur l'évolution de la bipédie, des mains et du cerveau, voir Leroi-Gourhan, A. (1964). *Le Geste et la Parole.* Paris : Albin Michel.

8. Edelman, G.M. (1992). *Biologie de la conscience.* Paris : Ed. Odile Jacob.

9. Prochiantz, A. (1995). *La Biologie dans le boudoir.* Paris : Ed. Odile Jacob.

CHAPITRE III : La Chair se fit Parole...

1. J'utiliserai indifféremment le terme de « langage » et celui de « parole », ce dernier désignant plus spécifiquement le langage parlé, c'est-à-dire faisant appel à la voix comme support. Le langage peut se définir comme un système à la fois communicatif et représentatif. Il repose sur une convention sociale qui attribue à certains substituts représentatifs, les signifiants (qui correspondent aux mots), le pouvoir de désigner d'autres substituts, les signifiés (les significations véhiculées par les mots). Vauclair, J. (1992). *L'Intelligence animale*. Paris : Ed. du Seuil.

2. Pinker, S. (1994). *The Language Instinct.* New York : William Morrow. Trad. fr. *L'Instinct du langage*, Paris, Odile Jacob, (1999).

3. Chomsky, N. (1976). *Reflections on Language.* New York : Pantheon. Frédéric II, empereur d'Allemagne, qui affichait des opinions comparables, avait conçu de faire élever deux enfants isolés à leur naissance à l'écart de tout contact langagier pour savoir si la langue qu'ils parleraient spontanément serait l'hébreu, mère des langues, le grec ou le latin. Les enfants restèrent définitivement muets...

4. L'amnésie infantile est cette étonnante incapacité de l'adulte d'évoquer des souvenirs antérieurs à sa cinquième ou sixième année. Le petit enfant, cet apprenti génial, tout occupé à faire de chaque instant l'occasion d'un nouveau savoir, est un être sans souvenir. Il lui faut attendre l'âge de cinq à six ans pour que la maturation complète des structures cérébrales permette l'installation de la mémoire dite « périodique » ou déclarative qui sert à fabriquer des souvenirs. L'homme préhistorique est semblable au jeune enfant. Tout à l'invention de techniques et de procédés pour investir le monde, il ignore encore l'écriture qui permet aux sociétés humaines de posséder une mémoire épisodique et événementielle.

5. Bickerton, D. (1981). *Roots of Language.* Ann Arbor : Karoma.

6. Harlow, H.F., McGaugh, J.L. et Thompson, R.F. (1971). *Psychology.* San Francisco : Albion Publications.

7. Voir Bates, E. (1992). « Language Development ». *Current Opinion in Neurobiology,* 2 : 180-185.

8. Pinker, S. (1999), *op. cit.*

9. Greenfield, P.M. (1992). « Language, Tools and Brain : the Ontogeny and Phylogeny of Hierarchically Organized Sequential Behavior ». *Behavioral and Brain Science,* 14 : 531-577.

10. Celle-ci ne fut identifiée qu'en 1929 par Harold Coolidge. La découverte eut lieu dans un musée belge, grâce à l'observation de crânes de chimpanzés, soi-disant enfants, mais dont les sutures osseuses soudées permettaient de conclure qu'il s'agissait de crânes adultes. Ils provenaient de chimpanzés dits pygmées, dont des exemplaires furent

vite repérés dans des zoos et dans leur site naturel, la forêt équatoriale du Congo.

11. Gould, S.J. (1977). *Ontogeny and Phylogeny*. Cambridge : The Bekknap Press of Harvard University Press.

12. Un exemple bien connu de néoténie est celui de l'axolotl, têtard de salamandre du Mexique, capable d'atteindre sous cette forme la maturité sexuelle.

13. Leroi-Gourhan, A. (1964), *op. cit.*

14. Buffon. *In Quadrup*, t.VII.

15. Buffon. *In Nature des animaux.*

16. Aristote, *La Poétique.* Trad. R. Dupont-Roc et J. Lallot. Paris : Ed. du Seuil (1980).

17. Guillaume, P. (1925). *L'Imitation chez l'enfant*. Paris : Félix Alcan.

18. Darwin, C. *L'Expression des émotions*. Paris : Reinwald (1980).

19. Meltzoof, A.N. & Moore, M.K. (1977). « Imitation of Facial and Manual Gestures by Human Neonates ». *Science*, 198 : 75-78.

20. Baldwin, J.M. (1897). *Le Développement mental chez l'enfant et dans la race*. Paris : Félix Alcan.

21. Guillaume, P., *op. cit.*

22. *Ibid.*

23. Voir Jeannerod, M. (1983). *Le Cerveau machine*. Paris : Fayard.

24. Petitto, L.A. & Marentette, P.F. (1991). « Babbling in the Manual Mode : Evidence for the Ontogeny of Language ». *Science*, 251 : 1493-1496.

25. Bates, E., Trial, D. & Marchman, K. (1991). « Symbols and Syntax : a Darwinian Approach to Language Development ». *In* N. Krasnegor, D. Rumbaugh, E. Schiefelbush and M. Studdert-Kennedy (éd.). *Biological and Behavioral Determinants of Language Development*. Hillsdal. N.J. : Erlbaum, 29-65.

26. On trouvera dans Mounin, G. (1987). *Clefs pour la linguistique.* Paris : Seghers, une excellente introduction à la linguistique qui s'attache à décrire le fonctionnement du langage sans parti pris théorique.

27. Kellogg, W. & Kellogg, L. (1933). *The Ape and the Child : a Study of Environmental Influence upon Early Behavior.* New York : Whittlesey House.

28. Girard, R. (1978). *Des choses cachées depuis la fondation du monde.* Paris : Grasset.

29. Oughourlian, J.M. (1982), *op. cit.*

30. Guillaume, P. (1925), *op. cit.*

CHAPITRE IV : Et la Parole se fit Chair

1. Grassi, E. (1991). *La Métaphore inouïe.* Paris : Quai Voltaire.

2. Novalis (1975). *Œuvres complètes.* Paris : Gallimard.

3. Bible de Jérusalem.

4. Bible de Jérusalem.

5. La Bible. (1985). Traduction française d'André Chouraqui. Paris : Desclée de Brouwer.

6. Etonnant pouvoir explicatif du mythe. Certains exégètes verront dans cette première création animale de l'homme une illustration de la théorie de l'évolution.

7. Pour ce second récit, j'emprunte l'analyse lumineuse qu'en donne Marie Balmary (1993). *La Divine Origine : Dieu n'a pas créé l'homme*. Paris : Grasset.

8. *Ibid.*

9. Pour les origines de l'homme, voir Coppens Y. (1994). « Histoire de l'origine des hominidés ». *Pour la science,* 201 : 64-71. Pour l'évolution de la bipédie, des mains et du cerveau, voir Leroi-Gourhan, A. (1964), *op. cit.*

10. Szalay, F.S.S. & Costello, R.K. (1991). « Evolution of Permanent Œstrus Displays in Hominids ». *Journal of Human Evolution,* 20 : 439-464.

11. Vincent, J.-D. (1994). *Biologie des passions*. Paris : Ed. Odile Jacob, coll. « Opus ».

12. L'imaginaire est le dépôt où s'entassent métaphores et symboles. Il n'est en rien opposé au réel d'où il tire ses fournitures.

13. Lévi-Strauss, C. (1947). *Les Structures élémentaires de la parenté*. Paris : Presses Universitaires de France.

14. Godelier, M. (1989). « Sexualité, parenté et pouvoir ». *La Recherche,* 213 : 1141-1155.

15. Godelier, M. (1995). « Meurtre du Père ou sacrifice de la sexualité ». *Revue internationale de psychopathologie,* 18 : 60-85.

16. Leroi-Gourhan, A. (1981). « Préhistoire : le problème religieux. » *In Dictionnaires des mythologies,* Paris : Flammarion.

17. Leroi-Gourhan, A. (1964), *op. cit.*

CHAPITRE V : Le Monde

1. Canguilhem, G. (1981). *Idéologie et rationalité dans l'histoire des sciences de la vie*. Paris : Vrin.

2. Ghiselin, M.T. (1974). *The Economy of Nature and the Evolution of Sex.* Berkeley, University of California Press. Traduction par

Roberts, J.F. *In* Sahlins, M. (1968). *Critique de la sociobiologie*. Paris : Gallimard.

3. Hamilton, W.D. (1964). « The Genetical Theory of Social Behaviour ». *Journal of Theorical Biology*, 12 : 12-45.

4. Jaisson, P. (1993). *La Fourmi et le Sociologiste*. Paris : Ed. Odile Jacob.

5. Trivers, R.L. (1971). « The Evolution of Reciprocal Altruism ». *Quarterly Review of Biology*, 46 : 35-57.

6. Schultz, T.W. (1974). *Economics of the Family*. Chicago : University of Chicago Press.

7. Sahlins, M. (1980), *op. cit.* L'école de Chicago, s'inspirant des théories monétaristes de Milton Friedman, a connu une de ses plus brillantes applications au Chili.

8. Barkow, J.H. (1993). « Règles de conduite et conduite de l'évolution ». *In Fondements naturels de l'éthique*. Changeux, J.-P. (éd.) Paris : Ed. Odile Jacob.

9. Cité dans Sahlins, M. (1980), *op. cit.*

10. *Ibid.*

11. *Ibid.*

12. *Ibid.*

13. Dawkins, R. (1996). *Le Gène égoïste*. Paris : Ed. Odile Jacob, coll. « Opus ».

14. On trouvera un argumentaire très recommandable et parfaitement scientifique contre la sociobiologie dans Blanc, M. (1990). *Les Héritiers de Darwin*. Paris : Ed. du Seuil.

15. Schelling, T. (1960). *The Strategy of Conflict*. Cambridge : Harvard University Press. Voir aussi : Gibbard, A. (1993). « Moralité et évolution humaine ». *In Fondements naturels de l'ethique, op. cit.*

16. Maynard Smith, J. (1982). *Evolution and the Theory of Games*. Cambridge : Cambridge University Press.

17. Maynard Smith, J. (1978). « The Evolution of Behavior ». *Scientific American*, 239 : 136-146.

18. On peut observer des comportements mâle/femelle comparables sur les trottoirs des grandes cités.

19. De Waal, F. (1995). *La Politique du chimpanzé*. Paris : Ed. Odile Jacob, coll. « Opus ».

20. Clutton-Brock, T.H. & Parker, G.A. (1995). « Punishment in Animal Societies ». *Nature*, 373 : 209-216.

21. Dawkins, R. (1996). *Le Gène égoïste, op. cit.*

22. Irwin, C. (1993). « Les éthiques naturalistes et le contrôle du conflit de groupe ». *In Fondements naturels de l'éthique, op. cit.*

23. « Une fille, ce n'est pas une personne apparentée. » Les Nuer du Soudan ne reconnaissent pas la parenté d'un enfant de sexe féminin (Evans-Pritchard, E.E. (1973). *Parenté et mariage chez les Nuer*. Paris : Payot).

24. Dunbar, R.I.M. (1992). « Neocortex Size as a Constraint on Group Size in Primates ». *Journal of Human Evolution*. 20 : 469-493.

Deuxième partie
LE DIABLE

CHAPITRE PREMIER : L'Opposant

1. Traduction d'André Gide (1922).
2. Solomon R.L. (1980). « The Opponent-Process Theory of Acquired Motivation : the Costs of Pleasure and the Benefits of Pain ». *American Psychol.*, 35 : 691-712.
3. Bernanos, G. (1926). *Sous le soleil de Satan*. Paris : Plon.
4. Le freudisme, dans beaucoup de ses aspects théoriques et pratiques, n'est pas très éloigné des théories associatives (voir Gauchet, M. (1992). *L'Inconscient cérébral.* Paris : Ed. du Seuil). La subjectivité ne peut s'y exercer qu'en confrontation avec l'activité machinale de l'inconscient cérébral, qui fonctionne selon le mode associatif et produit des symboles comme autant de motifs dérivés.
5. Un exemple de renforcement négatif serait la fermeture du livre après la punition infligée au lecteur par l'énoncé de ce jargon rébarbatif.
6. Epstein, S.M. (1967). « Towards a Unified Theory of Anxiety ». *In* B.A. Maher (éd.). *Progress in Experimental Personality Research* (vol. 4). New York : Academic Press.
7. Vincent, J.-D. (1994), *op. cit.*
8. Damasio, A. (1995). *L'Erreur de Descartes*. Paris : Ed. Odile Jacob.
9. On peut distinguer trois catégories dans le plaisir. La première concerne les manifestations organiques du plaisir trop variées pour être décrites. La deuxième affecte l'être dans son rapport à autrui, et par lequel le sujet fait connaître à l'autre son « éprouvé du monde » et fonde la communication intersubjective. La troisième catégorie, enfin, concerne le plaisir en tant que passion fondamentale de l'être. Elle comprend les catégories précédentes, mais s'élève au-dessus d'elles pour acquérir une signification ontologique. A ce niveau, elle est indissociable de son revers passionné : la souffrance.
10. Cabanac, M. (1992). « Pleasure : the Common Currency ». *J. Theor. Biol.*, 155 : 173-200. Voir aussi Vincent, J.-D. (1994). « La biologie du plaisir ». *La Presse médicale*, 23 : 1871-1877.
11. Olds, J. & Milner, P. (1954). « Positive Reinforcement Produ-

ced by Electrical Stimulation of Septal Area and Other Regions of the Brain ». *J. Comp. Physiol. Psychol.*, 47 : 419-429.

12. Sem-Jacobsen, C.W. (1976) « Electrical Stimulation and Self Stimulation in Man with Chronic Implanted Electrodes : Interpretation and Pitfallas of Results ». *In* W. Wauquier et E.T. Rolls (éd.), *Brain Stimulation Reward*, Amsterdam : North-Holland.

13. Delgado, J.M.R., Roberts, W.W. & Miller, N. (1954). « Learning Motivated by Electrical Stimulation of the Brain ». *Amer. J. Physiol.*, 179 : 587-593.

14. Gilbert, D.B. & Cooper, S.I. (1992). « Central 5-HT and Reward Processes ». *Advances in the Biosciences*, 85 : 165-178.

15. On peut sur ce sujet consulter quelques excellents ouvrages récents : Edelman, G.M. (1992). *Biologie de la conscience*. Paris : Ed. Odile Jacob ; Dennet, D.C. (1993). *La Conscience expliquée*. Paris : Ed. Odile Jacob ; Damasio, A.R. (1994), *op. cit.*

16. Myers, R.E. (1975). « Neurology of Social Behavior and Affect in Primates : A Study of Prefrontal and Anterior Cortex ». In K.J. Zuelch, O. Creutzfeldt et G.C. Gallbraith (éd.). *Cerebral Localization*, New York : Springer-Verlag ; Franzen, E.A. et Myers, R.E. (1975). « Neural Control of Social Behavior : Prefrontal and Anterior Temporal Cortex ». *Neuropsychologia*, 11 : 141-157.

17. Pessoa, F. (1989), *op. cit.*

18. Vincent, J.D., Bensch, C. & Faure, J.M.A. (1962). « Rôle d'un système mésencéphalo-limbique dans la phase du sommeil paradoxal chez le lapin ». *C.R. Soc. Biol.*, 156 : 70-83.

19. La biologie du sommeil et des rêves ne sera pas abordée dans ce livre. Elle est exposée dans l'ouvrage de Jouvet, M. (1992). *Le Sommeil et le Rêve.* Paris : Ed. Odile Jacob. Voir aussi Demotes-Mainard, J. (1992). *A quoi bon dormir ?* Paris : Frison-Roche.

20. O'Keefe, J. & Nadel, L. (1978). *The Hippocampus as a Cognitive Map*. Oxford : Clarendon.

21. Pavlides, C. et Winson, J. (1989). « Influences of Hippocampal Place Cell Firing in the Awake State on the Activity of these Cells Subsequent Sleep Episodes ». *J. Neurosci.*, 9 : 2907-2918.

22. Il pourrait s'agir de ce que les neurobiologistes appellent la potentialisation à long terme des neurones qui ont été stimulés par des impulsions électriques répétées, subissant des modifications synaptiques durables qui se traduisent par l'intensification de la réponse à un choc unique pouvant persister pendant plusieurs jours.

23. Bloch, V., Hennevin, E. & Leconte, P. (1979). « Relationship between Paradoxical Sleep and Memory Processes ». *In Brain Mechanisms in Memory and Learning*. M.A. Brazier (éd.). New York : Raven Press.

24. Karni A., Tanne, D., Rubenstein, S., Askenasy, J.M. et Sagi, D.

(1994). « Dependence on REM Sleep of Overnight Improvement of a Perceptual Skill ». *Science,* 265 : 679-682.

25. J'ai pris le parti, dans un simple souci de clarté, de ne pas faire mention de la psychanalyse. Je tiens à dire qu'il ne s'agit pas d'un préjugé et je sais bien que Freud reconnaîtra les siens.

26. Spelke, E.S., Vishton, P. & Von Hofsten, C. (1995). « Object Perception Object-directed Action, and Physical Knowledge in Infancy ». *In The Cognitive Neurosciences*. M.S. Gazzaniga (éd.), Cambridge Mass : MIT Press.

27. Baillargeon, R. (1995). « Physical Reasoning in Infancy », *ibid.*

28. Premack, D. & Premack, A.J. (1995). « Origins of Human Social Competence in the Cognitive Neurosciences », *ibid.*

29. Kummers, H. & Cords, M. (1991). « Cues of Ownership in Long-Vailed Macaques, Macaca Fascicularis ». *Animal Behavior,* 42 : 529-549.

CHAPITRE II : La Contrainte par corps

1. Siegel, S. (1978). « Morphine Tolerance : is there Evidence for a Conditionning Model ». *Science*, 200, 343-345.

2. O'Brien, C.P. (1976). « Experimental Analysis of Conditioning Factors in Human Narcotic Addiction ». *Pharmacol. Rev.*, 27 : 533-543.

3. De Quincey, T. (1822). *Les Confessions d'un mangeur d'opium anglais.* Traduction de P. Leyris. Paris : Gallimard, 1990.

4. Shelley, P.B. (1818). *La Révolte de l'Islam.*

5. « Le traitement de la douleur par des prises chroniques de dérivés morphiniques ne déclenche chez l'homme une conduite toxicomaniaque que dans 4 cas sur 10 000. Les processus neurobiologiques impliqués dans la tolérance aux dérivés morphiniques, décrite dans des cas sur une population cellulaire ou sur un organe isolé, ne pourront vraisemblablement pas expliquer de façon satisfaisante une conduite addictive. » Rapport sur l'état des connaissances neurobiologiques sur les produits de consommation illicite auprès de la DGLDT. Trovevo, F., Pirot, S. & Tassin, J.-P. (1993).

6. De Quincey, T. (1822), *op. cit.*

7. Baudelaire, C. (1860). *Les Paradis artificiels*.

8. Di Chiara, G. & North, R.A. (1992). « Neurobiology of Opiate Abuse ». *Trends in Pharmacological Sciences,* 13, 185-193. Voir aussi Stinus, L. (1995). « Neurobiological Aspects of Opiate Tolerance and Dependance ». *In* Ciba-Geigy Scientific Publications : *Research in Addiction*. Stephanie, C., Hippins, H. & Naher, D. (éd.) Londres : Hogrefe & Huber.

9. Nestler, E.J., Hope, B.T. & Widnell, K.L. (1993). « Drug Addic-

tion : a Model for the Molecular Basis of Neural Plasticity ». *Neuron.*, 11 : 995-1006.

10. Beitner-Johson, D., Guitard, X. & Nestler, E.J. (1992). « Neurofilament Proteins and the Mesolimbic Dopamine System : Common Regulation by Chronic Morphine and Chronic Cocaïne in the Ventral Tegmental Area ». *J. Neurosc.*, 12 : 2165-2176.

11. Freud, S. (1902) « Uber coca ». *Wiener Zentralblatt für die gesamte Therapie,* 2 : 289-314.

12. Olievenstein C. (1970). *La Drogue : drogues et toxicomanies.* Paris : Editions Universitaires.

13. Jaffe, J. (1990). *In The Pharmacological Basis of Therapeutics.* Gilman, A.G., Rall, T.W., Nies, A.S. & Taylor, P. (éd.), New York : Mac Millan, p. 522-573.

14. Parsons, L.H., Smith, A.D. & Justice, J.B. (1991). « Basal Extracellular Dopamine is Decreased in the Rat Nucleus Accumbens during Abstinence from Chronic Cocaïne ». *Synapse*, 9 : 60-65.

15. Piazza, P.V., Deminière, J.M., Maccari, S., Le Moal, M., Mormède, P. & Simon, H. (1991). « Individual Vulnerability to Drug Self Administration : Action of Corticosterone on Dopaminergic Systems as a Possible Pathophysiological Mechanism ». *In The Mesolimbic Dopamine System : from Motivation to Action.* Willner P. & Scheal-Krüger, J., New York : Wiley, 473-495.

16. Piazza, P.V., Deminière, J.-M., Le Moal, M. & Simon, H. (1989). « Factors that Predict Individual Vulnerabilites to Amphetamine Self Administration ». *Science*, 245 : 1511-1513.

17. Baudelaire, C. (1860), *op. cit.*

18. *Ibid.*

19. Trovero, F., Pirot, S. et Tassin, J.-P. (1993), *op. cit.*

20. Florenne Y. (1972). « Préface ». *In* C. Baudelaire, *Les Paradis artificiels*, Paris : Le Livre de Poche, 1972.

21. Baudelaire, C. (1972), *op. cit.*

22. Matsuda L.A., Lolait S.J., Brownstein M.J., Young A.C. & Bonner T.I. (1990). « Structure of a Cannabinoïd Receptor and Functional Expression of Cloned cDNA ». *Nature,* 346 : 561-564.

23. DiMazzo, V., Fontana, A., Cadas, H., Shinelli, S., Cimino, G., Schwartz, J.C. & Piomelli, D. (1994). « Formation and Inactivation of Endogenous Cannabinoïd Anandamide in Central Neurons ». *Nature,* 372 : 686-691.

24. Le Comité Consultatif National d'Ethique pour les Sciences de la Vie et de la Santé (CCNE), dans son rapport du 23 novembre 1994 sur les toxicomanies, classe avec raison l'alcool et les anxiolytiques parmi les drogues. L'alcool ou éthanol est recherché pour ses effets à la fois stimulants et euphorisants. Il s'adresse au versant inhibiteur des processus opposants en potentialisant les récepteurs du Gaba. A fortes doses, ses effets sont analogues à ceux provoqués par certains

anesthésiques. La tolérance et la dépendance sont connus sous le nom d'ivrognerie. Les benzodiazépines, médicaments anxiolytiques très largement utilisés, notamment en France, agissent principalement sur les récepteurs du Gaba. Ils diminuent l'anxiété et l'agressivité, entraînent une sédation et un relâchement musculaire, mais produisent une dépendance importante et affecteraient de façon négative les systèmes dopaminergiques. Ils ne sont pas sans danger sur la mémoire et sur les performances motrices (conduite automobile, etc.).

25. On trouvera une belle description du joueur et de sa dépendance dans Zweig, S. (1980). *Vingt-quatre heures de la vie d'une femme*, Paris : Stock.

26. Vincent, J.-D. (1990). *Casanova ou la contagion du plaisir*. Paris : Ed. Odile Jacob.

27. Henry, C. et Demotes-Mainard, J. (1995). « La dépendance du joueur ». *Revue de médecine fonctionnelle*, 27 : 83-114.

Dickerson, M., Hinchy, J. et England, S.L., Fabre, J., Cunningham, R. (1992). « On the Determinants of Persistent Gambling Behaviour. High-Frequency Poker Machine Players ». *Br. J. Psychol.*, 83 : 237-248.

28. Fernandez, D. (1973). Préface pour *Le Joueur* de Fedor Dostoïevski. Paris : Gallimard.

29. Hesnard, A. (1949). *L'Univers morbide de la faute*. Paris : Presses Universitaires de France.

30. A ce propos, on doit souligner le caractère presque sacré de la dette de jeu, qui l'emporte sur toute autre considération.

31. Mc Cormick R.A. (1993). « Desinhibition or Negative Affectivity in Substances Abuses with and without Gambling Problems ». *Addict. Behav.*, 18 : 331-336.

32. American Psychiatric Association (1987). *Diagnostic and Statistical Manual of Mental Disorders*. III éd. revised (DSM III R). Washington DC : APA.

33. Je signale, parmi d'autres exemples de différence de vitesse de maturation du cerveau chez le garçon et la fille, l'amnésie infantile qui est liée à la maturité incomplète des structures limbiques et qui est plus courte (trois à quatre ans) chez la fillette que chez le garçonnet (cinq ans et plus).

34. Le terme argotique de bouffe rappelle celui de bouffée qui traduit un accès paroxystique.

35. Sclafani, A. (1983). « Appetite and hunger in Experimental Obesity Syndroms ». *In* Novin, D., Wirwicka, W. & Bray, G (éd.). *Hunger, Basic Mechanisms and Clinical Implication.* New York : Raven Press.

36. Les excès ou déficits du régime alimentaire qui contient un acide aminé précurseur de la sérotonine — le tryptophane — peuvent intervenir dans les dysfonctions de ce neurotransmetteur et rendre difficile l'interprétation des données. Voir Kaye, W.H. & Weltzin, T.E.

(1991). « Serotonin Activity in Anorexia and Bulimia Nervosa : Relationship to the Modulation of Feeding and Mood ». *J. Clin. Psychiat.*, 52 : 41-48.

37. Kaye, W.H. & Weltzin, T.E. (1991), *op. cit.*, p. 41-48.

38. Bailly, D. (1993). « Recherches épidémiologiques sur le comportement alimentaire et le comportement addictif ». *Encéphale,* 19(4) : 285-292.

39. On désigne la responsabilité du cingulum dans la genèse des actes compulsifs. Certains malades par exemple se grattent jusqu'à s'arracher la peau et la chair sans pouvoir y mettre un frein. (Voir chapitre VI.)

40. On trouvera une excellente revue sur le sujet dans Demaret, A. (1995). « Addictions : approche éthologique ». *In Dépendance et conduites de dépendance.* D. Bailly et J.-L. Venisse (éd.). Paris : Masson, p. 63-81.

CHAPITRE III : Le Diable s'ennuie

1. Du Deffand M. (1971). *Correspondance complète de la Marquise Du Deffand avec ses amis le président Henault, Montesquieu, d'Alembert, Voltaire, Horace Walpole*. Lausanne : Slatkine.

2. Montesquieu (1993). *Essai sur le goût*. Paris : Rivages.

3. Vincent, J.-D. (1986) *op. cit.*

4. Berlyne, D.E. (1960) *Conflict, Arousal and Curiosity*. New York : McGraw-Hill.

5. Bexton, W.A., Heron, W. et Scott, T.H. (1954). « Effect of Decreased Variation in the Sensory Environment ». *J. Psych.,* 8 : 70-81.

6. Karsten, A. (1928). « Psychische Sättigung ». *Psychol. Forsch.*, 10 : 142-155.

7. L'isolement chez le rat et la désafférentation sensorielle entraînent chez lui un changement d'équilibre des voies nerveuses qui utilisent la dopamine comme neurotransmetteur : la voie qui va au cortex cérébral présente une baisse d'activité alors que celle des voies sous-corticales est augmentée. Une agression chez ces animaux provoque un emballement de la voie corticale devenue trop sensible qui se traduit par une véritable réaction de désespoir chez l'animal (voir J. Glowinski, J.-P. Tassin & A.-M. Thierry (1984). « The Mesocortico-Prefrontal Dopaminergic Neurons ». *Trends in Neurosciences*, 7 : 415-418).

8. Wilson, J.R., Kuehn, R.E. & Beach, F.A. (1963). « Modification in the Sexual Behavior of Male Rats Produced by Changing the Stimulus Females ». *In J. Comp. Physiol. Psych.*, 3 : 636. Voir la description de cet effet dans Vincent, J.-D. (1990), *op. cit.*, p. 48. Le nom vient

d'une réflexion du président américain Coolidge visitant une ferme de l'Ouest qui, étant interpellé par la Présidente au sujet d'un taureau capable de saillir quarante vaches dans une journée, lui répondit : « Certes, ma chère, mais pas avec la même !... »

9. Segalen, V. (1977). *Essai sur l'exotisme.* Paris : Fata Morgana.

10. Michelet, J. (1966), *op. cit.*

11. Baudelaire C. (1857). « La destruction ». *Les Fleurs du mal.*

12. Carton, S., Jouvent, R., Bungener, C. & Widlöcher, D. (1992). « Sensation Seeking and Depressive Mood ». *Person. Indiv. Diff.*, 12 : 843-849.

13. Zuckerman (1984). « Sensation Seeking : a Comparative Approach to a Human Trait ». *Behaviour and Brain Sciences*, 7 : 413-471.

14. Guitart, X., Kogan, J.H. & Berhow, M., Terwilliger, R.Z., Aghajanian, G.K., Nestler, E.J. (1993). « Lewis and Fischer rat Strains Display Differences in Biochemical ». *Electrophysiological and Behavioral Parameters : Studies in the Nucleus Accumbens and Locus Coeruleus of Drug Naive and Morphine Treated Animals. Brain Res.*, 611 : 7-17.

15. Dellu, F., Mayo, P., Piazza, P.V., Le Moal, M. & Simon, H. (1993). « Individual Differences in Behavioral Responses to Novelly in Rats. Possible Relationship with the Sensation-Seeking Trait in Man ». *Person. Individ. Diff.*, 15 : 411-418.

16. Voeller, K.S. (1991). « Toward a Neurobiologic Nosology of Attention Deficit Hyperactivity Disorder ». *J. of Child Neurology*, 6 : 52-58.

17. Widlöcher, D. (1993). *Le Ralentissement affectif.* Paris : Presses Universitaires de France.

18. Jouvent, R. & Ammar, S. (1994). « Modèle dimensionnels et psychobiologie ». *In Traité de psychopathologie.* Widlöcher, D. (éd.). Paris : Presses Universitaires de France.

19. Bernanos G. (1946). *Monsieur Ouine*, Paris : Plon. Un des plus beaux portraits du Diable dans la littérature contemporaine. Le nom de M. Ouine (oui-non) est la traduction des processus opposants à l'œuvre dans Satan.

CHAPITRE IV : Le Promeneur de l'abîme

1. Bataille, G. (1958). *L'Erotisme*, Paris : Ed. de Minuit.

2. Le Brun, A. (1986). *Soudain un bloc d'abîme, Sade*. Paris : J.-J. Pauvert.

3. *Ibid.*

4. Sade de, D.A.F. (1964). *Œuvres complètes.* T. XIII. Paris : Cercle du Livre Précieux.

5. A ce propos, il faut opposer le caractère radical de l'expérience

de vivre que détermine la gestion des couples opposants à l'artificialité de ce que l'on appelle généralement perversion. Celle-ci consiste à rechercher le plaisir dans l'accouplement d'actes déterminés simplement parce qu'ils sont interdits. A cet égard, Baudelaire est exemplaire : la volupté unique et suprême de l'amour consiste dans la certitude de faire le mal. Tout ce que présente de pervers la littérature dite « décadente » qui va de Byron à Octave Mirbeau et à son jardin des supplices, possède ce côté artificiel. Tout cela n'est que transgression esthétisante comme les jeux de rôles auxquels se livrent les enfants. Le scénario blasphémateur des messes noires et du satanisme, tel que l'a connu à plusieurs époques le public par des œuvres comme celles de Huysmans et aujourd'hui par une littérature populaire qui sent le soufre dénaturé, rentre dans ce cadre inoffensif.

6. Evola, J. (1959). *Métaphysique du sexe*. Paris : Payot.

7. Decambes, H. (1991). *Ecrits posthumes*. Angoulême : Ed. du Renard.

8. On trouvera une étude d'ensemble du comportement d'agression et de ses mécanismes neurobiologiques dans Karli, P. (1987). *L'Homme agressif*. Paris : Ed. Odile Jacob.

9. Karli P. (1987), *op. cit.*, p. 308.

10. L'imparfait du subjonctif est d'usage fréquent chez les tribuns extrémistes désireux de civiliser la violence de leurs propos.

11. Pour l'étude des « serial killers », je me réfère à l'ouvrage très exhaustif de Pujol, D. et Simon, T. (1994). *Ceux qui aiment tuer*. Paris : Jacques Grancher. Et Bourgoin, S. (1993). *Serial Killers : Enquête sur les tueurs en série*. Paris : Grasset.

12. Pujol, D. et Simon, T. (1994). *op. cit.*

13. Karli, P. (1987), *op. cit.*

14. Asberg, M., Thorén, P., Träskman, L., Bertilsson, L. & Ringberger, V. (1976). « "Serotonin Depression" — a Biochemical Subgroup within the Affective Disorders ? » *Science*, 191 : 478-480.

15. Freud S. (1940). *Métapsychologie*. Paris : Gallimard.

16. Fénichel O. (1974). « La dépression et la manie ». *In La Théorie psychanalytique des névroses*. T. II. Paris : Presses Universitaires de France.

17. Bénézech, M. & Bourgeois, M. (1992). « L'homicide est fortement corrélé à la dépression et pas à la manie ». *L'Encéphale*, 18 : 89-92.

18. Linnoila, M., Virkkunen, M., Scheinin, M., Nuutila, A., Rimon, R. & Goodwin, F.K. (1983). « Low Cerebral Fluid 5-HIAA Concentration Differenciates Impulsive from Non-Impulsive Violent Behavior ». *Life Sciences*, 33 : 2609-2614.

19. Lidberg, L., Asberg, M. & Sundquist-Stensman, U.B. (1984). « 5-HIAA Levels in Attempted Suicides who Have Killed their Children ». *Lancet*, II : 928.

20. Valzelli, L. (1981). *Psychobiology of Aggression and Violence.* New York : Raven Press.

21. Lombroso, C. (1895). *L'Homme criminel.* Paris : Alcan.

22. Bénézech, M. (1981). « La bio-médico-criminogénèse ». *L'Encéphale*, 7 : 65-82.

23. Brunner, H.G., Nelen, M., Breakefield, X.O., Ropers, H.H. & Van Oost, B.A. (1993). « Abnormal Behavior Associated with a Point Mutation in the Structural Gene for Monoamine Oxidase A ». *Science*, 262 : 578-580.

24. Saudou, F., Aït Amara, D., Dierich, A., LeMeur, M., Ramboz, S., Segu, L., Buhot, M.C. & Hen, R. « Enhanced Aggressive Behavior in Mice Lacking 5-HT1B Receptor ». *Science*, 265 : 1875-1878.

25. Bader, J.-M. (1994). « La biochimie de la violence ». *Science et Vie*, 925 : 50-55.

26. Mazur, A. & Lamb, T.A. (1980). « Testosterone, Status and Mood in Human Males ». *Hormone Behav.*, 14 : 236-246.

27. Schlinger, B.A. & Callard, G.V. (1989). « Aromatase Activity in Quail Brain : Correlation with Aggressiveness ». *Endocrinology*, 124 : 437-443.

28. Cet aspect a été largement développé dans Vincent, J.-D. (1994), *op. cit.*

29. Cité par Delumeau, J. (1983). *Le Péché et la Peur*. Paris : Fayard.

30. *Ibid.*

31. Kalin, N.H. & Shelton, S.E. (1989). « Defensive Behaviors in Infant Rhesus Monkeys : Environmental Cues and Neurochemical Regulation ». *Science*, 243 : 1718-1724.

32. Vincent, J.-D. (1986), *op. cit.*

33. Cité par Assoun, P.-L. (1993). « De l'amour à la haine, l'envers de la passion ». *Synapse*, 100 : 59-66. L'auteur note que : Freud postule « l'existence de sentiments de rivalité violents, conduisant à une tendance à l'agression » au fondement même des « sentiments sociaux ». Toute l'« astuce » (inconsciente) de la socialisation consiste à faire d'agressivité amour (comme on fait de nécessité vertu !) : l'hostilité étant sans issue, c'est-à-dire « sans perspective de satisfaction », il s'agit donc de la résoudre en « amour » : l'« Eros social » naîtrait d'une sorte d'inversion et de « pièce ajoutée », espèce de greffe sur la rivalité originaire. Loin de sous-estimer l'importance du « pouvoir », Freud postule donc bien une tension « haineuse » primitive, mais le mouvement même du social tend à réprimer cette haine. Il faut se décider à « aimer » le « rival » : et c'est sur le terreau de cette rivalité que va croître le « sentiment social » le plus intense.

CHAPITRE V : Le Diable amoureux

1. Cazotte (1772). *Le Diable amoureux.*

2. J'ai suivi le résumé du conte de Cazotte par Gérard de Nerval *(Les Illuminés)* qui introduit quelques variantes intéressantes par rapport à l'original.

3. Luther, M. (1566). *Propos de table.*

4. Luther, M. (1520). *De missa privata.*

5. Il s'agit bien sûr d'un sophisme. Je l'emploie uniquement pour situer le débat et non pour prendre le parti du diable au nom d'une prétendue liberté sexuelle. La voie de la répression n'est pas la seule que l'Eglise prescrive, il y a aussi celle du dépassement dans l'Amour.

6. On pourrait appliquer les principes darwiniens de la sélection naturelle aux idéologies et expliquer comment, à la façon d'un organe dans une espèce donnée, celles-ci apparaissent, se différencient, se développent, régressent progressivement ou disparaissent brutalement en réponse aux bouleversements du milieu.

7. Flandrin, J.-L. (1970). *L'Eglise et le Contrôle des naissances.* Paris : Flammarion.

8. Quignard, P. (1994), *op. cit.*

9. Pseudo-Evangile de Thomas cité par Flandrin, J.-L. (1981). *Le Sexe et l'Occident.* Paris : Points-Seuil.

10. Flandrin, J.-L. (1981), *op. cit.*

11. Bechtel, G. (1994). *La Chair, le Diable et le Confesseur.* Paris : Plon.

12. Flandrin, J.-L. (1981), *op. cit.*

13. Michelet, J. (1966). *La Sorcière.* Paris : Garnier Flammarion.

14. Sur la sexualité du diable, on consultera avec intérêt les nombreux ouvrages que Roland Villeneuve a consacrés au Prince des ténèbres : (1972) *L'Univers diabolique.* Paris : Albin Michel ; (1963) *L'Erotologie de Satan.* Paris : Jean-Jacques Pauvert, (1994) *La Beauté du Diable.* Paris : Pierre Bordas et fils.

15. BN. mf. 24.122 et Bibliothèque diabolique 1883. *Procès-verbal fait pour délivrer une fille possédée par le malin esprit à Louviers,* Paris.

16. Villeneuve, R. (1972), *op. cit.*

17. On désigne par le terme « genre » le statut personnel social et légal d'homme ou femme attribué sur la base de critères somatiques et comportementaux plus globaux que les seuls critères génitaux. Il ne faut pas confondre avec l'« identité de genre » qui est le sexe dans lequel se reconnaît le sujet.

18. Voir à ce sujet : Godelier M. (1982). *La Production des grands hommes.* Paris : Fayard ; Gilmore, D.A. (1990). *Manhood in the Making. Cultural Concept of Masculinity.* Yale University Press.

19. Montaigne, M. de (1580). *Essais*. Orthographe retouchée par moi.

20. Laqueur, T. (1992). *La Fabrique du sexe : Essai sur le corps et le genre en Occident*. Paris : Gallimard. Traduit de l'anglais par M. Gautier.

21. Geddes, P. & Thomson, J.A. (1889). *The Evolution of Sex*. Londres : Williams & Norgate.

22. Badinter, E. (1992). *XY. De l'identité masculine*. Paris : Ed. Odile Jacob.

23. Abbas, N., Bishop, C. & Fellous, M. (1989). « La détermination génétique du sexe ». *La Recherche*, 213, 1036-1046.

24. Haqq, C.M., King, C.Y., Ukiyama, E., Falsafi, S., Haqq, T.N., Donahoe, P.K. & Weiss, M.A. (1994). « Molecular Basis of Mammalian Sexual Determination : Activation of Müllerian Inhibiting Substance Gene Expression by SRY ». *Science*, 266, 1494-1499.

25. Mc Elreavey, K., Vilain, E., Abbas, N., Herskowitz, I. & Fellous, M. (1993). « A Regulatory Cascade Hypothesis for Mammalian Sex Determination : SRY Represses a Negative Regulator of Male Development ». *Proceedings of the National Academy of Sciences of the United States of America*, 90, 3368-3372.

26. Dosage-Sensitive Sex Reversal.

27. Barbaux, S., Vilain, E., McElreavey & Fellous, M. (1995). « Le point sur le déterminisme du sexe chez les mammifères ». *Médecine/Sciences*, 11 : 529-536.

28. On trouvera une critique très argumentée du déterminisme biologique de l'homosexualité dans Byne, W. (1994). « The Biological Evidence Challenged ». *Scientific American*, 270 : 26-32.

29. Hamer, D.H., Hu, S., Magnuson, V.L., Hu, N. & Pattaci, A.M.L. (1993). « A Linkage between DNA Markers on the X Chromosome and Male Sexual Orientation ». *Science*, 261, 321-327.

30. Vincent, J.-D. (1994), *op. cit*.

31. Crew, D. (1987). « Functional Associations in Behavioral Endocrinology ». In : *Masculinity/Feminity : Basic Perspectives*. T.M. Reinisch, L.A. Rosenblum and S.A. Sanders (éd.). Oxford : Oxford University Press.

32. Le terme de centre est à prendre dans un sens très large : une région de carrefour participant à des degrés variables et sans exclusive à une fonction déterminée.

33. Vincent, J.-D. (1994), *op. cit*.

34. Gorski, R.A., Harlam, R.E., Jacobson, C.D., Shryne, J.E. & Southam, A.M. (1980). « Evidence for the Existence of a Sexually Dimorphic Nucleus in the Preoptic Area of the Rat ». *J. Comp. Neurol.*, 193 : 529-539.

35. La vasopressine est une hormone de nature protéique sécrétée par des neurones dans l'hypophyse et dans certains territoires du sys-

tème nerveux central au niveau de synapses dites « vasopressinergiques ». Elle intervient chez le rat mâle dans le phénomène de mémoire sociale qui permet la reconnaissance par un rat adulte d'un jeune rat déjà rencontré. La vasopressine et une autre neurohormone très comparable, l'ocytocine, jouent également un rôle dans l'établissement d'un lien entre individus d'un couple ou d'un groupe.

36. Vincent, J.-D. (1994), *op. cit*.

37. H. Damasio a pu, à l'aide d'un ordinateur, reconstituer d'après les destructions osseuses du crâne le siège et l'étendue des lésions du cerveau de Phineas P. Cage. (Damasio, H. (1994), *op. cit.*)

38. Vincent, J.-D. (1986), *op. cit.*, p. 263.

39. Adolphs, R., Tranel, D., Damasio, H. & Damasio, A. (1994). « Impaired Recognition of Emotion in Facial Expressions Following Bilateral Damage to the Human Amygdala ». *Nature*, 372 : 669-672.

40. Money J. (1986). *Lovemaps*. New York : Irvington Publishers.

41. L'auteur emploie ici l'association « mind/brain », signifiant ainsi que, comme nous, il ne fait pas de différence entre ce qui serait de l'ordre de la pensée ou de celui du cerveau.

42. On distingue, selon Beach, l'attractivité ou pouvoir de séduction, la proceptivité ou invitation active et recherche du partenaire, et la réceptivité ou conception, phase comprenant le coït et ses suites.

43. Money, J. (1986), *op. cit*.

44. Selon Money, une carte du tendre anormale peut conduire à trois types de pathologie : l'hypophilie (ou dysfonction sexuelle), l'hyperphilie (ou érotomanie) et les paraphilies (ou perversions).

45. On appelle généralement à la rescousse les Grecs pour illustrer les sociétés homophiles. Plus près de nous dans le temps, il existe en Nouvelle-Guinée des sociétés comme celle des Bayamas où les enfants mâles, à partir de l'âge de neuf ans, forment des liens d'attachement ritualisés avec un jeune adulte par la pratique régulière de la fellation (Godelier, M., 1995, *Revue internationale de psychopathologie*).

46. Bukowski, C. (1977). *Contes de la folie ordinaire*. Paris : Le Sagittaire.

47. Le Vay, S. (1993). *The Sexual Brain*. Cambridge-MIT Press.

48. *Ibid.*

49. Allen, L.S. & Gorski, R.A. (1992). « Sexual Orientation and the Size of the Anterior Commissure in the Human Brain ». *Proceedings of the National Academy of Sciences of the United States of America*, 89 : 7199-7202.

50. Money, J. (1986), *op. cit.*, p. 29.

51. Il ne s'agit pas d'une perversion mais d'un mot qui désigne une réaction individuelle propre à chaque homme.

52. Par paraphilie, on désigne une forme anormale de recherche sexuelle de l'autre.

53. Esquirol (1838) décrit le satyriasis ; Kraft-Ebing, dans son

fameux ouvrage *Psychopathia sexualis*, parle d'hyperesthésie sexuelle, qu'il tente de différencier de la nymphomanie et du satyriasis ou pratiques obstinées femelle et mâle de la copulation.

54. L'acétate de médroxyprogestérone est largement utilisé aux Etats-Unis. En Europe, on lui préfère l'androcure (acétate de cyprostérone). Ces substances bloquent les effets de l'hormone mâle sur le cerveau. Plus récemment, on a commencé d'utiliser le décapeptyl qui, par d'autres mécanismes, bloque la sécrétion de testostérone endogène. Ce remède est largement utilisé dans le cancer de la prostate.

CHAPITRE VI : Les Commensaux du Diable

1. Brouette, E. (1947). « La civilisation chrétienne du XVIe siècle devant le problème satanique ». *In SATAN. Etudes carmélitaines*. Paris : Desclée de Brouwer.

2. Dans son livre *Le Miroir de la magie* (Paris : Fasquelle, 1986), Kurt Seligman donne un aperçu du sabbat : « Sur les routes peu fréquentées, par les nuits de clair de lune, on pouvait voir des hommes et des femmes s'acheminant en silence vers un lieu de rassemblement. Jeunes et vieux, ils marchaient irrésistiblement attirés par quelque force magique, une voix bêlante les appelant de la forêt ou de la plaine. A la croisée de deux sentiers perdus, le maître les attendait. Les femmes portaient des bâtons et des balais, auxquels étaient fixées des chandelles. En atteignant le lieu de l'assemblée, elles enfourchaient leurs balais et pénétraient dans le cercle, en sautant et hurlant. Des cris leur répondaient, venant du groupe des sorcières accroupies. Le sabbat était rarement troublé par des indésirables. Quand les cris et la musique parvenaient aux oreilles des dévots, ceux-ci s'empressaient de fermer leurs volets en se signant. Les plus téméraires chasseurs de sorcières faisaient la sourde oreille, car ils savaient que Satan était présent au sabbat et que les armes étaient impuissantes contre le Maître des Ténèbres [....]. Le banquet des sorcières constituait une part importante des rites du sabbat et sans aucun doute de tels rites eurent réellement lieu. Les sorcières se rendaient bien au sabbat, même lorsqu'elles devaient y aller à pied [...] On y consommait du vin, de la viande, du beurre et du pain ; souvent le repas était abondant lorsque quelque puissant personnage en avait fait les frais, car les riches et les pauvres se côtoyaient au sabbat. » Des rites pratiqués, on sait peu de chose, sinon qu'ils étaient inversés. Le caractère festif et l'ivresse à laquelle contribuait l'usage de diverses drogues étaient ces traits dominants du festin démoniaque dont les cérémonies du *candomblé* brésilien peuvent donner peut-être une représentation actuelle (voir Annexe 2).

3. Bossuet (1678). *Elévation sur les mystères*. IV. 2.

4. Vincent, J.-D. (1994), *op. cit.*

5. Sur les drogues et onguents utilisés par les sorcières, voir Annexe 2.

6. *Malleus maleficarum* (Pars I, Quaert. 6) cité par Villeneuve R. (1972), *op. cit.*

7. Il faut citer dans la tradition du bas Moyen Age (« presque toutes putains, prêtresses, maquerelles » selon Jean de Meung le très apprécié auteur du *Roman de la Rose*) les livres qui connurent une large diffusion lors de la Renaissance : *Le Grand Blason des fausses amours* de Guillaume Alecis, les *Dialogues* de Tahureau, le célèbre *De Legibus connudialibus* de Tiraqueau et les *Controverses des sexes masculin et féminin* de Gratien Dupont. Enfin, il convient de ne pas oublier, dans ce florilège des contempteurs de la Femme, François Rabelais qui, dans le *Tiers Livre*, consacre l'essentiel de son discours au peu de mérite féminin.

8. De 1580 à 1620, la plupart des asssemblées synodales protestants eurent à s'occuper de la sorcellerie. En France, les synodes s'occupèrent spécialement du « nouement de l'aiguillette », signe de la complicité du Démon et du sexe. Pendant plus de cinquante ans, le ciel des principautés protestantes et des Etats libéraux du Nord de l'Europe fut illuminé des flammes des bûchers.

9. Michelet, J. (1966), *op. cit.*, p. 162.

10. Lorsque les dominicains Sprenger et Kramer publièrent leur fameux *Marteau des Sorcières* (1485) à la demande du pape Innocent VIII, ils rangèrent le crime de sorcellerie parmi les hérésies et devant comme tel être jugé en cour ecclésiastique. La diffusion de l'ouvrage grâce à l'imprimerie et le zèle justicier de Sprenger firent beaucoup pour sa célébrité et pour l'usage généralisé du marteau à écraser l'infâme.

11. Charles Quint se préoccupe de rendre à la justice civile le crime de sorcellerie. La *Nemesis Carolina,* monument de justice criminelle promulgué par Charles Quint en 1532, comprend trois passages relatifs à la sorcellerie. Le premier concerne ceux qui usent d'enchantements, qui se servent de livres, d'amulettes, de formules et d'objets divers, étranges et inusités, qui ont des attitudes inaccoutumées. On pourra les arrêter et les soumettre à la torture. Le deuxième passage se rapporte à l'enquête à laquelle on se livrera à leur propos. Arrêtés, ils seront interrogés pour savoir quand et de quelle manière ils procèdent. Il faudra savoir s'ils se servent de poussière empoisonnée ou de sachets magiques. On enquêtera aussi sur leur fréquentation du sabbat et s'ils sont liés au diable par un pacte. Le troisième passage est relatif à leur punition. Il rappelle que déjà le droit romain vouait au feu les magiciens et ordonne de punir tous ceux qui s'adonnent à ces pratiques, même s'ils ne nuisent pas à autrui.

12. Seligman, K. (1958), *op. cit.*

13. Le retentissement du livre paru en 1570 fut énorme : cinq éditions en quatorze ans et une traduction en allemand. Si Wier reçut quelques encouragements, il rencontra surtout une forte opposition, dont la plus virulente fut sans doute celle de Bodin qui prétendit qu'un tel livre ne pouvait être que l'œuvre d'un ignorant ou d'un méchant. Or, Jean Wier est instruit, il le prouve, il est donc un méchant et sans aucun doute un sorcier !

14. Lameri, M. (1970). *In* Jan Wier *De l'imposture des diables*. Edition fac-similé Milan : Analectes.

15. Argens, marquis d' (1937). *Lettres cabalistiques ou correspondance philosophique, historique et critique entre deux cabalistes, divers esprits élémentaires et le seigneur Astaroth.* Nouvelle édition, T.III, lettre 112.

16. Pour Bayle (1703), c'est encore un objectif à atteindre : « il faudrait persuader au peuple que la magie ne peut rien, et cette opinion une fois introduite, vingt ans suffiraient pour ôter aux sorciers tout leur crédit. » (*Réponses aux questions d'un provincial. In Œuvres diverses*, La Haye, 1727, T. III, p. 602.)

17. Voltaire (1877). *Prix de la justice et de l'humanité*. Article IX : « Des sorciers ». *In Œuvres complètes*, T. XXX, Paris : Garnier, p. 554.

18. Les crapauds appartiennent à l'ordre des amphibiens dépourvus de queue à l'âge adulte ou *anoures*.

19. *Grudging* signifie : à contre-cœur, sans enthousiasme. Comment pourrait-on se réjouir devant le mal-être, le désespoir et la misère ? Mais brûler l'autre apaisera-t-il notre angoisse ? (Voir Kleitman, M.A.R. (1992). « Neither prohibition nor legalization ». *Daedalus*, 121 : 53-83.)

20. Comité Consultatif National d'Ethique pour les Sciences de la Vie et de la Santé (1995). *Sur les toxicomanies*. N° 43. Paris : Documentation française.

21. Stengers, I. (1992). « L'expert et la politique ». *In Drogues et droits de l'homme*. Paris : Les Empêcheurs de penser en rond.

22. Freud, S. (1966). *Correspondance* 1873-1939. Paris : Gallimard, p. 364.

23. Urtubey de, L. (1983). *Freud et le Diable.* Paris : Presses Universitaires de France.

24. Freud, S. (1973). « Une névrose démoniaque au XVIIe siècle ». *In Essais de psychanalyse appliquée*. *GW*, XIII. Paris : Gallimard.

25. Seligman, K. (1956), *op. cit.*

26. Goethe (1990). *Faust*. Traduction de Gérard de Nerval. Paris : Bordas.

27. David-Ménard, M. (1983). *L'Hystérique entre Freud et Lacan.* Paris : Editions Universitaires.

28. Lacan, J. (1973). *Le Séminaire. Livre XX.* Paris : Le Seuil, p. 27-34.

29. Surin, J.-J. (1990). *Triomphe de l'amour divin* suivi de *Les Aventures de Jean-Joseph Surin* par Michel de Certeau. Grenoble : Jérôme Millon.

30. Michel de Certeau (1990), *op. cit.*

31. Roustang, F. (1994). *Qu'est-ce que l'hypnose ?* Paris : Ed. de Minuit.

32. Jouvet, M. (1992), *op. cit.* et Demotes-Mainard J. (1993), *op. cit.*

33. La distinction ne me paraît pas ici très importante.

34. Vuarnet, J.-N. (1991). *Extases féminines*. Paris : Hatier.

35. Ruysbroeck, J. (1947). *Œuvres choisies*. Paris : Aubier.

36. L'interleukine : substance appartenant à la famille des cytokines, messagers chimiques qui permettent la communication entre les cellules du système immunitaire, elle est aussi libérée par certains neurones de l'hypothalamus et déclenche le processus de fièvre en agissant sur les centres régulateurs cérébraux de la température corporelle.

37. Hello, E. (1868). *Le Livre des visions et instruction de la bienheureuse Angèle de Foligno*. Paris : Poussielgue Frères.

38. Peut-être l'emballement des systèmes désirants conduit-il par l'intermédiaire des structures limbiques à l'embrasement des cartes cognitives et à ce que les mystiques appellent « connaissance ».

39. Insel, T.R. et Shapiro, L.E. (1992). « Oxytocin Receptor Distribution Reflects Social Organization in Monogamous and Polygamous Voles ». *Proceedings of the National Academy of Sciences of the United States of America*, 89 : 5981-5985.

40. Sainte Thérèse d'Avila. *Vie de sainte Thérèse écrite par elle-même. In Œuvres complètes* traduites par Arnould d'Andilly. Paris (1702).

Moralité

1. Baudelaire, C. (1947). *Le Joueur généreux. In Œuvres complètes.* Paris : Gallimard, coll. « La Pléiade ».

2. Rougemont de, D. (1982). *La Part du diable.* Paris : Gallimard.

3. Une erreur en forme de synecdoque qui prend la partie pour le tout.

4. Prochiantz, A. (1995). *La Biologie dans le boudoir.* Paris : Ed. Odile Jacob.

5. Goethe, J.W. von (1808). *Faust.* Traduction de Gérard de Nerval. Paris : Garnier-Bordas.

6. Dostoïevski, F. (1972). *Les Frères Karamazov.*

7. Rimbaud, A. (1873). *Une saison en enfer.*

8. Solmi, S. (1992). *La Santé de Montaigne*. Paris : Allia.

Table

Deuxième partie
LE DIABLE

Dans la collection « Poches Odile Jacob »

N° 1 : Aldo Naouri, *Les Filles et leurs mères*
N° 2 : Boris Cyrulnik, *Les Nourritures affectives*
N° 3 : Jean-Didier Vincent, *La Chair et le Diable*
N° 4 : Jean François Deniau, *Le Bureau des secrets perdus*
N° 5 : Stephen Hawking, *Trous noirs et bébés univers*
N° 6 : Claude Hagège, *Le Souffle de la langue*
N° 7 : Claude Olievenstein, *Naissance de la vieillesse*
N° 8 : Édouard Zarifian, *Les Jardiniers de la folie*

CRÉDITS PHOTOGRAPHIQUES

— Alinari-Giraudon, Paris : p. 161.
— Bibliothèque nationale, Paris : p. 33, 251.
— Caisse nationale des monuments historiques et des sites/ SPADEM, Paris : p. 65 ;
— Colorphoto Hans Hinz SWB, Allschwil : p.18.

Cet ouvrage a été transcodé chez Nord Compo (Villeneuve d'Ascq)

IMPRIMÉ EN FRANCE PAR BRODARD ET TAUPIN
1508 - La Flèche (Sarthe) - le 13-03-2000
N° d'édition : 7381 - 0790 - 1
Dépôt légal : mars 2000